Criadores de Gênios

Criadores de Gênios

Os inovadores que levaram a IA para o **Google**, **Facebook** e o **Mundo**

ALTA BOOKS
EDITORA
Rio de Janeiro, 2022

Criadores de Gênios

Copyright © 2022 da Starlin Alta Editora e Consultoria Eireli.
ISBN: 978-65-5520-511-4

Translated from original Genius Makers. Copyright © 2021 Cade Metz. 9781524742676. This translation is published and sold by permission of Penguin Random House LLC, the owner of all rights to publish and sell the same. PORTUGUESE language edition published by Starlin Alta Editora e Consultoria Eireli, Copyright © 2022 by Starlin Alta Editora e Consultoria Eireli.

Impresso no Brasil – 1ª Edição, 2022 – Edição revisada conforme o Acordo Ortográfico da Língua Portuguesa de 2009.

Todos os direitos estão reservados e protegidos por Lei. Nenhuma parte deste livro, sem autorização prévia por escrito da editora, poderá ser reproduzida ou transmitida. A violação dos Direitos Autorais é crime estabelecido na Lei nº 9.610/98 e com punição de acordo com o artigo 184 do Código Penal.

A editora não se responsabiliza pelo conteúdo da obra, formulada exclusivamente pelo(s) autor(es).

Marcas Registradas: Todos os termos mencionados e reconhecidos como Marca Registrada e/ou Comercial são de responsabilidade de seus proprietários. A editora informa não estar associada a nenhum produto e/ou fornecedor apresentado no livro.

Erratas e arquivos de apoio: No site da editora relatamos, com a devida correção, qualquer erro encontrado em nossos livros, bem como disponibilizamos arquivos de apoio se aplicáveis à obra em questão.
Acesse o site www.altabooks.com.br e procure pelo título do livro desejado para ter acesso às erratas, aos arquivos de apoio e/ou a outros conteúdos aplicáveis à obra.

Suporte Técnico: A obra é comercializada na forma em que está, sem direito a suporte técnico ou orientação pessoal/exclusiva ao leitor.

A editora não se responsabiliza pela manutenção, atualização e idioma dos sites referidos pelos autores nesta obra.

Produção Editorial
Editora Alta Books

Diretor Editorial
Anderson Vieira
anderson.vieira@altabooks.com.br

Editor
José Ruggeri
j.ruggeri@altabooks.com.br

Gerência Comercial
Claudio Lima
claudio@altabooks.com.br

Gerência Marketing
Andrea Guatiello
andrea@altabooks.com.br

Coordenação Comercial
Thiago Biaggi

Coordenação de Eventos
Viviane Paiva
comercial@altabooks.com.br

Coordenação ADM/Finc.
Solange Souza

Direitos Autorais
Raquel Porto
rights@altabooks.com.br

Assistente Editorial
Caroline David

Produtores Editoriais
Illysabelle Trajano
Maria de Lourdes Borges
Paulo Gomes
Thales Silva
Thiê Alves

Equipe Comercial
Adriana Baricelli
Ana Carolina Marinho
Daiana Costa
Fillipe Amorim
Heber Garcia
Kaique Luiz
Maira Conceição

Equipe Editorial
Beatriz de Assis
Betânia Santos
Brenda Rodrigues
Gabriela Paiva
Henrique Waldez
Kelry Oliveira
Marcelli Ferreira
Mariana Portugal
Matheus Mello

Marketing Editorial
Jessica Nogueira
Livia Carvalho
Marcelo Santos
Pedro Guimarães
Thiago Brito

Atuaram na edição desta obra:

Revisão Gramatical
Alessandro Thomé
Carolina Palha

Tradução
Daniel Salgado

Copidesque
Diego Gonçales

Diagramação
Lucia Quaresma

Capa
Rita Motta

Editora afiliada à:

ASSOCIADO

Rua Viúva Cláudio, 291 – Bairro Industrial do Jacaré
CEP: 20.970-031 – Rio de Janeiro (RJ)
Tels.: (21) 3278-8069 / 3278-8419
www.altabooks.com.br — altabooks@altabooks.com.br
Ouvidoria: ouvidoria@altabooks.com.br

Em memória de Walt Metz,
que acreditava na verdade, na bondade e na beleza.

É a melhor época possível para se estar vivo, quando quase tudo o que você achava saber está errado.

— Tom Stoppard, *Arcádia*, Ato Um, Cena IV

Quando tivermos encontrado todos os mistérios e perdido todo o sentido, estaremos sozinhos, em uma margem vazia.

— Ato Dois, Cena VII

SOBRE O AUTOR

Cade Metz é correspondente de tecnologia do *New York Times*, cobrindo inteligência artificial, carros autônomos, robótica, realidade virtual, computação quântica e outras áreas emergentes. Anteriormente, ele foi redator sênior da revista *Wired*. *Criadores de Gênios* é seu primeiro livro.

SUMÁRIO

PRÓLOGO

O HOMEM QUE NÃO SE SENTAVA · 1

Dezembro de 2012

PARTE UM

UM NOVO TIPO DE MÁQUINA

1. GÊNESIS   13

   "Monstro de Frankenstein pensante projetado pela marinha."

2. PROMESSA   23

   "Ideias antigas são novas."

3. REJEIÇÃO   39

   "Definitivamente, pensei que estava certo o tempo inteiro."

4. INOVAÇÃO   57

   "Faça o que quiser no Google — não o que o Google quer que você faça."

5. TESTAMENTO   69

   "A velocidade da luz no vácuo costumava ser de cerca 55km/h. Até que Jeff Dean passou um fim de semana otimizando a física."

6. AMBIÇÃO   85

   "Está na hora de pensar grande."

xii CRIADORES DE GÊNIOS

PARTE DOIS
QUEM DETÉM A INTELIGÊNCIA?

7. RIVALIDADE 103

"Olá, aqui é o Mark, do Facebook."

8. HYPE 115

"O sucesso está garantido."

9. ANTI-HYPE 131

"Ele poderia produzir algo ruim por acidente."

10. EXPLOSÃO 145

"Ele comandava o AlphaGo como Oppenheimer comandava o Projeto Manhattan."

11. EXPANSÃO 155

"George destruiu toda a área sem nem mesmo saber seu nome."

12. TERRA DOS SONHOS 165

"Não é que o pessoal do Google beba de outra fonte."

PARTE TRÊS
CRISE

13. FARSA 177

"Nossa, você pode realmente criar rostos fotorrealistas."

14. ARROGÂNCIA 187

"Eu sabia, quando fiz o discurso, que os chineses estavam chegando."

15. INTOLERÂNCIA 199

"Google Fotos, vocês têm merda na cabeça. Minha amiga não é um gorila."

16. ARMAMENTIZAÇÃO 209

"Você provavelmente ouviu Elon Musk e seu comentário sobre a IA causando a Terceira Guerra Mundial."

17. IMPOTÊNCIA 219

"Há pessoas na Rússia cujo trabalho é tentar explorar nossos sistemas. Então isto é uma corrida armamentista, certo?"

SUMÁRIO   xiii

PARTE QUATRO

OS SERES HUMANOS SÃO SUBESTIMADOS

18. DEBATE   231

"Independente de quanto tempo esse progresso acelerado ainda durar, Gary continuará dizendo que está prestes a terminar."

19. AUTOMAÇÃO   243

"Se a sala parecia uma loucura, era porque estávamos no caminho certo."

20. RELIGIÃO   253

"Meu objetivo é criar uma AGI amplamente benéfica. também entendo que isso pareça ridículo."

21. FATOR X   267

"A história se repetirá — Eu acho."

AGRADECIMENTOS   275

TIMELINE   277

OS PARTICIPANTES   279

NOTAS   283

REFERÊNCIAS   285

ÍNDICE   301

PRÓLOGO

O HOMEM QUE NÃO SE SENTAVA

DEZEMBRO DE 2012

Quando entrou no ônibus, no centro de Toronto, com destino a Lake Tahoe, Geoff Hinton não se sentava havia sete anos. "Sentei-me pela última vez em 2005", costumava dizer, "e foi um erro". Ele machucou as costas pela primeira vez quando era adolescente, enquanto carregava um aquecedor para sua mãe. Quando chegou aos 50 anos, não conseguia se sentar sem o risco de uma hérnia de disco, e caso isso acontecesse, a dor poderia deixá-lo de cama por semanas. Então ele parou de se sentar. Ele usava uma mesa alta dentro de seu escritório na Universidade de Toronto. Ao fazer as refeições, colocava uma pequena almofada de espuma no chão e se ajoelhava à mesa, com a postura de um monge meditando. Ele se deitava ao andar de carro, esticado no banco de trás. E ao viajar distâncias mais longas, ele pegava um trem. Ele não podia voar, pelo menos não com as companhias aéreas comerciais, porque elas o faziam se sentar durante a decolagem e o pouso. "Cheguei a um ponto em que pensei que poderia estar aleijado — que não seria capaz de sobreviver ao longo do dia — então levei a sério", diz ele. "Se você deixar que isso guie completamente sua vida, não terá nenhum problema."

2 CRIADORES DE GÊNIOS

Naquele outono, antes de se deitar na parte de trás do ônibus para a viagem a Nova York, pegar o trem até Truckee, Califórnia, no topo da Sierra Nevada, e então se esticar no banco de trás de um táxi para uma subida de trinta minutos montanha acima até o Lago Tahoe, ele criou uma nova empresa. Incluía apenas duas outras pessoas, ambos jovens alunos de pós-graduação de seu laboratório na universidade. Não vendia nenhum produto. Não tinha planos de fazer um produto. E seu site não oferecia nada além de um nome[1] DNNresearch, que era ainda menos atraente do que o site em si. Hinton, aos 64 anos — que parecia tão à vontade na universidade, com seu cabelo grisalho despenteado, suéteres de lã e senso de humor perspicaz —, nem tinha certeza se queria começar uma empresa até que seus dois alunos o convenceram. Mas quando ele chegou ao Lago Tahoe, uma das maiores empresas da China já havia oferecido US$12 milhões por sua startup recém-criada, e logo três outras empresas se juntariam à disputa, incluindo duas das maiores nos Estados Unidos.

Ele estava indo para o Harrah's e o Harvey's, os dois enormes cassinos ao sopé das montanhas de esqui, no lado sul do lago. Erguendo-se sobre os pinheiros de Nevada, essas caixas gêmeas de vidro, aço e pedra também serviam como centros de convenções, oferecendo centenas de quartos de hotel, dezenas de espaços para reuniões e uma ampla variedade de restaurantes (de segunda categoria). Em dezembro daquele ano, eles organizaram um encontro anual de cientistas da computação chamado NIPS. Abreviação de Neural Information Processing Systems (Sistemas de Processamento de Informação Neural, em tradução livre) — um nome que antevia profundamente o futuro da computação —, o NIPS era uma conferência dedicada à inteligência artificial. Hinton, acadêmico nascido em Londres que explorou as fronteiras da IA em universidades na Grã-Bretanha, nos Estados Unidos e no Canadá desde o início dos anos 1970, viajava para o NIPS quase todos os anos. Mas daquela vez era diferente. Embora o interesse chinês por sua empresa já fosse certo, ele sabia que também havia outros interessados, e o NIPS parecia o local ideal para um leilão.

Dois meses antes, Hinton e seus alunos mudaram a forma como as máquinas viam o mundo. Eles construíram o que foi chamado de *rede neural*, um sistema matemático baseado na teia de neurônios do cérebro que podia identificar objetos comuns[2] — como flores, cães e carros — com uma precisão que antes parecia impossível. Como Hinton e seus alunos mostraram, uma rede neural pode aprender essa habilidade humana analisando grandes quantidades de dados. Ele chamou isso de "aprendizado profundo", e seu potencial era enorme. Prometia transformar não apenas a visão computacional, mas tudo, de assistentes digitais falantes a carros autônomos e descoberta de medicamentos.

A ideia de uma rede neural remonta à década de 1950, mas os primeiros pioneiros nunca a fizeram funcionar tão bem como esperavam. No começo do novo milênio, a maioria dos pesquisadores desistira da ideia, convencidos de que era um beco sem saída tecnológico e perplexos com a presunção de cinquenta anos antes de que esses sistemas matemáticos de alguma forma imitavam o cérebro humano. Ao enviar artigos para periódicos acadêmicos, aqueles que ainda exploravam a tecnologia muitas vezes a disfarçavam como outra coisa, substituindo as palavras "rede neural" por uma linguagem menos provável de ofender seus colegas cientistas. Hinton permaneceu um dos poucos que acreditavam firmemente que isso um dia daria certo, gerando máquinas que poderiam não apenas reconhecer objetos, mas também identificar palavras faladas, entender a linguagem natural, manter uma conversa e, talvez, até resolver problemas que os humanos não conseguiriam resolver sozinhos, fornecendo maneiras novas e mais incisivas de explorar os mistérios da biologia, medicina, geologia e outras ciências. Era uma postura excêntrica mesmo dentro de sua própria universidade, que passou anos negando seu longevo pedido para contratar outro professor que pudesse trabalhar ao lado dele nessa longa e tortuosa busca para construir máquinas que aprendessem por conta própria. "Uma pessoa maluca trabalhando nisso era o suficiente", costumava dizer. Mas na primavera e no verão de 2012, Hinton e seus dois alunos fizeram uma descoberta: eles mostraram que uma rede neural pode reconhecer objetos comuns com uma precisão muito além de qualquer outra tecnologia. Com o artigo de nove páginas que publicaram naquele outono, eles anunciaram ao mundo que essa ideia era poderosa, como Hinton há muito tempo afirmava que seria.

Dias depois, Hinton recebeu um e-mail de um colega pesquisador de IA chamado Kai Yu, que trabalhava para a Baidu, a gigante chinesa da tecnologia. Superficialmente, ele e Yu tinham pouco em comum. Nascido em uma família de cientistas britânicos monumentais, cuja influência era igualada apenas por sua excentricidade, Hinton estudou em Cambridge, obteve um Ph.D. em inteligência artificial pela Universidade de Edimburgo e passou os trinta anos seguintes como professor de ciência da computação. Nascido trinta anos depois, Yu cresceu na China comunista, filho de um engenheiro automotivo, e estudou em Nanjing e depois em Munique, antes de se mudar para o Vale do Silício para trabalhar em um laboratório de pesquisa corporativo. Os dois eram separados por classe, idade, cultura, idioma e geografia, mas compartilhavam um interesse incomum: redes neurais. Eles se conheceram originalmente no Canadá em um workshop acadêmico, parte de um esforço de base para reviver essa área de pesquisa quase adormecida na comunidade científica e rebatizar a ideia como "aprendizado profundo". Yu estava entre os que ajudaram a divulgar o novo evangelho. Retornando à China, ele levou a ideia à Baidu, onde sua pesquisa chamou a atenção do CEO da empresa. Quando aquele artigo de nove páginas saiu da Universidade de Toronto, Yu disse aos cabeças da Baidu que eles deveriam contratar Hinton o mais rápido possível. Com seu e-mail, ele apresentou Hinton a um vice-presidente da Baidu, que ofereceu US$12 milhões por apenas alguns anos de trabalho.

No início, os pretendentes de Hinton em Pequim sentiram que haviam chegado a um acordo. Mas Hinton não tinha tanta certeza. Nos últimos meses, ele havia cultivado relacionamentos dentro de várias outras empresas, pequenas e grandes, incluindo duas das grandes rivais norte-americanas da Baidu, e elas também estavam ligando para seu escritório em Toronto, perguntando o que seria necessário para contratar ele e seus alunos. Vendo uma oportunidade muito mais ampla, ele perguntou à Baidu se poderia solicitar outras ofertas antes de aceitar os US$12 milhões, e quando a Baidu concordou, ele virou a situação de cabeça para baixo. Estimulado por seus alunos e percebendo que a Baidu e seus rivais estavam muito mais propensos a pagar enormes quantias para adquirir uma empresa do que desembolsar os mesmos dólares para algumas novas contratações do mundo acadêmico, ele criou sua pequena startup. Ele a chamou de DNNresearch, em uma homenagem às "redes neurais profundas" em que eles se especializaram, e perguntou a um advogado de Toronto como ele poderia maximizar o preço de uma startup com três funcionários, nenhum produto e praticamente nenhum histórico. Na opinião do advogado, ele tinha duas opções: poderia contratar um negociador profissional e correr o risco de irritar as empresas que ele esperava que adquirissem seu pequeno empreendimento, ou poderia abrir um leilão. Hinton escolheu fazer o leilão. No final, quatro nomes se juntaram à negociação da sua nova empresa: Baidu,

O HOMEM QUE NÃO SE SENTAVA 5

Google, Microsoft e uma startup de dois anos da qual a maior parte do mundo nunca tinha ouvido falar. Era o DeepMind, uma empresa londrina fundada por um jovem neurocientista chamado Demis Hassabis e que viria a se tornar o laboratório de IA mais famoso e influente da década.

Na semana do leilão, Alan Eustace, chefe de engenharia do Google, voou com seu próprio avião bimotor para o aeroporto perto da costa sul do Lago Tahoe. Ele e Jeff Dean, o engenheiro mais venerado do Google, jantaram com Hinton e seus alunos no restaurante no último andar do Harrah's, uma churrascaria decorada com mil garrafas de vinho vazias. Era seu sexagésimo quinto aniversário. Enquanto ele estava em uma mesa de bar, e os outros, sentados em banquinhos altos, eles discutiram as ambições do Google, o leilão e as pesquisas mais recentes em andamento em seu laboratório em Toronto. Para os *googlers*, o jantar foi principalmente uma forma de avaliar os dois jovens alunos de Hinton, que eles não conheciam. Baidu, Microsoft e Deep-Mind também enviaram representantes ao Lago Tahoe para a conferência, e alguns desempenharam seu papel no leilão. Kai Yu, o pesquisador da Baidu que deu início à corrida por Hinton e seus alunos, também se reuniu com os três antes do início da negociação. Mas nenhum dos pretendentes jamais se reuniu no mesmo lugar ao mesmo tempo. O leilão foi realizado por e-mail, com a maioria dos lances chegando de executivos de outras partes do mundo, da Califórnia a Londres e Pequim. Hinton escondeu dos demais a identidade de cada participante.

Ele comandou o leilão do seu quarto de hotel, número 731, na torre Harrah, que dava para os pinheiros de Nevada e os picos nevados das montanhas. A cada dia, ele marcava um horário para a próxima rodada de lances, e na hora designada, ele e seus dois alunos se reuniam em sua sala para ver as propostas chegarem em seu notebook. O notebook estava em uma lata de lixo virada de cabeça para baixo em uma mesa no final das duas camas *queen size* do quarto, para que Hinton pudesse digitar em pé. Os lances chegavam via Gmail, serviço de e-mail online operado pelo Google, justamente porque era ali que ele mantinha uma conta de e-mail. Mas a Microsoft não gostou do arranjo. Nos dias anteriores ao leilão, a empresa reclamou que o Google, sua maior rival, poderia espionar suas mensagens privadas e, de alguma forma, burlar os lances. Hinton havia discutido a mesma possibilidade com seus alunos, embora para ele isso fosse menos uma preocupação séria do que um comentário malicioso sobre o vasto e crescente poder do Google. Tecnicamente, o Google pode ler qualquer mensagem do Gmail. Os termos de serviço diziam que não, mas a realidade era a de que, se alguma vez esses termos fossem violados, provavelmente ninguém saberia. No final, Hinton e a Microsoft colocaram suas preocupações de lado — "Estávamos bastante confiantes de que o Google não leria nosso Gmail", gostava de dizer — e embora ninguém tenha percebido na época, foi um momento carregado de significado.

As regras do leilão eram simples: após cada lance, as quatro empresas tinham uma hora para aumentar o preço de compra em, pelo menos, US\$1 milhão. Essa contagem regressiva de uma hora começava na hora marcada no e-mail com o último lance, e, ao final da hora, se ninguém apresentasse um novo lance, o leilão estaria encerrado. O DeepMind ofereceu ações da empresa, não dinheiro, mas não conseguiu competir com as gigantes do mundo da tecnologia e logo desistiu. Restavam Baidu, Google e Microsoft. À medida que os lances continuavam a subir, primeiro para US\$15 milhões e depois para US\$20 milhões, a Microsoft também desistiu, mas depois voltou. Cada pequeno momento parecia grande e carregado de significado, enquanto Hinton e seus alunos debatiam a respeito de a qual empresa eles preferiam se juntar. No final da tarde, enquanto olhavam para os picos das montanhas de esqui pela janela, dois aviões passaram voando em direções opostas, deixando rastros que cruzavam o céu como um X gigante. Em meio à atmosfera de excitação na sala, eles se perguntaram o que isso significava, antes de lembrar que o Google tinha sede em um lugar chamado Mountain View. "Isso significa que devemos entrar no Google?", perguntou Hinton. "Ou significa que não devemos?"

Por volta dos US\$22 milhões, Hinton suspendeu temporariamente o leilão para uma discussão com um dos participantes, e meia hora depois, a Microsoft desistiu novamente. Restavam a Baidu e o Google, e, com o passar das horas, as duas empresas elevaram o preço ainda mais. Kai Yu administrou as ofertas iniciais da Baidu, mas quando o preço atingiu US\$24 milhões, um executivo da Baidu assumiu o controle diretamente de Pequim. De vez em quando, Yu passava pelo quarto 731 na esperança de ter pelo menos uma pequena noção de para onde o leilão estava indo.

Embora Yu não estivesse nem remotamente ciente disso, essas visitas eram um problema para Hinton. Ele tinha 65 anos e costumava ficar doente quando viajava para o Lago Tahoe, onde o ar era frio, rarefeito e seco. Ele estava preocupado em ficar doente de novo e não queria que Yu, ou qualquer outra pessoa, o visse assim. "Eu não queria que eles pensassem que eu era velho e decrépito", diz ele. Então ele removeu o colchão do sofá-cama encostado na parede, colocou-o no chão entre as duas camas, esticou uma tábua de passar e alguns outros objetos resistentes no vão entre as camas, umedeceu várias toalhas com água e também as colocou sobre o vão, e assim dormia todas as noites no ar úmido sob este dossel improvisado. Isso, pensou Hinton, manteria a doença sob controle. O problema era que, à medida que o leilão continuava, Yu, um homem pequeno e redondo que usava óculos, sempre aparecia para bater um papo. Agora, Hinton não queria que Yu visse *o quão determinado ele estava em não adoecer*. Assim, cada vez que Yu aparecia, Hinton se voltava para seus dois alunos, as únicas outras pessoas em sua empresa de três pessoas, e pedia-lhes que escondessem o colchão, a tábua de passar e as toalhas molhadas. "É isso que os vice-presidentes fazem", dizia ele.

Depois de uma visita, Yu saiu da sala sem sua mochila, e quando notaram que ela estava em uma cadeira, eles se perguntaram se deveriam abri-la para ver se algo dentro lhes diria o quanto a Baidu estava disposta a oferecer. Mas eles não fizeram isso, sentindo que simplesmente não era a coisa certa. De qualquer forma, eles logo perceberam que a Baidu estava disposta a subir muito mais: US$25 milhões, US$30 milhões, US$35 milhões. Invariavelmente, o próximo lance não chegava até um ou dois minutos antes do final da hora, estendendo o leilão exatamente quando ele estava prestes a terminar.

O preço subiu tanto, que Hinton encurtou a janela de licitação de uma hora para trinta minutos. Os lances rapidamente alcançaram US$40 milhões, US$41 milhões, US$42 milhões, US$43 milhões. "Parece que estamos em um filme", disse ele. Era quase meia-noite quando o preço atingiu US$44 milhões e ele suspendeu novamente a negociação. Precisava dormir um pouco.

No dia seguinte, cerca de trinta minutos antes do começo do leilão, ele enviou um e-mail avisando que o início seria adiado. Cerca de uma hora depois, ele enviou outro. O leilão havia acabado. Em algum momento durante a noite, Hinton decidiu vender sua empresa para o Google — sem empurrar o preço mais para cima. Seu e-mail para a Baidu dizia que quaisquer outras mensagens enviadas pela empresa seriam encaminhadas para seu novo empregador, embora ele não tenha dito quem era.

8 CRIADORES DE GÊNIOS

Isso, ele admitiu mais tarde, era o que ele sempre quis. Até Kai Yu imaginou que Hinton acabaria no Google, ou pelo menos em outra empresa norte-americana, porque suas costas o impediriam de viajar para a China. Do modo como aconteceu, Yu estava feliz apenas pela Baidu ter tomado seu lugar entre os participantes. Ao levar seus rivais norte-americanos ao limite, acreditava ele, os cabeças da Baidu perceberam como o aprendizado profundo seria importante nos anos seguintes.

Hinton interrompeu o leilão porque encontrar a casa certa para sua pesquisa era, em última análise, mais importante para ele do que exigir o preço máximo. Quando ele disse aos negociantes do Google que estava interrompendo o leilão em US$44 milhões, eles pensaram que ele estava brincando — que ele não poderia desistir dos dólares que ainda estavam por vir. Ele não estava brincando, e seus alunos viam a situação da mesma forma que ele. Eles eram acadêmicos, não empresários, mais leais à sua ideia do que a qualquer outra coisa.

Mas Hinton não percebeu o quão valiosa a ideia deles provaria ser. Ninguém percebeu. Ao lado de um pequeno grupo de outros cientistas — espalhados por essas mesmas quatro empresas, além de outra gigante norte-americana da internet e, ainda, uma nova potência emergente —, ele e seus alunos logo empurraram essa ideia para o coração da indústria de tecnologia. Ao fazer isso, eles aceleraram repentina e dramaticamente o progresso da inteligência artificial, incluindo assistentes digitais falantes, carros autônomos, robótica, assistência médica automatizada e — embora essa nunca tenha sido sua intenção — guerra e vigilância automatizadas. "Isso mudou a maneira como eu via a tecnologia", diz o chefe de engenharia do Google, Alan Eustace. "Também mudou a maneira como muitos outros a viam."

Alguns pesquisadores, principalmente Demis Hassabis, o jovem neurocientista por trás do DeepMind, acreditavam, inclusive, que estavam construindo uma máquina que poderia fazer *qualquer coisa* que o cérebro humano pudesse fazer, e fazê-la ainda melhor, uma possibilidade que capturou a imaginação desde os primeiros dias da era do computador. Ninguém tinha certeza de quando essa máquina chegaria. Mas mesmo no curto prazo, com o surgimento de máquinas que ainda estavam muito longe da verdadeira inteligência, as implicações sociais eram muito maiores do que se imaginava. Tecnologias poderosas sempre fascinaram e amedrontaram a humanidade, e esta sempre apostou nelas. Dessa vez, as apostas eram maiores do que os cientistas por trás da ideia poderiam imaginar. O surgimento do aprendizado profundo marcou uma mudança fundamental na forma como a tecnologia digital foi construída. Em vez de definir cuidadosamente como uma máquina deveria se comportar, uma regra por vez, uma linha de código por vez, os engenheiros estavam começando a construir máquinas que podiam aprender tarefas por meio de suas próprias experiências, e essas experiências abrangiam enormes quantidades de informação digital — nenhum humano jamais poderia dar conta de tudo isso. O resultado foi uma nova geração de máquinas que não eram apenas mais poderosas do que antes, mas também mais misteriosas e imprevisíveis.

Quando o Google e outras gigantes adotaram a tecnologia, ninguém percebeu que ela estava aprendendo os vieses dos pesquisadores que a criaram. Esses pesquisadores eram, em sua maioria, homens brancos, e eles viram apenas a amplitude do problema quando uma nova onda de pesquisadores — tanto mulheres quanto pessoas não brancas — colocou o dedo sobre ele. À medida que a tecnologia se espalhou ainda mais, na área de saúde, vigilância governamental e militar, o mesmo aconteceu com os caminhos que poderiam dar errado. O aprendizado profundo trouxe um poder que até mesmo seus projetistas não sabiam exatamente como controlar, especialmente porque foi adotado por superpotências tecnológicas impulsionadas por uma fome insaciável por receita e lucro.

Depois que o leilão de Hinton foi realizado no Lago Tahoe e a conferência NIPS chegou ao fim, Kai Yu embarcou em um avião para Pequim. Lá, ele encontrou um pesquisador da Microsoft nascido na China chamado Li Deng, que tinha um histórico próprio com Hinton e desempenhou seu próprio papel no leilão. Yu e Deng se conheciam de anos de conferências e workshops de IA, e eles conseguiram assentos adjacentes no longo voo para a Ásia. Como Hinton manteve os participantes anônimos, nenhum dos dois tinha certeza de quais empresas estavam envolvidas no leilão. Eles queriam saber, e Deng adorava conversar. Eles passaram horas parados na parte de trás da cabine, discutindo o surgimento do aprendizado profundo. Mas eles também se sentiram impelidos por seus empregadores a não revelar seu próprio envolvimento no leilão. Então, eles tangenciaram o assunto, tentando entender o que o outro sabia sem revelar seus próprios segredos. Embora não tenham dito isso, ambos sabiam que uma nova competição estava acontecendo. Suas empresas teriam que responder à grande jogada do Google. Era assim que funcionava a indústria de tecnologia. Era o início de uma corrida armamentista global, e essa corrida aumentaria rapidamente de maneiras que pareceriam absurdas alguns anos antes.

Enquanto isso, Geoff Hinton pegava o trem de volta para Toronto. Ele acabaria indo para a sede do Google em Mountain View, Califórnia, mas mesmo quando entrou para a empresa, ele manteve seu cargo de professor na Universidade de Toronto e se manteve firme em seus próprios objetivos e crenças, dando um exemplo para muitos outros acadêmicos, que logo o seguiram pelas maiores empresas de tecnologia do mundo. Anos depois, quando solicitado a revelar as empresas que disputaram sua startup, ele respondeu à sua maneira. "Assinei contratos dizendo que nunca revelaria com quem conversamos. Assinei um com a Microsoft, um com a Baidu e um com o Google", disse ele. "Melhor não entrar nisso." Ele não mencionou o DeepMind. Mas essa era outra história. Após o leilão no Lago Tahoe, Demis Hassabis, o fundador do laboratório de Londres, emitiu suas próprias opiniões sobre o mundo. De certa forma, elas ecoavam com as de Hinton. Mas, em alguns aspectos, iam ainda mais longe. Rapidamente, Hassabis também foi pego na mesma corrida armamentista global.

Esta é a história de Hinton e Hassabis e de outros cientistas que deram início a essa corrida, um pequeno, mas eclético, grupo de pesquisadores de todo o mundo que nutriu uma ideia por décadas, muitas vezes em face de um ceticismo desenfreado, antes que ela atingisse a maioridade e eles fossem sugados para dentro da máquina de algumas das maiores empresas do planeta — e para um mundo de turbulência que nenhum deles esperava.

PARTE UM

UM NOVO TIPO DE MÁQUINA

1

GÊNESIS

"MONSTRO DE FRANKENSTEIN PENSANTE PROJETADO PELA MARINHA."

No dia 7 de julho de 1958, vários homens[1] se reuniram em torno de uma máquina dentro dos escritórios do United States Weather Bureau, em Washington, D.C., cerca de quinze quarteirões a oeste da Casa Branca. Tão larga quanto uma geladeira, duas vezes mais profunda e quase tão alta quanto, a máquina era apenas uma peça de um computador mainframe que se espalhava pela sala como um conjunto de móveis com várias peças. Estava envolta em plástico prateado, refletindo a luz de cima, e o painel frontal continha fileiras e mais fileiras de pequenas lâmpadas redondas, botões quadrados vermelhos e interruptores de plástico grossos, alguns brancos, e outros cinza. Normalmente, essa máquina de US$2 milhões executava cálculos para o Weather Bureau, o precursor do National Weather Service, mas naquele dia, estava emprestada à Marinha dos Estados Unidos e a um professor de 30 anos da Cornell University chamado Frank Rosenblatt.

Enquanto um repórter de jornal observava, Rosenblatt e seus companheiros da Marinha colocaram dois cartões brancos na máquina, um marcado com um pequeno quadrado à esquerda e o outro marcado à direita. Inicialmente, a máquina não conseguia distingui-los, mas depois de ler mais cinquenta cartões, isso mudou. Em quase todas as vezes, ela identificou corretamente onde o cartão foi marcado — à esquerda ou à direita. Como Rosenblatt explicou, a máquina havia aprendido essa habilidade por conta própria, graças a um sistema matemático baseado no cérebro humano. Ele o chamou de Perceptron. No futuro, disse ele, esse sistema aprenderia a reconhecer[2] letras impressas, palavras escritas à mão, comandos falados e até mesmo o rosto das pessoas, antes de dizer seus nomes. Ele traduziria um idioma para outro. E, em teoria, ele acrescentou, poderia clonar-se em uma linha de montagem, explorar planetas distantes e cruzar a linha da computação para a senciência.

"A Marinha revelou hoje o embrião[3] de um computador eletrônico que ela espera que um dia possa andar, falar, ver, escrever, se reproduzir e ter consciência de sua existência", dizia o artigo que apareceu na manhã seguinte no *New York Times*. Um segundo artigo,[4] na edição de domingo, informava que os oficiais da Marinha hesitaram em chamar isso de máquina porque era "muito parecido com um ser humano sem vida". Rosenblatt passou a se incomodar[5] com a maneira como a imprensa popular cobria o evento, particularmente com uma manchete em Oklahoma ("Monstro de Frankenstein pensante projetado pela Marinha"). Nos últimos anos, entre colegas e em seus escritos publicados, ele havia descrito o projeto em termos mais moderados. Ele insistiu que não era uma tentativa de inteligência artificial e reconheceu suas limitações. Mesmo assim, a ideia escapou de suas mãos.

O Perceptron foi uma das primeiras redes neurais, uma encarnação inicial da tecnologia que Geoff Hinton venderia para o maior lance, mais de cinquenta anos depois. Mas antes de atingir aqueles US$44 milhões, sem falar no futuro extravagante previsto nas páginas do *New York Times* no verão de 1958, ele caiu na obscuridade acadêmica. No início da década de 1970, depois que essas previsões pródigas encontraram as limitações da tecnologia de Rosenblatt, a ideia estava quase morta.

FRANK Rosenblatt nasceu[6] em 11 de julho de 1928 em New Rochelle, Nova York, ao norte do Bronx. Ele frequentou a Bronx Science,[7] a escola pública de elite que acabou produzindo oito ganhadores do Nobel,[8] seis ganhadores do Prêmio Pulitzer, oito ganhadores da Medalha Nacional de Ciência[9] e três ganhadores do Prêmio Turing,[10] o maior prêmio mundial de ciência da computação. Rosenblatt, um homem pequeno e magro com bochechas carnudas e cabelo curto, escuro e ondulado que usava uns óculos básicos de aro preto, foi treinado em psicologia, mas seus interesses eram muito mais amplos. Em 1953, o *Times* publicou uma pequena reportagem[11] descrevendo um computador antigo que ele usava para processar dados para sua tese de doutorado. Chamado EPAC — abreviação de *electronic profile-analyzing computer* (computador de análise de perfil eletrônico, em tradução livre) —, ele analisava os perfis psicológicos de seus pacientes. Com o passar dos anos, ele passou a acreditar que as máquinas poderiam fornecer uma compreensão ainda maior da mente. Depois de terminar seu doutorado, ele ingressou no Laboratório de Aeronáutica da Cornell University,[12] em Buffalo, a cerca de 240 quilômetros do *campus* principal da universidade, em Ithaca, Nova York. Doado à Cornell por uma empresa que projetou aeronaves durante a Segunda Guerra Mundial, esse centro de pesquisa de voo se transformou em um laboratório mais eclético nos anos do pós-guerra, operando com pouca supervisão da administração em Ithaca. Foi aqui que Rosenblatt projetou o Perceptron, com financiamento do Office of Naval Research.

Rosenblatt viu o projeto[13] como uma janela para o funcionamento interno do cérebro. Ele acreditava que, se pudesse recriar o cérebro como uma máquina, poderia sondar os mistérios do que chamou de "inteligência natural". Baseando-se em ideias inicialmente propostas por dois pesquisadores da Universidade de Chicago uma década antes, o Perceptron analisava objetos e procurava padrões que pudessem identificá-los (por exemplo, se um cartão tinha uma marca no lado esquerdo ou direito). Ele fez isso usando uma série de cálculos matemáticos que operavam (em um sentido muito amplo) como a rede de neurônios no cérebro. Conforme o Perceptron examinava e tentava identificar cada objeto, acertava alguns e errava outros. Mas ele podia aprender com seus erros, ajustando metodicamente cada um desses cálculos matemáticos até que fossem poucos e distantes entre si. Muito parecido com um neurônio no cérebro, cada cálculo era quase sem sentido por si só — apenas uma entrada para um algoritmo maior. Mas o algoritmo maior — uma espécie de receita matemática — poderia realmente fazer algo útil. Ou pelo menos essa era a esperança. No Weather Bureau, no verão de 1958, Rosenblatt mostrou o início dessa ideia[14] — uma simulação do Perceptron que rodava no IBM 704 do escritório, o principal computador comercial da época. Então, de volta ao laboratório em Buffalo, trabalhando ao lado de uma equipe de engenheiros, ele começou a construir uma máquina inteiramente nova a partir da mesma ideia. Ele a chamou de Mark I. Ao contrário de outras máquinas da época, foi projetada para ver o mundo ao seu redor. "Pela primeira vez, um sistema não biológico[15] realizará uma organização de seu ambiente externo de maneira significativa", disse ele a um repórter no final daquele ano, durante outra viagem para se encontrar com seus patrocinadores em Washington.

16 CRIADORES DE GÊNIOS

Seu principal colaborador no Office of Naval Research não via o Perceptron nos mesmos termos extravagantes. Mas Rosenblatt foi impassível. "Meu colega desaprova[16] toda a conversa fiada que se ouve hoje em dia sobre cérebros mecânicos", disse ele ao repórter durante uma xícara de café. "Mas é exatamente o que isso é." Uma pequena jarra de prata com creme estava sobre a mesa à sua frente, e ele a pegou. Embora esta tenha sido a primeira vez que ele colocou os olhos no jarro, Rosenblatt disse, ele ainda conseguia reconhecê-lo como um jarro. O Perceptron, explicou ele, poderia fazer quase o mesmo. Ele poderia tirar as conclusões necessárias para distinguir, digamos, um cachorro de um gato. Ele admitiu que a tecnologia estava longe de ter usos práticos: faltava percepção de profundidade e "um discernimento refinado". Mas ele permaneceu confiante em seu potencial.[17] Um dia, disse ele, o Perceptron viajaria para o espaço e enviaria suas observações de volta à Terra. Quando o repórter perguntou se havia algo que o Perceptron não seria capaz de fazer, Rosenblatt ergueu as mãos. "Amor. Esperança. Desespero. Natureza humana, em suma", disse ele.[18] "Se não entendemos o impulso sexual humano, como devemos esperar que uma máquina o faça?"

Em dezembro daquele ano, o *New Yorker* saudou a criação de Rosenblatt como o primeiro rival verdadeiro do cérebro. Anteriormente, a revista se maravilhara com o fato de o IBM 704 poder jogar uma partida de xadrez. Agora, ela descreveu[19] o Perceptron como uma máquina ainda mais notável, um computador que poderia alcançar "o equivalente ao pensamento humano". Embora os cientistas afirmassem[20] que apenas os sistemas biológicos podiam ver, sentir e pensar, disse a revista, o Perceptron se comportava "como se visse, sentisse e pensasse". Rosenblatt ainda não havia construído a máquina, mas isso foi considerado um obstáculo menor. "É apenas uma questão[21] de tempo (e dinheiro) antes que ele passe a existir", informou a revista.

Rosenblatt concluiu o Mark I[22] em 1960. Ele abrangia seis prateleiras de equipamentos elétricos, cada uma do tamanho de uma geladeira de cozinha, e era conectado ao que parecia ser uma câmera. *Era* uma câmera, embora os engenheiros tivessem removido o carregador de filme, trocando-o por um pequeno dispositivo quadrado coberto com quatrocentos pontos pretos. Eram fotocélulas que respondiam a mudanças na luz. Rosenblatt e seus engenheiros imprimiam letras maiúsculas em cartões de papelão — *A, B, C, D* etc. —, e quando colocavam esses cartões em um cavalete na frente da câmera, as fo-

GÊNESIS   17

tocélulas podiam ler as linhas pretas das letras contra o espaço em branco do papelão. Enquanto isso, o Mark I aprendia a reconhecer as letras, da mesma forma que o mainframe da IBM dentro do Weather Bureau aprendera a reconhecer os cartões marcados. Isso exigia uma pequena ajuda dos humanos na sala: enquanto trabalhava para identificar as letras, um técnico dizia à máquina se ela estava certa ou errada. Mas, eventualmente, o Mark I aprenderia com seus próprios erros e acertos, apontando os padrões que identificavam a linha inclinada de um A ou a curva dupla de um B. Ao fazer uma demonstração da máquina, Rosenblatt teve uma forma de provar que isso era um comportamento aprendido. Ele enfiava a mão nas prateleiras de equipamentos elétricos e puxava alguns fios, quebrando as conexões entre os motores que atuavam como neurônios falsos. Quando ele reconectou os fios, a máquina mais uma vez lutou para reconhecer as letras, mas depois de examinar mais cartões e reaprender a mesma habilidade, funcionou como antes.

Essa engenhoca elétrica funcionou bem o suficiente para atrair interesse para além da Marinha. Ao longo dos anos seguintes, o Stanford Research Institute, ou SRI, um laboratório no norte da Califórnia, começou a explorar as mesmas ideias, e o próprio laboratório de Rosenblatt ganhou contratos com o Serviço Postal dos EUA e a Força Aérea. O Serviço Postal precisava de uma forma de ler endereços em envelopes, e a Força Aérea esperava identificar alvos em fotos aéreas. Mas tudo isso ainda estava no futuro. O sistema de Rosenblatt foi apenas ligeiramente eficaz ao ler os cartões impressos, uma tarefa relativamente simples. Conforme o sistema analisava os cartões impressos com a letra A, cada fotocélula examinava um ponto específico do cartão — digamos, uma área próxima ao canto direito inferior. Se o ponto era preto com mais frequência do que branco, o Mark I atribuía a ele um "peso" alto, o que significa que teria um papel mais importante no cálculo matemático que determinava o que era um A e o que não era. Ao ler um novo cartão, a máquina podia reconhecer um A se a maioria dos pontos muito "pesados" fossem de cor preta. Isso era tudo. A tecnologia não era ágil o suficiente para ler as irregularidades dos dígitos escritos à mão.

Apesar das deficiências óbvias do sistema, Rosenblatt permaneceu otimista em relação ao seu futuro. Outros também acreditavam que a tecnologia melhoraria nos próximos anos, aprendendo tarefas mais complexas de maneiras mais complexas. Contudo, enfrentou um obstáculo significativo: Marvin Minsky.

18 CRIADORES DE GÊNIOS

FRANK Rosenblatt e Marvin Minsky foram contemporâneos[23] na Bronx Science. Em 1945, os pais de Minsky o mudaram para a Phillips Andover, a escola preparatória modelo dos Estados Unidos, e depois da guerra, ele se matriculou em Harvard. Mas ele reclamou[24] que nenhum dos dois poderia se comparar à sua experiência na Science, onde o curso era mais desafiador, e os alunos, mais ambiciosos — "pessoas com quem você poderia discutir suas ideias mais elaboradas e ninguém seria condescendente", disse ele. Depois que Rosenblatt morreu, Minsky apontou seu antigo colega de escola como o tipo de pensador criativo que andava pelos corredores da Science, e como Rosenblatt, Minsky foi um pioneiro no campo da inteligência artificial. Mas ele via a área de outra maneira.

Minksy, quando era estudante de graduação em Harvard,[25] construiu, usando mais de 3 mil tubos de vácuo e algumas peças de um velho bombardeiro B-52, o que pode ter sido a primeira rede neural, uma máquina que chamou de SNARC. Então, como estudante de graduação no início dos anos 1950,[26] ele continuou a explorar os conceitos matemáticos que eventualmente deram origem ao Perceptron. Mas ele passou a ver a inteligência artificial como um empreendimento maior. Ele estava entre o pequeno grupo de cientistas[27] que cristalizou a IA como um campo de estudo em si durante uma reunião no Dartmouth College, no verão de 1956. Um professor de Dartmouth chamado John McCarthy[28] havia incitado a comunidade acadêmica mais ampla a explorar uma área de pesquisa que chamou de "estudos de autômatos", mas isso não significava muita coisa. Então ele a reformulou como inteligência artificial e, naquele verão, organizou uma conferência com vários acadêmicos e outros pesquisadores com ideias semelhantes. A agenda da Dartmouth Summer Research Conference on Artificial Intelligence[29] (Conferência de Pesquisa de Verão de Dartmouth sobre Inteligência Artificial, em tradução livre) incluía "redes de neurônios", mas também "computadores automáticos", "abstrações" e "autoaperfeiçoamento". Os que compareceram à conferência conduziriam o movimento até a década de 1960, principalmente McCarthy, que acabou levando sua pesquisa para a Universidade de Stanford, na Costa Oeste; Herbert Simon e Alan Newell, que construíram um laboratório em Carnegie Mellon, em Pittsburgh; e Minsky, que se estabeleceu no Instituto de Tecnologia de Massachusetts (MIT), na Nova Inglaterra. Eles visavam recriar a inteligência humana usando qualquer tecnologia que pudesse levá-los até lá, e tinham certeza de que não demoraria muito,[30] alguns argumentando que uma máquina venceria o campeão mundial de xadrez e descobriria seu próprio teorema matemático em uma década. Careca desde jovem, com orelhas largas e um sorriso travesso, Minsky se tornou um evangelista da IA, mas seu evangelismo não se estendeu às redes neurais. Uma rede neural era apenas uma forma de construir inteligência artificial, e Minsky, como muitos de seus colegas, se concentrou em outras vias. Em meados dos anos 1960, quando outras técnicas chamaram sua atenção, ele questionou se as redes neurais poderiam lidar com algo além das tarefas simples que Rosenblatt demonstrou em seu laboratório no interior do estado de Nova York.

Minsky fez parte de uma reação maior contra as ideias de Rosenblatt. Como o próprio Rosenblatt escreveu em seu livro de 1962, o Perceptron era um conceito controverso entre os acadêmicos, e ele atribuía grande parte da culpa à imprensa.[31] Os repórteres que escreveram sobre seu trabalho no final da década de 1950, Rosenblatt disse, "fizeram a tarefa com toda a exuberância e senso de discrição de um bando de cães de caça alegres".[32] Ele lamentou, em particular, manchetes como a de Oklahoma, dizendo que estavam muito longe de inspirar confiança em seu trabalho como uma busca científica séria. Quatro anos após o evento em Washington, recuando em suas próprias afirmações iniciais, ele insistiu que o Perceptron não era uma tentativa de inteligência artificial — pelo menos não como pesquisadores como Minsky viram a IA. "O programa Perceptron não se relaciona diretamente com a invenção de dispositivos para 'inteligência artificial', mas sim com a investigação das estruturas físicas e dos princípios neurodinâmicos que fundamentam a 'inteligência natural'", escreveu ele.[33] "Sua utilidade consiste em nos permitir determinar as condições físicas para o surgimento de várias propriedades psicológicas." Em outras palavras, ele queria entender como o cérebro humano funcionava, em vez de enviar um novo cérebro para o mundo. Como o cérebro era um mistério, ele não conseguiria recriá-lo. Mas ele acreditava que poderia usar máquinas para explorar esse mistério e, talvez, até mesmo resolvê-lo.

Desde o início, as fronteiras que separavam a inteligência artificial da ciência da computação, psicologia e neurociência eram difusas, uma vez que vários campos acadêmicos surgiram em torno dessa nova geração de tecnologia, cada um mapeando a paisagem à sua própria maneira. Alguns psicólogos, neurocientistas e até cientistas da computação passaram a ver as máquinas da mesma forma que Rosenblatt: como um reflexo do cérebro. Outros encararam essa ideia grandiosa com desprezo, argumentando que os computadores não operavam em nada

20 CRIADORES DE GÊNIOS

como o cérebro e que, se pretendiam imitar a inteligência, teriam de fazê-lo à sua maneira. Ninguém, no entanto, estava perto de construir o que poderia ser corretamente chamado de "inteligência artificial". Embora os fundadores da área pensassem que o caminho para recriar o cérebro seria curto, acabou sendo muito longo. Seu pecado original foi chamar a área de "inteligência artificial". Isso deu a décadas de espectadores a impressão de que os cientistas estavam prestes a recriar os poderes do cérebro, quando, na realidade, não estavam.

Em 1966, algumas dezenas de pesquisadores viajaram para Porto Rico, reunindo-se no hotel Hilton em San Juan.[34] Eles se reuniram para discutir os últimos avanços no que era então chamado de "reconhecimento de padrões" — tecnologia que poderia identificar padrões em imagens e outros dados. Enquanto Rosenblatt via o Perceptron como um modelo do cérebro, outros o viam como um meio de reconhecimento de padrões. Anos mais tarde, alguns comentaristas imaginaram Rosenblatt e Minsky brigando em conferências acadêmicas como a de San Juan, debatendo abertamente o futuro do Perceptron, mas a rivalidade entre eles era implícita. Rosenblatt nem mesmo viajou para Porto Rico. Dentro do Hilton, a tensão surgiu quando um jovem cientista chamado John Munson discursou na conferência. Munson trabalhou no SRI, o laboratório do norte da Califórnia que adotou as ideias de Rosenblatt após a chegada do Mark I. Lá, ao lado de uma equipe maior de pesquisadores, ele estava tentando construir uma rede neural que pudesse ler caracteres manuscritos, não apenas letras impressas, e teve como objetivo mostrar o andamento dessa pesquisa em sua apresentação no congresso. Mas quando Munson terminou a palestra e respondeu às perguntas da plateia, Minsky se fez ouvir. "Como pode um jovem inteligente como você", perguntou ele, "perder seu tempo com algo assim?"

Sentado na plateia, Ron Swonger, um engenheiro do Laboratório Aeronáutico Cornell, local de nascimento do Mark I, ficou chocado. Ele se irritou com a linguagem de Minsky e questionou se o ataque tinha algo a ver com a apresentação feita na sala. Minsky não estava preocupado em reconhecer caracteres escritos à mão. Ele estava atacando a própria ideia do Perceptron. "Esta é uma ideia sem futuro", disse ele. Do outro lado da sala, Richard Duda, que fazia parte da equipe que tentava construir o sistema para caracteres escritos à mão, foi atormentado pelas risadas da plateia enquanto Minsky fazia pouco das afirmações de que o Perceptron espelhava a rede de neurônios no cérebro. Foi uma performance típica de Minsky, que gostava de despertar polêmica em público. Certa vez, ele saudou uma sala cheia de físicos com a afirmação de que o campo da inteligência artificial havia feito mais progresso em apenas alguns anos do que a física havia feito em séculos. Mas Duda também achava que o professor do MIT tinha razões práticas para atacar o trabalho de lugares como SRI e Cornell: o MIT estava competindo com esses laboratórios pelos mesmos financiamentos do governo para a pesquisa. Mais tarde na conferência, quando outro pesquisador apresentou um novo sistema projetado para criar gráficos de computador, Minsky elogiou sua engenhosidade — e deu outro golpe nas ideias de Rosenblatt. "Um Perceptron pode fazer isso?", questionou ele.

Na esteira da conferência, Minsky e um colega do MIT chamado Seymour Papert publicaram um livro sobre redes neurais, que intitularam de *Perceptrons*.[35] Muitos sentiram que isso fechou a porta para as ideias de Rosenblatt pelos quinze anos seguintes. Minsky e Papert descreveram o Perceptron em detalhes elegantes, excedendo, em muitos aspectos, a maneira como Rosenblatt o descrevera. Eles entenderam o que ele poderia fazer, mas também entenderam suas falhas. O Perceptron, eles mostraram, não conseguia lidar com o que os matemáticos chamavam de "ou exclusivo", um conceito esotérico que carregava implicações muito maiores. Quando lhe era apresentado dois pontos em um cartão de papelão, o Perceptron poderia dizer se ambos eram pretos. E poderia dizer se ambos eram brancos. Mas não conseguia responder à pergunta direta: "São *duas cores diferentes*?" Isso mostrou que, em alguns casos, o Perceptron não conseguia reconhecer padrões simples, muito menos os padrões enormemente complexos que caracterizavam fotos aéreas ou palavras faladas. Alguns pesquisadores, Rosenblatt entre eles, já estavam explorando um novo tipo de Perceptron que visava corrigir essa falha. Ainda assim, na esteira do livro de Minsky, os dólares do governo foram transferidos para outras tecnologias, e as ideias de Rosenblatt desapareceram de vista. Seguindo o exemplo de Minsky, a maioria dos pesquisadores adotou o que foi chamado de "IA simbólica".

Frank Rosenblatt pretendia construir um sistema que aprendesse comportamentos por conta própria da mesma forma que o cérebro. Anos depois, os cientistas chamaram isso de "conexionismo", porque, como o cérebro, ele dependia de uma vasta gama de cálculos interconectados. Mas o sistema de Rosenblatt era muito mais simples do que o cérebro e aprendia apenas algumas coisas. Como outros pesquisadores importantes na área, Minsky acreditava que os cientistas da computação teriam dificuldades para recriar a inteligência, a menos que estivessem dispostos a abandonar as restrições dessa ideia e construir sistemas de uma maneira muito diferente e mais direta. Enquanto as redes neurais aprendiam tarefas por conta própria analisando dados, a IA simbólica não operava assim. Ela se comportava de acordo com instruções muito específicas estabelecidas por engenheiros humanos — regras discretas que definiam tudo que uma máquina deveria fazer em cada situação que pudesse encontrar. Eles a chamaram de IA simbólica porque essas instruções mostravam às máquinas como realizar operações específicas em coleções específicas de *símbolos*, como dígitos e letras. Na década seguinte, foi isso que dominou a pesquisa em IA. O movimento atingiu o auge de sua ambição em meados da década de 1980, com um projeto chamado Cyc, um esforço para recriar o senso comum a partir de uma regra lógica por vez.[36] Uma pequena equipe de cientistas da computação, com sede em Austin, Texas, passava os dias registrando verdades básicas como "você não pode estar em dois lugares ao mesmo tempo" e "ao beber uma xícara de café, você segura a extremidade aberta". Eles sabiam que isso levaria décadas, talvez séculos. Mas, como tantos outros, eles acreditavam que era a única maneira.

Rosenblatt tentou levar o Perceptron para além de imagens. Lá em Cornell, ele e outros pesquisadores construíram um sistema para reconhecer palavras faladas. Eles o chamaram de "Tobermory", em homenagem a um conto britânico sobre um gato falante, mas o sistema nunca funcionou de verdade. No final dos anos 1960, em Ithaca, Rosenblatt mudou para uma área de pesquisa muito diferente, fazendo experimentos cerebrais em ratos.[37] Depois que um grupo de ratos aprendia a navegar em um labirinto, ele injetava sua matéria cerebral em um segundo grupo. Então ele jogava o segundo grupo no labirinto para ver se a mente deles havia absorvido o que o primeiro grupo havia aprendido. Os resultados foram inconclusivos.

No verão de 1971, em seu aniversário de 43 anos, Rosenblatt morreu em um acidente de barco na Baía de Chesapeake. Os jornais não disseram o que aconteceu na água. Mas de acordo com um colega, ele levou dois alunos para a baía em um veleiro. Os alunos nunca haviam navegado antes, e quando a retranca atingiu Rosenblatt, jogando-o na água, eles não sabiam como virar o barco. Enquanto ele se afogava na baía, o barco seguiu em frente.

2

PROMESSA

"IDEIAS ANTIGAS SÃO NOVAS."

Uma tarde, em meados da década de 1980, um grupo de quase vinte acadêmicos se reuniu em uma antiga propriedade ao estilo de um solar francês, nos arredores de Boston, que servia como um retiro nas proximidades para professores e alunos do Instituto de Tecnologia de Massachusetts (MIT), a universidade na qual Marvin Minsky ainda reinava diante da comunidade internacional de pesquisadores de IA. Eles se sentaram a uma grande mesa de madeira no centro da sala, e Geoff Hinton entregou a cada um deles um longo trabalho acadêmico retórico, carregado de matemática, descrevendo algo que ele chamou de Máquina de Boltzmann. Nomeado em homenagem ao físico e filósofo austríaco, era um novo tipo de rede neural, projetada para superar as falhas que Minsky apontara no Perceptron quinze anos antes. Minsky removeu o grampo de sua cópia do artigo e espalhou as páginas na mesa à sua frente, uma ao lado da outra, e olhou para aquela longa linha de páginas enquanto Hinton voltava para a frente da sala e fazia uma breve palestra explicando sua nova criação matemática. Minsky não falou. Apenas olhou. Então, quando a palestra terminou, ele se levantou e saiu da sala, deixando as páginas para trás, ainda alinhadas em fileiras organizadas sobre a mesa.

Embora as redes neurais tenham caído em desgraça após o livro de Minsky sobre o Perceptron, Hinton, agora professor de ciência da computação na Carnegie Mellon University, em Pittsburgh, manteve a fé, construindo a Máquina Boltzmann em colaboração com outro pesquisador chamado Terry Sejnowski, então neurocientista da Johns Hopkins, em Baltimore. Eles faziam parte do que um contemporâneo mais tarde chamou de "o *underground* da rede neural".

O resto do movimento de IA focou métodos simbólicos, incluindo o projeto Cyc, em andamento no Texas. Hinton e Sejnowski, em contraste, acreditavam que o futuro ainda estaria em sistemas que pudessem aprender comportamentos por conta própria. A reunião de Boston deu a Hinton a oportunidade de compartilhar sua nova pesquisa com a comunidade acadêmica mais ampla.

Para Hinton, a resposta de Minsky foi típica. Ele conhecera o professor do MIT cinco anos antes e passara a vê-lo como alguém extremamente curioso e criativo, mas também estranhamente infantil e vagamente irresponsável. Hinton sempre contava a história da época em que Minsky o ensinou a fazer o "preto perfeito" — uma cor sem cor nenhuma. Você não poderia fazer um preto perfeito com pigmentos, explicou Minsky, porque eles sempre refletiam a luz. Mas você poderia fazer isso com várias camadas de lâminas de barbear dispostas em formas de V, de modo que a luz fluísse para dentro do V, refletisse sem parar entre as lâminas e nunca escapasse. Minsky não demonstrou o truque de fato, e Hinton nunca o tentou. Esse tipo de coisa era típico dele — fascinante e instigante, mas aparentemente casual e não testada. Isso sugeria que ele nem sempre dizia em que acreditava. Certamente, quando se tratava de redes neurais, Minsky pode tê-las atacado como lamentavelmente deficientes — e escrito um livro amplamente citado que muitos sustentaram como prova de que eram um beco sem saída —, mas sua verdadeira postura não era necessariamente tão clara. Hinton o via como "um partidário cansado das redes neurais", alguém que uma vez abraçou a noção de máquinas que se comportavam como a rede de neurônios no cérebro, ficou desiludido quando a ideia não correspondeu às suas expectativas, mas ainda assim tinha pelo menos alguma esperança de que poderia dar certo. Depois que Minsky deixou a palestra em Boston, Hinton reuniu as páginas não grampeadas do outro lado da mesa e as enviou ao escritório de Minsky, incluindo uma pequena nota. O texto: "Você deve ter deixado isso para trás, por acidente."

PROMESSA   25

GEOFFREY Everest Hinton nasceu em Wimbledon, Inglaterra, logo após a Segunda Guerra Mundial. Ele era tataraneto de George Boole, o matemático e filósofo britânico do século XIX[1] cuja "lógica booleana" forneceria a base matemática para todos os computadores modernos, e de James Hinton, o cirurgião do século XIX que escreveu uma obra sobre a história dos Estados Unidos.[2] Seu bisavô foi Charles Howard Hinton, o matemático e escritor de fantasias cuja noção da quarta dimensão, incluindo o que ele chamou de "tesserato", percorreu a ficção científica popular pelos 130 anos seguintes, alcançando um pico na cultura pop com os filmes de super-heróis da Marvel nos anos 2010.[3] Seu tio-avô Sebastian Hinton inventou o trepa-trepa.[4] E sua prima, a física nuclear Joan Hinton, foi uma das poucas mulheres a trabalhar no Projeto Manhattan.[5] Em Londres, e depois em Bristol, ele cresceu ao lado de três irmãos, um mangusto, uma dúzia de tartarugas-chinesas e duas víboras que viviam em um buraco nos fundos da garagem. Seu pai era o entomologista Howard Everest Hinton, um membro da Royal Society, cujo interesse pela vida selvagem se estendia além dos insetos.[6] Como seu pai, ele foi nomeado em homenagem a outro parente, Sir George Everest, o agrimensor geral da Índia cujo nome também foi dado ao pico mais alto do mundo.[7] Esperava-se que um dia ele seguisse seu pai na academia. O que ele estudaria, entretanto, não estava tão claro.

Ele queria estudar o cérebro. Gostava de dizer que seu interesse fora despertado quando ele ainda era um adolescente, quando um amigo lhe disse que o cérebro funcionava como um holograma, armazenando pedaços de memórias em uma rede de neurônios da mesma forma que um holograma armazenava cada pedaço de sua imagem 3D em uma tira de filme. Era uma analogia simples, mas a ideia o atraiu. Quando era estudante de graduação no King's College, em Cambridge, quis ter uma melhor compreensão do cérebro. O problema, ele logo percebeu, era que ninguém entendia muito mais do que ele. Os cientistas entendiam certas partes do cérebro, mas sabiam muito pouco sobre como todas essas partes se encaixavam e, por fim, proporcionavam a capacidade de ver, ouvir, lembrar, aprender e pensar. Hinton experimentou com fisiologia e química, física e psicologia. Nenhuma delas ofereceu as respostas que ele procurava. Ele começou uma graduação em física, mas desistiu, convencido de que suas habilidades matemáticas não eram fortes o suficiente, antes de mudar para a filosofia. Então ele abandonou a filosofia pela psicologia experimental.

26 CRIADORES DE GÊNIOS

No fim das contas, apesar da pressão para continuar seus estudos — ou talvez por causa dessa pressão, trazida por seu pai —, Hinton largou totalmente a academia. Quando era menino, ele vira o pai como um intelectual intransigente e um homem de enorme força — um membro da Royal Society que conseguia fazer flexões com apenas um braço. "Se esforce pra caramba e, talvez quando você tiver o dobro da minha idade, você será metade do que eu sou", seu pai costumava dizer a ele, sem ironia. Depois de se formar em Cambridge, com os pensamentos de seu pai pairando sobre ele, Hinton mudou-se para Londres e tornou-se carpinteiro. "Não era uma carpintaria pomposa", diz ele. "Era carpintaria para tirar o meu sustento."

Naquele ano, ele leu *The Organization of Behavior*, um livro escrito por um psicólogo canadense chamado Donald Hebb que tinha como objetivo explicar o processo biológico básico que permitia ao cérebro aprender.[8] O aprendizado, acreditava Hebb, era o resultado de sinais elétricos minúsculos que disparavam ao longo de uma série de neurônios, causando uma mudança física que ligava esses neurônios de uma nova maneira. Como seus discípulos disseram: "Neurônios que disparam juntos se conectam." Essa teoria, conhecida como Lei de Hebb, ajudou a inspirar as redes neurais artificiais construídas por cientistas como Frank Rosenblatt na década de 1950.[9] Também inspirou Geoff Hinton. Todos os sábados, ele levava um caderno para a biblioteca pública em Islington, norte de Londres, e passava a manhã preenchendo suas páginas com suas próprias teorias sobre como o cérebro deveria funcionar, desenvolvendo as ideias apresentadas por Hebb. Esses rabiscos de sábado de manhã não eram para ninguém além dele mesmo, mas por fim o levaram de volta à academia. Acabaram coincidindo com a primeira grande onda de investimentos em inteligência artificial do governo britânico e o surgimento de um programa de pós-graduação na Universidade de Edimburgo.

Naqueles anos, a dura realidade era a de que neurocientistas e psicólogos tinham muito pouca compreensão de como o cérebro funcionava, e os cientistas da computação não estavam nem perto de imitar o comportamento do cérebro. Mas Hinton, assim como Frank Rosenblatt antes dele, passou a acreditar que cada um dos lados — o biológico e o artificial — poderia ajudar o outro a seguir em frente. Ele via a inteligência artificial como uma forma de testar suas teorias sobre como o cérebro funcionava e, em última análise, entender seus mistérios. Se pudesse entender esses mistérios, ele poderia, por sua vez, construir formas mais poderosas de IA. Depois de um ano como carpinteiro em Londres, ele conseguiu um emprego de curta duração em um projeto de psicologia na Universidade de Bristol, onde seu pai lecionava, e usou isso como um trampolim para o programa de IA em Edimburgo. Anos depois, um colega o apresentou em uma conferência acadêmica como alguém que havia reprovado em física, abandonado a psicologia e ingressado em uma área nem um pouco convencional: a inteligência artificial. Era uma história que Hinton gostava de repetir, com uma ressalva. "Não reprovei em física e abandonei a psicologia", dizia ele. "Reprovei em psicologia e abandonei a física — o que é muito mais respeitável."

Em Edimburgo, ele ganhou uma vaga em um laboratório supervisionado por um pesquisador chamado Christopher Longuet-Higgins. Longuet-Higgins fora um químico teórico em Cambridge e uma estrela em ascensão na área, mas no final dos anos 1960, ele foi atraído pela ideia da inteligência artificial.[10] Então ele trocou Cambridge por Edimburgo e abraçou um tipo de IA não muito diferente dos métodos que sustentavam o Perceptron. Sua abordagem conexionista combinava com as teorias que Hinton rabiscou em seu bloco de notas na biblioteca de Islington. Mas essa harmonia intelectual foi passageira. Entre Hinton aceitar uma vaga no laboratório e o dia em que ele realmente chegou lá, Longuet-Higgins mudou de ideia. Depois de ler o livro de Minsky e Papert sobre o Perceptron e uma tese sobre sistemas de linguagem natural de um dos alunos de Minsky no MIT, ele abandonou as arquiteturas cerebrais e mudou para a IA simbólica — um eco da mudança em toda a área. Isso significa que Hinton passou seus anos de pós-graduação trabalhando em uma área que foi dispensada não apenas por seus colegas, mas pelo seu próprio orientador. "Nós nos encontrávamos uma vez por semana", diz Hinton. "Às vezes, terminava em uma disputa de gritos; às vezes, não."

Hinton tinha pouquíssima experiência com ciência da computação e não estava muito interessado em matemática, incluindo a álgebra linear que impulsionava as redes neurais. Ele às vezes praticava o que chamava de "diferenciação baseada na fé". Ele sonhava com uma ideia, incluindo as equações diferenciais subjacentes, e simplesmente presumia que a matemática estivesse certa, deixando outra pessoa fazer os cálculos necessários para garantir que realmente estava, ou se prestando a resolver as equações sozinho apenas quando fosse absolutamente necessário. Mas ele tinha uma noção clara da maneira como

28 CRIADORES DE GÊNIOS

o cérebro funcionava — e de como as máquinas poderiam imitá-lo. Quando ele disse a alguém na área que estava trabalhando em redes neurais, Minsky e Papert inevitavelmente foram mencionados. "As redes neurais foram refutadas", diziam eles. "Você deveria trabalhar em outra coisa." Mas, na medida em que o livro de Minsky e Papert afastou a maioria dos pesquisadores do conexionismo, ele aproximou Hinton. Ele o leu durante seu primeiro ano em Edimburgo e sentiu que o Perceptron descrito por Minsky e Papert era quase uma caricatura do trabalho de Rosenblatt. Eles nunca reconheceram que Rosenblatt viu as mesmas falhas na tecnologia que eles viram. O que faltava a Rosenblatt era o talento que eles tinham para descrever essas limitações, e, talvez por isso, ele não sabia como abordá-las. Ele não era alguém que seria impedido por uma incapacidade de provar suas próprias teorias. Hinton sentiu que, ao apontar as limitações de uma rede neural com uma sofisticação que ia além daquela de Rosenblatt, Minsky e Papert acabaram facilitando a superação desses problemas.

Mas isso levaria mais uma década.

***

NO ano em que Hinton entrou para a Universidade de Edimburgo, em 1971, o governo britânico encomendou um estudo sobre o progresso da inteligência artificial que acabou sendo condenatório.[11] "A maioria dos trabalhadores em pesquisas de I.A, e em áreas relacionadas, confessa um sentimento pronunciado de decepção com o que foi alcançado nos últimos 25 anos", informou o relatório.[12] "Em nenhuma parte da área as descobertas feitas até agora produziram o grande impacto que foi prometido." O governo, portanto, cortou o financiamento em toda a área, dando início ao que os pesquisadores mais tarde chamariam de "inverno da IA", à medida que o entusiasmo que se acumulava por trás das noções nobres da inteligência artificial se deparou com o desenvolvimento tecnológico modesto da área, fazendo com que preocupados funcionários do governo reduzissem o investimento adicional e, assim, obstruíssem ainda mais o progresso. A analogia era a de um inverno nuclear, quando a fuligem cobre os céus após uma guerra nuclear, bloqueando os raios do sol por anos a fio. Na época em que Hinton estava terminando sua tese, sua pesquisa estava nas margens de um campo cada vez menor. Então seu pai morreu. "O velho maldito morreu antes de eu ter sucesso", diz Hinton. "Não só isso, ele teve um câncer com alta ligação genética. A última coisa que ele fez foi aumentar minhas chances de morrer."

Depois de terminar sua tese, e conforme o inverno da IA ficava mais frio, Hinton lutou para encontrar um emprego. Apenas uma universidade ofereceu-lhe uma entrevista. Ele não teve escolha a não ser olhar para o exterior, incluindo os Estados Unidos. A pesquisa de IA também estava diminuindo nos EUA à medida que as agências governamentais chegavam às mesmas conclusões que as do Reino Unido, retirando o financiamento das grandes universidades. Mas no extremo sul da Califórnia, para sua própria surpresa, ele encontrou um pequeno grupo de pessoas que acreditavam nas mesmas ideias que ele.

Eles se chamavam grupo PDP. Abreviação de "parallel distributed processing" (processamento paralelo e distribuído, em tradução livre), PDP era outra maneira de dizer "perceptrons", "redes neurais" ou "conexionismo". Também era uma espécie de trocadilho. Naqueles anos — final dos anos 1970 —, o PDP era um chip de computador usado em algumas das máquinas mais poderosas da indústria. Mas as pessoas que o adotaram não eram cientistas da computação. Elas nem mesmo se consideravam pesquisadores de IA. Em vez disso, o grupo abrangia vários acadêmicos do departamento de psicologia da Universidade da Califórnia, San Diego, e ao menos um neurocientista — Francis Crick, do Salk Institute, o centro de pesquisa biológica localizado na mesma rua. Antes de voltar sua atenção para o cérebro, Crick ganhara o Prêmio Nobel por descobrir a estrutura da molécula de DNA. No outono de 1979, ele publicou um apelo nas páginas da *Scientific American* exortando a comunidade científica em geral a, pelo menos, tentar compreender como o cérebro funcionava.[13] Hinton, que agora estava iniciando um pós-doutorado na universidade, passou por uma espécie de choque cultural acadêmico. Na Grã-Bretanha, a academia era uma monocultura intelectual. Nos Estados Unidos, a paisagem era grande o suficiente para acomodar focos de dissidência. "Havia pontos de vista diversos", diz Hinton, "e eles podiam coexistir". Agora, se ele contasse a outros pesquisadores que estava trabalhando com redes neurais, ele seria ouvido.

30 CRIADORES DE GÊNIOS

Havia uma linha reta que ligava Frank Rosenblatt à pesquisa em andamento no sul da Califórnia. Nos anos 1960, Rosenblatt e outros cientistas esperavam construir um novo tipo de rede neural, um sistema que abrangia várias "camadas" de neurônios. No início dos anos 1980, essa também era a esperança em San Diego. O Perceptron era uma rede de camada única, o que significa que havia apenas uma camada de neurônios entre o que a rede absorveu (a imagem de uma letra maiúscula impressa em um cartão de papelão) e o que ela respondeu (o A que encontrou na imagem). Mas Rosenblatt acreditava que, se os pesquisadores pudessem construir uma rede multicamadas, cada camada alimentando a próxima, esse sistema poderia aprender os padrões complexos que seu Perceptron não podia — em outras palavras, uma entidade mais parecida com o cérebro surgiria. Quando o Perceptron analisou cartões impressos com a letra A, cada neurônio examinou um ponto no cartão e aprendeu se aquele ponto específico normalmente fazia parte das três linhas pretas que definiam um A. Mas com uma rede de várias camadas, isso seria apenas um ponto de partida. Dê uma foto, digamos, de um cachorro para esse sistema mais complexo, e uma análise muito mais sofisticada virá a seguir. A primeira camada de neurônios examinaria cada pixel: é preto ou branco, marrom ou amarelo? Então, a primeira camada alimentaria o que aprendeu na segunda camada, onde outro conjunto de neurônios procuraria padrões nesses pixels, como uma linha pequena ou um arco minúsculo. Uma terceira camada procuraria padrões nos padrões. Ele poderia juntar várias linhas e encontrar uma orelha ou um dente, ou combinar aqueles arcos minúsculos e encontrar um olho ou uma narina. No fim das contas, essa rede multicamadas poderia identificar um cachorro. Essa, pelo menos, era a ideia. Ninguém tinha realmente feito funcionar. Em San Diego, eles estavam tentando.

Uma das principais figuras do grupo PDP foi um professor de San Diego chamado David Rumelhart, formado em psicologia e matemática. Quando questionado sobre Rumelhart, Hinton gostava de lembrar o tempo em que ficaram presos ouvindo uma palestra que não despertou nenhum interesse em nenhum dos dois. Quando a palestra terminou, enquanto Hinton reclamava que acabara de perder uma hora de sua vida, Rumelhart disse que realmente não se importava. Se ele simplesmente ignorasse a palestra, disse Rumelhart, teria sessenta minutos ininterruptos para pensar sobre sua própria pesquisa. Para Hinton, isso era algo que caracterizava seu colaborador de longa data.

Rumelhart tinha se proposto um desafio muito particular, mas fundamental. Um dos grandes problemas com a construção de uma rede neural de várias camadas era o fato de ser muito difícil determinar a importância relativa ("o peso") de cada neurônio para o cálculo como um todo. Com uma rede de camada única, como o Perceptron, isso era pelo menos factível: o sistema poderia definir automaticamente seus próprios pesos em sua camada única de neurônios. Mas com uma rede de várias camadas, essa abordagem simplesmente não funcionou. As relações entre os neurônios eram muito expansivas e complexas. Diminuir o peso de um neurônio significava mudanças em todos os outros que dependiam de seu comportamento. Um método matemático mais poderoso era necessário, em que cada peso seria definido em conjunto com todos os outros. A resposta, sugeriu Rumelhart, era um processo denominado "retropropagação". Era, essencialmente, um algoritmo, baseado em cálculo diferencial, que enviava uma espécie de feedback matemático em cascata ao longo da hierarquia de neurônios à medida que analisava mais dados e ganhava uma compreensão melhor de como cada peso deveria ser.

Quando Hinton chegou a San Diego, recém-saído do doutorado, e eles discutiram a ideia, ele disse a Rumelhart que esse truque matemático nunca funcionaria. Afinal, disse ele, Frank Rosenblatt, o homem que projetou o Perceptron, *havia provado que nunca funcionaria*. Se você construiu uma rede neural e definiu todos os pesos para zero, o sistema poderia aprender a ajustá-los por conta própria, enviando mudanças em cascata pelas várias camadas. Mas, no final, cada peso acabaria no mesmo lugar que todo o resto. Por mais que você tente fazer com que o sistema adote a ponderação relativa, sua tendência natural é equilibrar as coisas. Como Frank Rosenblatt havia mostrado, era assim que a matemática se comportava. No vernáculo da matemática, o sistema não podia "quebrar a simetria". Um neurônio nunca poderia ser mais importante do que qualquer outro, e isso era um problema. Isso significava que essa rede neural não era muito melhor do que o Perceptron.

Rumelhart ouviu a objeção de Hinton. Então ele fez uma sugestão. "E se você não definir os pesos para zero?", perguntou ele. "E se os números fossem aleatórios?" Se todos os pesos tivessem valores diferentes no início, ele sugeriu, a matemática se comportaria de maneira diferente. Ela não equipararia todos os pesos. Ela encontraria os pesos que permitiriam ao sistema reconhecer padrões complexos de fato, como a foto de um cachorro.

32 CRIADORES DE GÊNIOS

Hinton gostava de dizer que "ideias antigas são novas" — que os cientistas nunca deveriam desistir de uma ideia, a menos que alguém tivesse provado que não funcionaria. Vinte anos antes, Rosenblatt provou que a retropropagação não funcionaria, então Hinton desistiu. Aí, Rumelhart fez essa pequena sugestão. Nas semanas seguintes, os dois homens começaram a trabalhar construindo um sistema que começava com pesos aleatórios e poderia quebrar a simetria. Ele conseguia atribuir um peso diferente para cada neurônio. E ao definir esses pesos, o sistema poderia realmente reconhecer padrões nas imagens. Essas eram imagens simples. O sistema não conseguia reconhecer um cachorro, um gato ou um carro, mas graças à retropropagação, ele agora podia lidar com aquela coisa chamada "ou exclusivo", indo além da falha que Marvin Minsky identificou nas redes neurais mais de uma década antes. Ele poderia examinar dois pontos em um pedaço de papelão e responder à pergunta elusiva: "São duas cores diferentes?" Seu sistema não fazia muito mais do que isso, e mais uma vez, eles colocaram a ideia de lado. Mas encontraram uma maneira de contornar a prova de Rosenblatt.

Nos anos que se seguiram, Hinton iniciou uma parceria separada com Terry Sejnowski, que na época era pós-doutorando no departamento de biologia de Princeton. Eles se conheceram por meio de um segundo grupo (sem nome) de conexionistas que se reunia uma vez por ano, em vários lugares do país, para discutir muitas das mesmas ideias que surgiam em San Diego. A retropropagação foi uma delas. A Máquina de Boltzmann era outra. Anos depois, quando solicitado a explicar a Máquina de Boltzmann de uma forma compreensível para uma pessoa comum, que sabia pouco sobre matemática ou ciências, Hinton se recusou a fazê-lo. Isso, disse ele, seria como Richard Feynman, o físico ganhador do Prêmio Nobel, explicando seu trabalho em eletrodinâmica quântica. Quando alguém pedia a Feynman que explicasse o trabalho que lhe rendeu o Prêmio Nobel em termos que um leigo pudesse entender, ele também se recusava. "Se eu pudesse explicar para uma pessoa comum", dizia ele, "não valeria o Prêmio Nobel". A Máquina de Boltzmann era certamente difícil de explicar, em parte porque era um sistema matemático baseado em uma teoria centenária do físico austríaco Ludwig Boltzmann, envolvendo um fenômeno completamente alheio à inteligência artificial (o equilíbrio das partículas em um gás aquecido). Mas o objetivo era simples: era uma maneira de construir uma rede neural melhor.

PROMESSA 33

Como o Perceptron, a Máquina de Boltzmann aprenderia analisando dados, incluindo sons e imagens. Mas ela tinha uma nova reviravolta. Também aprenderia *criando seus próprios sons e imagens e depois compararia o que criou com o que analisou*. Era um pouco parecido com a maneira como os humanos pensam, no sentido de que os humanos podem visualizar imagens, sons e palavras. Eles sonham, tanto à noite quanto durante o dia, antes de usar esses pensamentos e visões à medida que navegam no mundo real. Com a Máquina de Boltzmann, Hinton e Sejnowski esperavam recriar esse fenômeno tão humano com a tecnologia digital. "Foi a época mais emocionante da minha vida", diz Sejnowski. "Estávamos convencidos de que havíamos descoberto como o cérebro funciona." Mas, como a retropropagação, a Máquina de Boltzmann ainda era uma pesquisa em andamento que não fazia nada de útil. Por anos, também permaneceu nas periferias da academia.

O compromisso religioso de Hinton com uma ampla gama de ideias impopulares pode tê-lo deixado de fora do *mainstream*, mas o levou a um novo emprego. Um professor da Carnegie Mellon chamado Scott Fahlman participara da mesma reunião conexionista anual de Hinton e Sejnowski e chegara à conclusão de que a contratação de Hinton era uma forma de a universidade salvaguardar suas apostas na inteligência artificial. Assim como o MIT, Stanford e a maioria dos outros laboratórios do mundo, Carnegie Mellon estava focada na IA simbólica. Fahlman via as redes neurais como uma "ideia maluca", mas também reconheceu que as outras ideias em desenvolvimento na universidade talvez fossem tão malucas quanto. Em 1981, com Fahlman como patrocinador, Hinton visitou a universidade para uma entrevista de emprego, dando duas palestras, uma no departamento de psicologia e outra na ciência da computação. Suas palestras eram um jorro de informações com poucas pausas para os não iniciados, à medida que ele agitava os braços ao longo de cada frase, afastando as mãos antes de juntá-las novamente ao concluir seu pensamento. Essas palestras não eram densas em matemática ou ciência da computação, mas só porque ele não estava muito interessado em matemática ou ciência da computação. Elas eram repletas de ideias e, para aqueles que estavam dispostos e eram capazes de acompanhá-las, eram estranhamente estimulantes. Naquele dia, sua palestra chamou a atenção de Alan Newell, um dos fundadores do movimento da IA, uma figura importante no esforço de décadas em direção aos métodos simbólicos e chefe do departamento de ciência da computação da Carnegie Mellon. Na tarde seguinte, Newell ofereceu-lhe um emprego no departamento, embora Hinton tenha hesitado antes de aceitar.

"Há algo que você deveria saber", disse Hinton.

"O que seria?", perguntou Newell.

"Na verdade, não sei nada de ciência da computação."

"Tudo bem. Temos pessoas aqui que sabem."

"Nesse caso, eu aceito."

"E quanto ao salário?", perguntou Newell.

"Ah, não. Eu não me importo com isso", disse Hinton. "Não estou fazendo isso por dinheiro."

Mais tarde, Hinton descobriu que recebia cerca de um terço a menos do que seus colegas (US\$26 mil contra US\$35 mil), mas ele encontrou um lar para sua pesquisa pouco ortodoxa. Ao lado de Sejnowski, ele continuou a trabalhar na Máquina de Boltzmann, muitas vezes dirigindo para Baltimore nos fins de semana, e em algum lugar ao longo do caminho ele também começou a mexer com a retropropagação, achando que isso geraria comparações úteis. Ele pensou que precisava de algo que pudesse comparar com a Máquina de Boltzmann, e a retropropagação era tão boa quanto qualquer outra coisa. Uma ideia antiga era nova. Na Carnegie Mellon, ele teve mais do que apenas a oportunidade de explorar esses dois projetos. Ele tinha um hardware de computador melhor e mais rápido. Isso impulsionou a pesquisa, permitindo que esses sistemas matemáticos aprendessem mais a partir de mais dados. O avanço veio em 1985, um ano depois da palestra que deu a Minsky em Boston. Mas o avanço não foi a Máquina de Boltzmann. Foi a retropropagação.

Em San Diego, ele e Rumelhart mostraram que uma rede neural de várias camadas pode ajustar seus próprios pesos. Então, na Carnegie Mellon, Hinton mostrou que essa rede neural poderia realmente fazer algo que impressionaria mais do que apenas os matemáticos. Quando ele a alimentou com partes de uma árvore genealógica, ela aprendeu a identificar as várias relações entre os membros da família, uma pequena habilidade que mostrou que ela era capaz de muito mais. Se ele dissesse a essa rede neural que a mãe de John era Victoria e que o marido de Victoria era Bill, ela poderia descobrir que Bill era o pai de

John. Sem o conhecimento de Hinton, outros em áreas completamente diferentes haviam projetado técnicas matemáticas semelhantes à retropropagação no passado. Mas, ao contrário de outros antes dele, ele mostrou que essa ideia matemática tinha um futuro, e não apenas em relação às imagens, mas também quanto às palavras. Ela também tinha mais potencial do que outras tecnologias de IA, porque podia aprender basicamente por conta própria.

No ano seguinte, Hinton casou-se com uma acadêmica britânica chamada Rosalind Zalin, uma bióloga molecular que conheceu enquanto fazia pós-doutorado na Universidade de Sussex, na Grã-Bretanha. Sua crença na medicina homeopática se tornaria uma fonte de tensão entre ela e Hinton. "Para uma bióloga molecular, acreditar na homeopatia não é honroso. Portanto, a vida era difícil", diz Hinton. "Tivemos que concordar em não falar sobre isso." Ela também era uma socialista convicta que não se adequava a Pittsburgh ou à política dos Estados Unidos de Ronald Reagan. Mas, para Hinton, esse foi um período fecundo para sua própria pesquisa. Na manhã de seu casamento, ele desapareceu por meia hora para enviar um pacote aos editores da *Nature*, uma das principais revistas científicas do mundo. O pacote continha um artigo de pesquisa descrevendo a retropropagação, escrito com Rumelhart e um professor da Northeastern University chamado Ronald Williams. O texto foi publicado no final daquele ano.[14]

Esse foi o tipo de momento acadêmico que passa despercebido no mundo, mas, na esteira desse artigo, as redes neurais entraram em uma nova era de otimismo e de progresso efetivo, gerando uma onda maior de financiamento à IA conforme o campo emergia de seu primeiro longo inverno. A "backprop" (abreviação de retropropagação), como os pesquisadores o chamaram, não era apenas uma ideia.

Uma das primeiras aplicações práticas veio em 1987. Pesquisadores do laboratório de inteligência artificial Carnegie Mellon estavam tentando construir um caminhão que pudesse dirigir sozinho. Eles começaram com um Chevy azul real em forma de ambulância. Em seguida, instalaram uma câmera de vídeo do tamanho de uma mala no teto e encheram o chassi traseiro com o que era então chamado de "supercomputador" — uma máquina que manipulava dados cem vezes mais rápido do que os computadores comerciais típicos da época. A ideia era a de que essa máquina, abrangendo várias prateleiras de painéis elétricos, fios e chips de silício, leria as imagens transmitidas pela câmera do telhado e decidiria como o caminhão deveria navegar na estrada. Mas isso daria algum trabalho. Alguns estudantes de graduação estavam codificando todo o comportamento de direção à mão, uma linha de software por vez, escrevendo instruções detalhadas para cada situação que o caminhão encontraria na estrada. Foi uma tarefa de Sísifo. Naquele outono, após vários anos de projeto, o carro não conseguia andar mais rápido do que alguns centímetros por segundo.

Então, em 1987, Pomerleau, enquanto fazia o primeiro ano de doutorado, deixou todo o código de lado e reconstruiu o software do zero usando as ideias propostas por Rumelhart e Hinton.

Ele chamou seu sistema de ALVINN. Os dois *N*s significam *neutral network* (rede neutra, em tradução livre). Quando ficou pronto, o caminhão operou de uma nova maneira: ele podia aprender a dirigir observando como os humanos navegavam na estrada. Enquanto Pomerleau e seus colegas dirigiam o caminhão pelo Schenley Park de Pittsburgh, serpenteando ao longo das ciclovias de asfalto, ele usava as imagens transmitidas de sua câmera no telhado como uma forma de rastrear o que os motoristas estavam fazendo. Assim como o Perceptron de Frank Rosenblatt aprendia a reconhecer letras analisando o que foi impresso em cartões de papelão, o caminhão aprendia a dirigir analisando como os humanos lidavam com cada curva na estrada. Logo ele estava navegando sozinho no Schenley Park. No início, esse Chevy azul envenenado, carregando várias centenas de quilos de hardware de computação e equipamento elétrico, dirigiu a velocidades não muito maiores que 14km/h ou 16km/h. Mas à medida que continuou a aprender com Pomerleau e outros pesquisadores ao volante, analisando cada vez mais imagens em diversas estradas e em velocidades mais altas, ele continuou a melhorar. Numa época em que as famílias de classe média colocavam placas nas janelas de seus carros que diziam "Bebê a bordo" ou "Avó a bordo", Pomerleau e seus colegas pesquisadores equiparam o ALVINN com uma que dizia "Ninguém a bordo". Era verdade, pelo menos em espírito. Certa manhã de domingo, em 1991, ALVINN dirigia de Pittsburgh a Erie, na Pensilvânia, a quase 100km/h. Duas décadas depois que Minsky e Papert publicaram seu livro sobre o Perceptron, ele fez o tipo de coisa que eles disseram que uma rede neural não poderia fazer.

Hinton não estava lá para ver. Em 1987, ano em que Pomerleau chegou à Carnegie Mellon, ele e sua esposa trocaram os Estados Unidos pelo Canadá. O motivo, ele gostava de dizer, era Ronald Reagan. Nos Estados Unidos, a maior parte do financiamento para pesquisa em inteligência artificial veio de organizações militares e de serviços de inteligência, mais notavelmente a Defense Advanced Research Projects Agency, ou DARPA, um braço do Departamento de Defesa dos EUA dedicado a tecnologias emergentes. Criada em 1958, em resposta ao satélite Sputnik lançado pela União Soviética, a DARPA havia financiado pesquisas sobre IA desde os primeiros dias da área.[15] Essa foi a principal fonte de dinheiro do subsídio que Minsky retirou de Rosenblatt e outros conexionistas na esteira de seu livro sobre o Perceptron e que financiou o trabalho de Pomerleau sobre ALVINN. Mas em meio ao clima político dos EUA na época, incluindo a polêmica em torno do caso Irã-Contras, quando funcionários do governo Reagan venderam armas ao Irã secretamente como uma forma de financiar operações contra o governo socialista da Nicarágua,[16] Hinton começou a se incomodar com a dependência que tinha do financiamento da DARPA, e sua esposa, Ros, insistiu em uma mudança para o Canadá, dizendo que ela não poderia mais viver nos Estados Unidos. No auge do renascimento da pesquisa de redes neurais, Hinton deixou Carnegie Mellon para se tornar professor na Universidade de Toronto.

Alguns anos depois dessa mudança, enquanto lutava para encontrar um novo financiamento para sua pesquisa, ele se perguntou se havia tomado a decisão certa.

"Eu deveria ter ido para Berkeley", disse ele à esposa.

"Berkeley?", questionou a esposa. "Eu teria ido para Berkeley."

"Mas você disse que não moraria nos EUA."

"Lá não é os EUA, é a Califórnia."

Mas a decisão já havia sido tomada. Ele estava em Toronto. Foi uma mudança que alteraria o futuro da inteligência artificial — sem contar com a paisagem geopolítica.

3

REJEIÇÃO

"DEFINITIVAMENTE, PENSEI QUE ESTAVA CERTO O TEMPO INTEIRO."

Yann LeCun estava sentado em um computador desktop, vestindo um suéter azul escuro sobre uma camisa branca de botões.[1] O ano era 1989, quando os computadores desktop ainda eram conectados a monitores do tamanho de fornos de micro-ondas e, para completar, tinham botões giratórios para o ajuste da cor e do brilho. Um segundo cabo ia da parte traseira da máquina até o que parecia ser um abajur pendurado de cabeça para baixo. Mas não era uma lâmpada. Era uma câmera. Com um sorriso maroto, o canhoto LeCun agarrou um pedaço de papel com o número de telefone 201-949-4038 escrito à mão e empurrou-o para baixo da câmera. Ao fazer isso, sua imagem apareceu no monitor. Quando ele tocou o teclado, houve um flash no topo da tela — um indício de cálculo rápido —, e depois de alguns segundos, a máquina leu o que estava escrito no papel, exibindo o mesmo número em formato digital: "201 949 4038".

Esse era o LeNet, um sistema criado por LeCun e apropriadamente nomeado em sua homenagem. "201 949 4038" era seu número de telefone no centro de pesquisa dos laboratórios Bell em Holmdel, Nova Jersey, um edifício neofuturista em formato de caixa espelhada projetado pelo arquiteto finlandês-americano Eero Saarinen, onde dezenas de pesquisadores exploraram novas ideias sob a égide da AT&T, gigante das telecomunicações. Os laboratórios Bell foram, talvez, o centro de pesquisa mais lendário do mundo, responsável pelo transistor, pelo laser, pelo sistema operacional Unix e pela linguagem de programação C. Agora LeCun, um cientista da computação de 29 anos com carinha de bebê e também engenheiro elétrico parisiense, estava desenvolvendo um novo tipo de sistema de reconhecimento de imagem, baseado nas ideias desenvolvidas por Geoff Hinton e David Rumelhart vários anos antes. LeNet aprendeu a reconhecer números escritos à mão analisando o que foi rabiscado nos envelopes de letras-mortas do serviço postal dos EUA. Conforme LeCun alimentava sua rede neural com os envelopes, ela analisava milhares de exemplos de cada dígito — de 0 a 9 — e, após cerca de duas semanas de treinamento, conseguia reconhecer cada dígito por conta própria.

Sentado em seu computador dentro do complexo dos laboratórios Bell em Holmdel, LeCun repetiu o truque com muito mais números. O último parecia um projeto de arte de escola primária: o 4 era de largura dupla; o 6, uma série de círculos; o 2, uma pilha de linhas retas. Mas a máquina leu todos eles — e os leu corretamente. Embora fossem necessárias semanas para aprender uma tarefa tão simples quanto identificar um número de telefone ou um código postal, LeCun acreditava que essa tecnologia continuaria a melhorar com a ajuda de um novo tipo de chip de computador cujo único propósito era treinar redes neurais. Ele viu isso como um caminho para máquinas que poderiam reconhecer quase tudo capturado por uma câmera, incluindo cães, gatos, carros e até mesmo rostos. Ele, assim como Frank Rosenblatt quase quarenta anos antes, também acreditava que, à medida que essa pesquisa continuasse, as máquinas aprenderiam a ouvir e falar e, talvez, até raciocinar como um humano. Mas isso não era dito. "Estávamos pensando nisso", diz ele, "mas não realmente dizendo". Depois de tantos anos de pesquisadores alegando que a inteligência artificial estava próxima de acontecer quando não estava, as normas da comunidade de pesquisa mudaram. Se você reivindicasse um caminho para a inteligência, não seria levado a sério. "Você não faz afirmações como essa a menos que tenha evidências para justificá-las", diz LeCun. "Você constrói o sistema, ele funciona, você diz 'Olha, aqui está o desempenho neste conjunto de dados', e mesmo assim, ninguém acredita em você. Mesmo quando você realmente tem as evidências e mostra que elas funcionam, ninguém acredita em você, nem por um instante."

REJEIÇÃO   41

EM outubro de 1975, na Abbaye de Royaumont, uma abadia medieval ao norte de Paris, o linguista norte-americano Noam Chomsky e o psicólogo suíço Jean Piaget debateram a natureza do aprendizado.[2] Cinco anos depois, um livro de ensaios desconstruiu esse amplo debate, e Yann LeCun o leu quando era um jovem estudante de engenharia. Na página 89, como um adendo, o livro menciona o Perceptron, chamando-o de um dispositivo "capaz de formular hipóteses simples a partir da exposição regular a dados brutos", e LeCun foi fisgado, instantaneamente apaixonado pela ideia de uma máquina que poderia aprender. Aprender, ele acreditava, era indissociável da inteligência. "Qualquer animal com cérebro pode aprender", costumava dizer.

Em uma época em que poucos pesquisadores davam atenção o suficiente às redes neurais, e aqueles que o faziam a viam não como inteligência artificial, mas apenas como outra forma de reconhecimento de padrões, LeCun se concentrou na ideia durante seus anos como estudante de graduação na Ecole Superieure d'Ingenieurs en Electrotechnique et Electronique. A maioria dos artigos que ele estudou foi escrita em inglês por pesquisadores japoneses, porque o Japão era um dos poucos lugares onde essa pesquisa ainda acontecia. Então ele descobriu o movimento na América do Norte. Em 1985, LeCun participou de uma conferência em Paris dedicada a explorar abordagens novas e incomuns para a ciência da computação. Hinton também estava lá, dando uma palestra sobre a Máquina de Boltzmann. No final de sua palestra, LeCun o seguiu para fora da sala, convencido de que Hinton era uma das poucas pessoas na Terra que mantinha as mesmas crenças que ele. Infelizmente, ele não conseguiu alcançá-lo no meio da confusão, mas então Hinton se virou para outro homem e perguntou: "Você conhece alguém chamado Yann LeCun?" No fim das contas, Hinton havia ouvido falar do jovem estudante de engenharia por meio de Terry Sejnowski, o outro homem por trás da Máquina de Boltzmann, que conhecera LeCun em um workshop algumas semanas antes. O nome havia escapado brevemente da mente de Hinton, mas depois de ler não mais do que o título do artigo de pesquisa de LeCun no programa da conferência, ele sabia que este só podia ser o próprio.

No dia seguinte, os dois almoçaram em um restaurante norte-africano local. Embora Hinton não soubesse quase nada de francês e LeCun soubesse pouco inglês, eles tiveram poucos problemas para se comunicar enquanto comiam cuscuz e discutiam e divagavam sobre o conexionismo. LeCun sentiu como

42 CRIADORES DE GÊNIOS

se Hinton estivesse completando suas frases. "Descobri que falávamos a mesma língua", diz ele. Quando, dois anos depois, LeCun terminou sua tese de doutorado, que explorava uma técnica semelhante à retropropagação, Hinton voou para Paris e se juntou à sua banca de defesa, embora ainda não soubesse quase nada de francês. Normalmente, ao ler artigos de pesquisa, Hinton pula a matemática e lê o texto. Com a tese de LeCun, ele não teve escolha a não ser pular o texto e ler a matemática. Para o exame formal, o acordo era o de que Hinton faria perguntas em inglês e LeCun responderia em francês. Isso funcionou bem o suficiente, exceto pelo fato de que Hinton não conseguia entender as respostas.

Depois de um inverno prolongado, as redes neurais começaram a sair da geladeira. Dean Pomerleau estava trabalhando em seu carro autônomo na Carnegie Mellon. Enquanto isso, Sejnowski estava fazendo barulho com algo que ele chamou de "NETtalk".[3] Usando um dispositivo de hardware que pode gerar sons sintéticos — um pouco como a caixa de voz robótica usada pelo físico britânico Stephen Hawking depois que um distúrbio neurodegenerativo lhe tirou a voz —, Sejnowski construiu uma rede neural para aprender a ler em voz alta. À medida que analisava livros infantis cheios de palavras em inglês e seus fonemas correspondentes (como cada letra era pronunciada), essa rede neural podia pronunciar outras palavras sozinha, podia aprender quando um "gh" era pronunciado como um "f" (como em *enough*") e quando um "ti" era pronunciado como "sh" (como em *nation*"). Quando dava palestras em conferências, reproduzia uma gravação do dispositivo durante cada etapa de seu treinamento. No início, ele balbuciava como um bebê. Depois de meio dia, ele começou a pronunciar palavras reconhecíveis. Depois de uma semana, ele conseguia ler em voz alta. *"Enough"*. *"Nation"*. *"Ghetto"*. *"Tint"*. Seu sistema mostrou o que uma rede neural pode fazer e como ela funciona. Como Sejnowski levou essa criação em um *tour* por conferências acadêmicas — e ao *The Today Show*, compartilhando-a com milhões de telespectadores —, isso ajudou a galvanizar a pesquisa conexionista em ambos os lados do Atlântico.

Depois de terminar sua graduação, LeCun acompanhou Hinton até Toronto para um pós-doutorado de um ano. Ele trouxe duas malas da França — uma cheia de roupas, e a outra com seu computador pessoal. Embora os dois homens se dessem bem, seus interesses dificilmente eram idênticos. Enquanto Hinton era movido pela necessidade de entender o cérebro, LeCun, um engenheiro elétrico treinado, também estava interessado no hardware da computação, na matemática das redes neurais e na criação de inteligência artificial no sentido mais amplo do termo. Sua carreira foi inspirada pelo debate entre Chomsky e Piaget. Também foi inspirado pelo Hal 9000 e outras máquinas do futuro retratadas em *2001: Uma Odisseia no Espaço*, de Stanley Kubrick, que ele assistiu em Cinerama 70mm em um teatro de Paris quando tinha 9 anos. Mais de quatro décadas depois, quando construiu um dos principais laboratórios corporativos do mundo, ele pendurou fotos emolduradas do filme nas paredes. Ao longo de sua carreira, enquanto explorava redes neurais e outras técnicas algorítmicas, ele também projetou chips de computador e carros off-road autônomos. "Fiz tudo o que pude", diz ele. Ele incorporou o modo como a inteligência artificial, uma busca acadêmica que era mais uma atitude do que uma ciência formal, combinava tantas formas díspares de pesquisa, puxando todas elas para o que costumava ser um esforço excessivamente ambicioso de construir máquinas que se comportassem como humanos. Imitar até mesmo uma pequena parte da inteligência humana, como Hinton pretendia fazer, era uma tarefa imensa. Aplicar inteligência a carros, aviões e robôs era ainda mais difícil. Mas LeCun era mais prático e mais fundamentado do que muitos dos outros pesquisadores que mais tarde se destacariam. Nas décadas seguintes, algumas vozes questionariam se as redes neurais seriam úteis. Então, uma vez que seu poder se tornou evidente, alguns passaram a questionar se a IA destruiria a humanidade. LeCun achava que as duas perguntas eram ridículas, e ele nunca demorou a dizê-lo, tanto em particular quanto em público. Como ele disse décadas depois em um vídeo mostrado na noite em que recebeu o Prêmio Turing, o Prêmio Nobel da computação: "Definitivamente, pensei que estava certo o tempo inteiro." Ele acreditava que as redes neurais eram o caminho para uma tecnologia muito real e muito útil. E foi isso que ele disse.

Sua descoberta foi uma variação da rede neural modelada no córtex visual, a parte do cérebro que controla a visão. Inspirado pelo trabalho de um cientista da computação japonês chamado Kunihiko Fukushima, ele chamou isso de "rede neural convolucional".[4] Assim como diferentes seções do córtex visual processam diferentes seções da luz capturada pelos olhos, uma rede neural convolucional corta uma imagem em quadrados e analisa cada um deles separadamente, encontrando pequenos padrões nesses quadrados e organizando-os em padrões maiores conforme a informação se move em sua teia de neurônios (falsos). Foi uma ideia que definiria a carreira de LeCun. "Se Geoff Hinton é uma raposa, então Yann LeCun é um ouriço", diz a professora de Berkeley Jitendra Malik, pegando emprestada uma analogia familiar do filósofo Isaiah Berlin. "Hinton está fervilhando com essas ideias, zilhões e zilhões de ideias saltando em diferentes direções. Yann é muito mais obstinado. A raposa sabe muitas pequenas coisas, e o ouriço sabe uma grande coisa."

LeCun desenvolveu sua ideia pela primeira vez durante seu ano com Hinton em Toronto. Então ela floresceu quando ele se mudou para os laboratórios Bell, que tinha grandes quantidades de dados necessários para treinar a rede neural convolucional de LeCun (milhares de cartas arquivadas). Lá havia, também, o poder de processamento extra necessário para analisar esses envelopes (uma estação de trabalho *Sun Microsystem* totalmente nova). Ele disse a seu chefe que ingressou nos laboratórios Bell porque lhe foi prometido sua própria estação de trabalho e não teria que compartilhar uma máquina, como fez durante seu pós-doutorado em Toronto. Semanas depois de entrar no laboratório, usando o mesmo algoritmo básico, ele tinha um sistema capaz de reconhecer dígitos manuscritos com uma precisão que ultrapassava qualquer outra tecnologia em desenvolvimento na AT&T. Funcionou tão bem, que logo teve uma aplicação comercial. Além dos laboratórios Bell, a AT&T tinha uma empresa chamada NCR, que vendia caixas registradoras e outros equipamentos de negócios, e em meados dos anos 1990, a NCR estava vendendo a tecnologia de LeCun para bancos como uma forma de leitura automática de cheques manuscritos. A certa altura, a criação de LeCun leu mais de 10% de todos os cheques depositados nos Estados Unidos.

Mas ele ansiava por mais. Dentro das paredes de vidro do complexo dos laboratórios Bell em Holmdel — conhecido como "o maior espelho do mundo" —, LeCun e seus colegas também projetaram um microchip que chamaram de ANNA. Era um acrônimo dentro de um acrônimo. ANNA era a sigla para *Analog Neural Network ALU*, e ALU significava *Arithmetic Logic Unit*, um tipo de circuito digital adequado para executar a matemática que impulsionava as redes neurais.[5] Em vez de executar seus algoritmos usando chips comuns desenvolvidos para qualquer tarefa, a equipe de LeCun construiu um chip para essa tarefa em particular. Isso significava que ele poderia lidar com ela em velocidades muito além dos processadores padrão da época, cerca de 4 bilhões de operações por segundo. Esse conceito fundamental — silício construído especificamente para redes neurais — refaria a indústria mundial de chips, embora esse momento ainda estivesse a duas décadas de distância.

Pouco depois do escâner de banco de LeCun chegar ao mercado, a AT&T, o antigo sistema de telefonia norte-americano que se dividiu em tantas empresas menores ao longo das décadas, se dividiu novamente. O grupo de pesquisa do NCR e de LeCun foi repentinamente separado, e o projeto do escâner bancário foi dissolvido, deixando LeCun desiludido e deprimido. À medida que seu grupo avançava em direção a tecnologias envolvendo a *World Wide Web*, que estava apenas começando a decolar nos Estados Unidos, ele parou totalmente de trabalhar em redes neurais. Quando a empresa começou a dispensar pesquisadores, LeCun deixou claro que também queria um cartão vermelho. "Eu não dou a mínima para o que a empresa quer que eu faça", disse ele ao chefe do laboratório. "Estou trabalhando com visão computacional." Sua dispensa chegou devidamente.

Em 1995, dois pesquisadores dos laboratórios Bell — Vladimir Vapnik e Larry Jackel — fizeram uma aposta.[6] Vapnik disse que dentro de dez anos "ninguém em sã consciência usaria redes neurais". Jackel ficou do lado dos conexionistas. Eles apostaram um "jantar chique", com LeCun servindo como testemunha quando eles digitaram o acordo e assinaram seus nomes. Quase imediatamente, começou a parecer que Jackel perderia. Com o passar dos meses, outro calafrio se instalou no contexto mais amplo da pesquisa conexionista. O caminhão de Pomerleau se dirigia sozinho. A NETtalk de Sejnowksi aprendia a ler em voz alta. E o escâner de banco de LeCun podia ler cheques manuscritos. Mas estava claro que o caminhão não conseguia lidar com nada além de estradas particulares e as linhas retas de uma rodovia. A NETtalk podia ser considerada um truque de festa. E havia outras maneiras de ler cheques. As redes neurais convolucionais de LeCun não funcionaram ao analisar imagens mais complexas, como fotos de cães, gatos e carros. Não estava claro se elas um dia funcionariam. No fim das contas, Jackel acabou vencendo a aposta, mas foi uma vitória vazia. Dez anos depois de sua aposta, os pesquisadores continuavam usando redes neurais, mas a tecnologia não podia fazer muito mais do que havia feito no desktop de LeCun todos aqueles anos antes. "Ganhei a aposta principalmente porque Yann não desistiu", diz Jackel. "Ele foi amplamente ignorado pela comunidade externa, mas não desistiu."

Não muito depois da aposta ter sido feita, durante uma palestra sobre inteligência artificial, um professor de ciência da computação da Universidade de Stanford chamado Andrew Ng descreveu as redes neurais para uma sala cheia de alunos de pós-graduação. Então ele acrescentou uma ressalva. "Yann LeCun", disse ele, "é o único que pode realmente fazê-las funcionar". Mas mesmo LeCun não tinha certeza do futuro. Com algumas palavras melancólicas em seu site pessoal, ele escreveu sobre sua pesquisa de chips como algo que ficou no passado.[7] Ele descreveu os processadores de silício que ajudou a construir em Nova Jersey como "o primeiro (e talvez o último) chip de rede neural a realmente fazer algo útil". Anos depois, quando questionado sobre essas palavras, ele fez pouco delas, rapidamente apontando que ele e seus alunos haviam retomado a ideia no final da década. Mas a incerteza que ele sentia estava lá no site. As redes neurais precisavam de mais poder de computação, mas ninguém entendeu de quanto mais elas precisavam. Como Geoff Hinton disse mais tarde: "Ninguém nunca pensou em perguntar: 'Será que precisamos de um milhão de vezes mais?'"

***

ENQUANTO Yann LeCun construía seu escâner de banco em Nova Jersey, Chris Brockett ensinava japonês no Departamento de Línguas e Literaturas Asiáticas da Universidade de Washington. Então a Microsoft o contratou como pesquisador de IA. O ano era 1996, não muito depois de a gigante da tecnologia criar seu primeiro laboratório de pesquisa dedicado. A Microsoft pretendia construir sistemas que pudessem entender a linguagem natural — a maneira natural como as pessoas escrevem e falam. Na época, esse era o trabalho de linguistas. Especialistas em idiomas como Brockett, que estudou linguística e literatura em sua Nova Zelândia natal e, mais tarde, no Japão e nos EUA, passavam seus dias escrevendo regras detalhadas destinadas a mostrar às máquinas como os humanos juntam suas palavras. Eles explicariam por que "o tempo voa", diferenciariam cuidadosamente o substantivo "colher" do verbo "colher", descreveriam em detalhes minuciosos a maneira estranha e amplamente inconsciente de como os falantes de inglês escolhem a ordem de seus adjetivos, e assim por diante. Era uma tarefa que lembrava o antigo projeto Cyc, em Austin, ou o trabalho dos carros autônomos na Carnegie Mellon antes de Dean Pomerleau aparecer — um esforço para recriar o conhecimento humano que não alcançaria seu objetivo por décadas, não importa quantos linguistas a Microsoft contratasse. No final dos anos 1990, seguindo a linha de pesquisadores proeminentes como Marvin Minsky e John McCarthy, foi assim que a maioria das universidades e empresas de tecnologia construiu a visão computacional e o reconhecimento de fala, bem como a compreensão da linguagem natural. Os especialistas montaram a tecnologia, uma regra de cada vez.

Sentado em um escritório na sede da Microsoft nos arredores de Seattle, Brockett passou quase sete anos escrevendo as regras da linguagem natural. Então, em uma tarde de 2003, dentro de uma sala de conferências arejada no final do corredor, dois de seus colegas revelaram um novo projeto. Eles estavam construindo um sistema que traduzia entre os idiomas usando uma técnica baseada em estatísticas — a frequência com que cada palavra aparecia em cada idioma. Se um conjunto de palavras aparecesse com a mesma frequência e o mesmo contexto nos dois idiomas, essa era a tradução provável. Os dois pesquisadores haviam iniciado o projeto apenas seis semanas antes, e ele já estava produzindo resultados que se pareciam pelo menos um pouco com a linguagem real. Enquanto assistia à apresentação, sentado no fundo da sala lotada, empoleirado em cima de uma longa fileira de latas de lixo, Brockett teve um ataque de pânico — o que ele pensou ser uma parada cardíaca — e foi levado às pressas para o hospital. Posteriormente, ele chamou esse instante de "momento de lucidez", quando percebeu que havia passado seis anos escrevendo regras que agora eram obsoletas. "Meu corpo de 52 anos teve um daqueles momentos em que vi um futuro no qual eu não estaria envolvido", diz ele.

Os pesquisadores de linguagem natural do mundo logo revisaram sua abordagem, adotando o tipo de modelo estatístico revelado naquela tarde no laboratório fora de Seattle. Esse foi apenas um dos muitos métodos matemáticos que se espalharam pela comunidade maior de pesquisadores de IA na década de 1990 e na década de 2000, com nomes como "florestas aleatórias", "*boosted trees*" e "máquinas de vetores de suporte". Os pesquisadores aplicaram alguns para a compreensão da linguagem natural, outros para o reconhecimento de fala e reconhecimento de imagem. À medida que o progresso das redes neurais estagnou, muitos desses outros métodos amadureceram e melhoraram, passando a dominar suas funções particulares no cenário da IA. Eles estavam todos (muito) longe da perfeição. Embora o sucesso inicial da tradução estatística tenha sido suficiente para mandar Chris Brockett para o hospital, ela funcionou apenas até certo ponto, e apenas quando aplicada a frases curtas ou pedaços de uma frase. Depois que uma frase era traduzida, um conjunto complexo de regras era necessário para colocá-la no tempo certo, aplicar as terminações corretas das palavras e alinhá-las com todas as outras frases curtas em uma frase. Mesmo assim, a tradução era confusa e apenas vagamente correta, como aquele jogo de criança em que você constrói uma história reorganizando pequenos pedaços de papel contendo apenas um punhado de palavras. Mas isso ainda estava além do que uma rede neural podia fazer. Em 2004, uma rede neural era vista como a terceira melhor maneira de lidar com qualquer tarefa — uma tecnologia antiga cujos melhores dias estavam no passado. Como um pesquisador disse a Alex Graves, um então jovem aluno de pós-graduação que estudava redes neurais na Suíça: "As redes neurais são para pessoas que não entendem de estatísticas." Enquanto procurava uma especialização em Stanford, um estudante de 19 anos chamado Ian Goodfellow assistiu a uma aula com o nome de ciência cognitiva — o estudo do pensamento e da aprendizagem —, e, num certo momento, o professor da aula descartou as redes neurais como uma tecnologia que não conseguia lidar com o "ou exclusivo". Foi uma crítica de quarenta anos atrás que já havia sido desmascarada vinte anos antes.

Nos Estados Unidos, a pesquisa conexionista quase desapareceu das melhores universidades. O único laboratório sério era o da Universidade de Nova York, onde Yann LeCun, com seu cabelo preso em um rabo de cavalo, se tornou professor em 2003. O Canadá se tornou um paraíso para aqueles que ainda acreditavam nessas ideias. Hinton estava em Toronto, e um dos antigos colegas de LeCun dos laboratórios Bell, Yoshua Bengio, outro pesquisador nascido em Paris, supervisionava um laboratório na Universidade de Montreal. Durante esses anos, Ian Goodfellow se candidatou a escolas de pós-graduação em ciência da computação, e várias universidades lhe ofereceram uma vaga, incluindo Stanford, Berkeley e Montreal. Ele preferia Montreal, mas quando visitou a cidade, um estudante de lá tentou dissuadi-lo. Stanford era o programa de ciência da computação classificado em terceiro lugar na América do Norte. Berkeley era o número quatro. E ambos estavam na ensolarada Califórnia. A Universidade de Montreal estava classificada em torno de 150, e fazia frio lá.

"Stanford! Uma das universidades mais prestigiadas do mundo!", disse a ele o estudante de Montreal, enquanto caminhavam pela cidade no final da primavera, com a neve ainda no chão. "Que diabos você está pensando?"

"Quero estudar redes neurais", disse Goodfellow.

A ironia é que, enquanto Goodfellow explorava as redes neurais em Montreal, um de seus antigos professores, Andrew Ng, depois de ver as pesquisas que continuavam surgindo no Canadá, estava abraçando a ideia em seu laboratório em Stanford. Mas ele era um ponto fora da curva, tanto em sua própria universidade quanto na comunidade em geral, e não tinha os dados necessários para convencer as pessoas ao seu redor de que valia a pena explorar as redes neurais. Durante esses anos, ele fez uma apresentação em um workshop em Boston que alardeava as redes neurais como a onda do futuro. No meio de sua palestra, o professor de Berkeley Jitendra Malik, um dos líderes de fato da comunidade de visão computacional, levantou-se, assim como Minsky havia feito, e disse que era um absurdo, que ele estava fazendo uma afirmação autoindulgente com nenhuma evidência para apoiá-la.

Mais ou menos na mesma época, Hinton enviou um artigo para a NIPS, a conferência onde mais tarde leiloaria sua empresa. Essa foi uma conferência concebida no final da década de 1980 como uma forma de os pesquisadores explorarem redes neurais de todos os tipos, tanto biológicas quanto artificiais. Mas os organizadores da conferência rejeitaram o artigo de Hinton porque haviam aceitado outro artigo sobre rede neural e pensaram que seria impróprio aceitar dois no mesmo ano. "Neural" era uma palavra ruim, mesmo em uma conferência dedicada a Sistemas de Processamento de Informação Neural. Em todo o campo, as redes neurais apareceram em menos de 5% de todos os trabalhos de pesquisa publicados. Ao enviar artigos para conferências e periódicos, na esperança de aumentar suas chances de sucesso, alguns pesquisadores substituíam as palavras "rede neural" por uma linguagem muito diferente, como "aproximação de função" ou "regressão não linear". Yann LeCun removeu a palavra "neural" do nome de sua invenção mais importante. "Redes neurais convolucionais" tornaram-se "redes convolucionais".

Ainda assim, os artigos que LeCun considerava inegavelmente importantes eram rejeitados pelo *status quo* da IA, e quando isso acontecia, ele podia ser abertamente combativo, inflexível quanto as suas opiniões serem as corretas. Alguns viam isso como uma confiança irrestrita. Outros acreditavam que isso escondia uma insegurança, um remorso subjacente por seu trabalho não ter sido reconhecido pelos líderes da área. Certo ano, Clément Farabet, um de seus alunos de doutorado, construiu uma rede neural que podia analisar um vídeo e separar diferentes tipos de objetos — as árvores dos prédios, os carros das pessoas.[8] Foi um passo em direção à visão computacional para robôs ou carros autônomos, capazes de realizar sua tarefa com menos erros do que outros métodos, e com maior velocidade, mas os revisores de uma das principais conferências sobre visão rejeitaram sumariamente o artigo que ele escreveu sobre o assunto. LeCun respondeu com uma carta ao presidente da conferência, dizendo que as avaliações eram tão ridículas, que ele não sabia como começar a escrever uma réplica sem insultar os revisores. O presidente da conferência postou a carta online para que todos vissem, e, embora ele tenha removido o nome de LeCun, era óbvio quem a havia escrito.

Os únicos outros lugares para realmente estudar as redes neurais eram a Europa ou o Japão. Um era um laboratório na Suíça supervisionado por Jürgen Schmidhuber.[9] Quando criança, Schmidhuber disse a seu irmão mais novo que o cérebro humano poderia ser reconstruído com fios de cobre, e aos 15 anos disse que sua ambição era construir uma máquina mais inteligente do que ele — e então se aposentar.[10] Ele aderiu às redes neurais quando ainda era estudante de graduação na década de 1980 e depois descobriu, ao sair da pós-graduação, que suas ambições se uniam às de um magnata italiano da indústria de licores chamado Angelo Dalle Molle.[11] No final da década, após construir uma fortuna com um licor feito de alcachofra, Dalle Molle ergueu um laboratório de IA nas margens do Lago Lugano, na Suíça, perto da fronteira italiana, com o objetivo de reformar a sociedade com máquinas inteligentes que pudessem lidar com todos os trabalhos que tradicionalmente cabiam aos humanos. O laboratório logo contratou Schmidhuber.

Ele tinha 1,85m de altura, uma compleição esguia e um queixo quadrado. Usava chapéus, bonés e jaquetas Nehru. "Você podia imaginá-lo acariciando um gato branco", diz um de seus ex-alunos, remetendo ao vilão dos primeiros filmes de James Bond, Ernst Blofeld, que usava suas próprias jaquetas Nehru. O traje de Schmidhuber de alguma forma combinava com o do laboratório na Suíça, que também parecia algo saído de um filme de Bond — uma fortaleza ao lado de um lago europeu cercada por palmeiras. Dentro do Instituto Dalle Molle de Pesquisa de Inteligência Artificial, Schmidhuber e um de seus alunos desenvolveram o que eles descreveram como uma rede neural com memória de curto prazo, que poderia "lembrar" os dados que havia analisado recentemente e, assim, melhorar sua análise a cada etapa do caminho. Eles a chamaram de LSTM, sigla para *Long Short-Term Memory*. Na verdade, não fazia muita coisa, mas Schmidhuber acreditava que esse tipo de tecnologia produziria inteligência nos anos que viriam. Ele descreveu algumas redes neurais como tendo não apenas memória, mas senciência. "Temos uma consciência rodando em nosso laboratório", dizia ele. Como um aluno disse mais tarde, com certo carinho: "Ele parecia uma espécie de maníaco."

Hinton brincava que LSTM significava "*looks silly to me*" (parece besteira para mim, em tradução livre). Schmidhuber era um exemplo particularmente vívido de uma longa tradição entre os pesquisadores de IA, iniciada por Rosenblatt, Minsky e McCarthy. Desde que a área foi criada, seus líderes casualmente prometeram uma tecnologia realista que estava longe de realmente funcionar. Às vezes, essa era uma forma de arrecadar dinheiro, tanto de agências governamentais quanto de investidores de risco. Outras vezes, era uma crença genuína de que a inteligência artificial estava próxima de acontecer. Esse tipo de atitude podia impulsionar a pesquisa. Mas se a tecnologia não correspondesse às expectativas, poderia paralisar o progresso por anos.

A comunidade conexionista era pequena. Seus líderes eram europeus — ingleses, franceses, alemães. Mesmo as crenças políticas, religiosas e culturais sustentadas por esses pesquisadores estavam fora do *status quo* norte-americano. Hinton era um socialista declarado. Bengio desistiu de sua cidadania francesa porque não queria servir no exército. LeCun se autodenominava um "ateu militante". Embora esse não fosse o tipo de linguagem que Hinton usaria, ele sentia o mesmo. Ele frequentemente se lembrava de um momento de sua adolescência, quando estava sentado na capela de sua escola pública inglesa, Clifton College, ouvindo um sermão. De seu púlpito, o orador disse que nos países comunistas as pessoas eram obrigadas a participar de reuniões ideológicas e não tinham permissão para sair. Hinton pensou: "Essa é exatamente a situação em que estou." Ele manteve essas crenças pessoais nas décadas seguintes — ateísmo, socialismo, conexionismo —, embora depois de vender sua empresa para o Google por US$44 milhões, ele tenha passado a se autodenominar "esquerda caviar". "É assim que se fala?", costumava perguntar, sabendo muito bem que era.

---

52 CRIADORES DE GÊNIOS

POR mais difíceis que tenham sido os anos 1990 para LeCun, eles foram ainda piores para Hinton. Pouco depois de se mudar para Toronto, ele e sua esposa adotaram duas crianças sul-americanas: um menino, Thomas, do Peru, e uma menina, Emma, da Guatemala. Ambos tinham menos de 6 anos quando sua esposa passou a sentir uma dor no abdômen e começou a perder peso. Embora isso tenha continuado por vários meses, ela se recusou a ver um médico, agarrando-se firmemente à sua crença na medicina homeopática. Quando ela finalmente cedeu, foi diagnosticada com câncer de ovário. Mesmo assim, insistiu em tratá-lo homeopaticamente, não com quimioterapia. Ela morreu seis meses depois.

Hinton achava que seus dias como pesquisador haviam acabado. Ele precisava cuidar dos filhos, e Thomas, que tinha o que a família chamava de "necessidades especiais", precisava de atenção extra. "Eu era acostumado a passar meu tempo pensando", disse Hinton mais tarde. Duas décadas depois, quando aceitou o Prêmio Turing, ao lado de LeCun, ele agradeceu à sua segunda esposa, uma historiadora de arte britânica chamada Jackie Ford, por salvar sua carreira quando se casaram no final dos anos 1990 e ela o ajudou a criar seus filhos. Eles se conheceram anos antes, na Universidade de Sussex. Namoraram por um ano na Inglaterra antes de se separarem quando ele se mudou para San Diego. Quando voltaram a se juntar, ele se mudou para a Grã-Bretanha e conseguiu um emprego na University College London, mas logo retornaram ao Canadá. Ele sentia que seus filhos eram mais bem-vindos em Toronto.

Então, na virada do milênio, Hinton estava de volta ao seu escritório no canto do prédio de ciência da computação na Universidade de Toronto, olhando para a rua de paralelepípedos que cortava o coração do *campus*. As janelas eram tão grandes, que sugavam o calor de seu escritório, irradiando-o para o frio abaixo de zero lá fora. Esse escritório se tornou a base da pequena comunidade de pesquisadores que ainda acreditavam em redes neurais, em parte por causa da história de Hinton na área, mas também porque sua criatividade, entusiasmo e senso de humor irônico atraíam as pessoas, mesmo em momentos sutis. Se você enviasse um e-mail perguntando se ele preferiria ser chamado de Geoffrey ou Geoff, a resposta dele seria tão inteligente quanto cativante:

Prefiro Geoffrey.

Obrigado,

Geoff.

Um pesquisador chamado Aapo Hyvarinen[12] uma vez publicou um artigo acadêmico com um agradecimento que resumia tanto o senso de humor de Hinton quanto sua visão de que as ideias eram mais importantes que a matemática:

> *A ideia básica deste artigo foi desenvolvida em discussões com Geoffrey Hinton, que, no entanto, preferiu não ser coautor porque o artigo continha muitas equações.*

Ele avaliava as ideias de acordo com quanto peso havia perdido porque se esquecera de comer. Um aluno disse que o melhor presente de Natal que sua família poderia dar a ele era um acordo para deixá-lo voltar ao laboratório e fazer mais pesquisas. E, como muitos colegas costumavam contar, ele tinha o hábito de correr para dentro da sala dizendo que finalmente entendia como o cérebro funcionava e explicava sua nova teoria, saindo tão rapidamente quanto chegara, e retornava dias depois para dizer que sua teoria sobre o cérebro estava toda errada, mas que agora ele tinha outra.

Russ Salakhutdinov, que se tornaria um dos principais pesquisadores conexionistas do mundo e um contratado de peso pela Apple, havia deixado a área quando encontrou Hinton na Universidade de Toronto em 2004. Hinton contou a ele sobre um novo projeto, uma forma de treinar redes neurais massivas uma camada de cada vez, alimentando-as com muito mais dados do que era possível no passado. Ele as chamou de "redes de crenças profundas" e, naquele momento, persuadiu Salakhutdinov a voltar ao grupo. Foi o nome, mais do que qualquer outra coisa, que o atraiu. Um jovem estudante chamado Navdeep Jaitly foi atraído para o laboratório de Toronto depois de visitar um professor no final do corredor e ver quantos alunos estavam enfileirados do lado de fora do escritório de Hinton. Outro aluno, George Dahl, percebeu um efeito semelhante no contexto mais amplo da pesquisa de aprendizado de máquina. Cada vez que ele identificava um artigo de pesquisa importante — ou um pesquisador importante — havia uma conexão direta com Hinton.

54 CRIADORES DE GÊNIOS

"Não sei se Geoff escolhe pessoas que acabam sendo bem-sucedidas ou se, de alguma forma, as torna bem-sucedidas. Depois de vivenciar isso, acho que é a última afirmação", diz Dahl.

Filho de um professor de inglês, Dahl era um acadêmico idealista que comparou o ingresso na pós-graduação a um monastério. "Você quer ter um destino que não lhe escape, algum tipo de chamado que o ajudará a atravessar os tempos sombrios, quando sua fé falhar", gostava de dizer. Seu chamado, ele decidiu, era Geoff Hinton. Ele não estava sozinho. Dahl visitou outro grupo de aprendizado de máquina na Universidade de Alberta, onde um aluno chamado Vlad Mnih tentou convencê-lo de que aquele era seu lugar, não Toronto. Mas quando Dahl apareceu na Universidade de Toronto naquele outono e entrou no antigo almoxarifado reformado no qual a universidade lhe atribuiu uma mesa, Mnih também estava lá. Ele havia se mudado para o laboratório de Hinton durante o verão.

Em 2004, conforme o interesse por redes neurais diminuía em todo o campo, Hinton apostou em dobro na ideia, na esperança de acelerar a pesquisa dentro dessa pequena comunidade de conexionistas. "O tema no grupo de Geoff sempre foi: o que é antigo é novo", diz Dahl. "Se for uma boa ideia, você continua tentando por vinte anos. Se for uma boa ideia, continue tentando até que funcione. Não deixa de ser uma boa ideia só porque não funcionou na primeira tentativa." Com um mínimo de financiamento do Instituto Canadense de Pesquisa Avançada — menos de US$400 mil por ano —, Hinton criou um novo coletivo focado no que ele chamou de "computação neural e percepção adaptativa", hospedando workshops semestrais para os pesquisadores que ainda mantinham essas crenças conexionistas, incluindo cientistas da computação, engenheiros elétricos, neurocientistas e psicólogos. LeCun e Bengio fizeram parte desse esforço, assim como Kai Yu, o pesquisador chinês que um dia se juntaria à Baidu. Hinton posteriormente comparou esse coletivo a Bob Woodward e Carl Bernstein trabalhando juntos — não separadamente — enquanto investigavam o caso Watergate. Isso forneceu uma maneira de compartilhar ideias. Em Toronto, uma das ideias era um novo nome para essa tecnologia muito antiga.

REJEIÇÃO 55

Quando Hinton deu uma palestra na conferência anual da NIPS, na época realizada em Vancouver, em seu sexagésimo aniversário, a frase "aprendizado profundo" apareceu no título pela primeira vez. Foi um reposicionamento astuto. Referindo-se às várias camadas de redes neurais, não havia nada de novo sobre o "aprendizado profundo". Mas era um termo evocativo projetado para galvanizar a pesquisa em uma área que mais uma vez havia caído em desgraça. Ele sabia que o nome era bom quando, no meio da palestra, disse que todos os outros estavam fazendo "aprendizado superficial" e seu público soltou uma risada. No longo prazo, provaria ter sido uma escolha magistral. E isso imediatamente alimentou a reputação desse minúsculo grupo de pesquisadores que trabalhava na periferia da academia. Certa vez na NIPS, alguém montou um vídeo de paródia em que uma pessoa após a outra adere ao aprendizado profundo como se fosse a Cientologia ou O Templo do Povo.

"Eu costumava ser uma estrela do rock", diz um convertido. "Até que descobri o aprendizado profundo."

"Hinton é o líder", fala outra pessoa. "Siga o líder."

Era engraçado porque era verdade. Essa era uma tecnologia com décadas de idade que nunca havia provado seu valor.

Mas alguns ainda tinham fé.

Cinquenta anos após a conferência de verão que inaugurou o movimento da IA, Marvin Minsky e muitos dos outros pais fundadores voltaram a Dartmouth para uma celebração de aniversário. Desta vez, Minsky estava no palco, e outro pesquisador se levantou na plateia. Era Terry Sejnowski, atualmente professor do Salk Institute, depois de se mudar de Baltimore, no leste, para San Diego, no oeste. Sejnowski disse a Minsky que alguns pesquisadores de IA o viam como o diabo porque ele e seu livro haviam interrompido o progresso das redes neurais.

"Você é o diabo?", perguntou Sejnowski. Minsky deixou a pergunta de lado, explicando as muitas limitações das redes neurais e apontando, com razão, que elas nunca tinham feito o que deveriam fazer.

Então Sejnowski perguntou novamente: "Você é o diabo?"

Minsky, exasperado, finalmente respondeu: "Sim, eu sou."

4

INOVAÇÃO

"FAÇA O QUE QUISER NO GOOGLE — NÃO O
QUE O GOOGLE QUER QUE VOCÊ FAÇA."

Em 11 de dezembro de 2008, Li Deng entrou em um hotel em Whistler, na Columbia Britânica, ao norte de Vancouver, no sopé dos picos nevados que sediariam as corridas de esqui alpino nos Jogos Olímpicos de Inverno de 2010. Mas ele não estava lá para esquiar. Ele estava lá pela ciência. A cada ano, centenas de pesquisadores viajavam para a NIPS em Vancouver, a conferência anual de IA, e quando ela terminava, a maioria fazia uma curta viagem a Whistler para os "workshops" mais intimistas da NIPS, dois dias de apresentações acadêmicas, debates socráticos e conversas de corredor que sondavam o futuro próximo da inteligência artificial. Nascido na China e educado nos Estados Unidos, Deng passou sua carreira desenvolvendo softwares que visavam reconhecer palavras faladas, primeiro como professor na Universidade de Waterloo, no Canadá, depois como pesquisador no laboratório central de P&D da Microsoft, perto de Seattle. Empresas como a Microsoft vendiam softwares de "reconhecimento de voz" há mais de uma década, passando a ideia da tecnologia como uma forma de ditar automaticamente em PCs e laptops, mas a verdade inegável é que não funcionava tão bem; ao captar a voz emitida em um longo microfone de mesa, ela errava mais palavras do que acertava. Como a maioria das pesquisas de IA na época, a tecnologia melhorava a um ritmo glacial. Na Microsoft, Deng e sua equipe passaram três anos construindo seu sistema de reconhecimento de voz mais recente, e talvez fosse 5% mais preciso do que o anterior. Então, uma noite, em Whistler, ele se encontrou com Geoff Hinton.

58   CRIADORES DE GÊNIOS

Ele conhecia Hinton desde seu tempo no Canadá. No início dos anos 1990, durante o breve renascimento da pesquisa conexionista, um dos alunos de Deng escreveu uma tese explorando as redes neurais como uma forma de reconhecer a fala, e Hinton, então professor em Toronto, juntou-se à banca de defesa.[1] Os dois pesquisadores se viram pouco nos anos que se seguiram, à medida que o conexionismo caiu em desgraça na indústria e na academia. Embora Hinton fosse muito apegado à ideia de uma rede neural, o reconhecimento de voz nunca foi mais do que um interesse secundário em seu laboratório em Toronto, e isso significava que ele e Deng estavam em círculos muito diferentes. Mas quando eles entraram na mesma sala do Hilton Whistler Resort and Spa — uma sala quase vazia onde alguns pesquisadores sentaram-se às mesas esperando que alguém lhes fizesse perguntas sobre suas últimas pesquisas —, Deng e Hinton começaram a conversar. Deng, extremamente agitado e ainda mais falador, começou a conversar com quase todo o mundo. Hinton tinha uma pauta.

"O que há de novo?", perguntou Deng.

"Aprendizado profundo", respondeu Hinton. "As redes neurais", disse ele, "estão começando a trabalhar com reconhecimento de voz".

Deng não acreditou muito. Hinton não era um pesquisador da área da linguagem, e as redes neurais nunca haviam funcionado com *nada*. Deng estava desenvolvendo seu próprio método novo de reconhecimento de voz na Microsoft, e ele realmente não tinha tempo para outra viagem ao desconhecido algorítmico. Mas Hinton foi insistente. Sua pesquisa não estava recebendo muita atenção, disse ele, mas nos últimos anos, ele e seus alunos haviam publicado uma série de artigos detalhando suas redes de crenças profundas, que podiam aprender com quantidades muito maiores de dados do que as técnicas anteriores, e agora estavam abordando o desempenho dos principais métodos de reconhecimento de voz. "Você tem que experimentá-los", não parava de dizer Hinton. Deng disse que experimentaria, e eles trocaram endereços de e-mail. Então, meses se passaram.

No verão, com um pouco mais de tempo disponível, Deng começou a ler a respeito do que era então chamado de reconhecimento de voz por redes neurais. Ele ficou tão impressionado com seu desempenho, que enviou um e-mail a Hinton, sugerindo que organizassem um novo workshop em Whistler em torno da ideia, mas ainda questionou as perspectivas de longo prazo de uma técnica que foi sistematicamente ignorada pela comunidade mundial de estudos de linguagem. Funcionou bem em testes simples, mas também funcionou com vários outros métodos algorítmicos. Então, quando a próxima reunião no Whistler se aproximou, Hinton enviou a Deng outro e-mail, anexando um primeiro rascunho de um artigo de pesquisa que levou suas técnicas ainda mais longe.[2] Ele mostrou que, após analisar cerca de três horas de palavras faladas, uma rede neural poderia atingir o desempenho até mesmo dos melhores métodos de reconhecimento de voz. Deng ainda não acreditava nisso. Os pesquisadores de Toronto descreveram sua tecnologia de uma forma terrivelmente difícil de entender e testaram seu sistema em um banco de dados de sons gravados em um laboratório, e não com base na comunicação do mundo real. Hinton e seus alunos estavam entrando em uma área de pesquisa com a qual não estavam completamente familiarizados, e isso ficou evidente. "O trabalho simplesmente não foi feito de maneira adequada", diz Li Deng. "Eu simplesmente não conseguia acreditar que eles haviam obtido os mesmos resultados que eu." Então ele pediu para ver os dados brutos de seus testes. Quando ele abriu o e-mail, observou os dados e viu por si mesmo o que a tecnologia poderia fazer, passou então a acreditar.

NAQUELE verão, Li Deng convidou Hinton para passar algum tempo no laboratório de pesquisa da Microsoft em Redmond, Washington. Hinton concordou. Mas primeiro ele tinha que chegar lá. Nos últimos anos, seus problemas nas costas haviam progredido a ponto de ele questionar, mais uma vez, se sua pesquisa poderia continuar. Ele havia ganhado uma hérnia quarenta anos antes, enquanto tentava mover um aquecedor para sua mãe, e aquilo foi se tornando cada vez mais instável com o passar dos anos. Hoje em dia, essa hérnia pode mudar de posição quando ele se inclina ou apenas se senta. "Foi uma combinação de genética, estupidez e má sorte, assim como tudo o que dá errado na vida", diz ele. Hinton decidiu que a única solução era parar de se sentar (exceto, como ele disse, "alguns minutos por vez, uma ou duas vezes por dia", graças à inevitabilidade da "biologia"). Em seu laboratório em Toronto, ele se reunia com os alunos deitado na mesa de seu escritório ou em uma cama estreita que mantinha contra a parede, tentando aliviar a dor. Isso também significava que ele não podia dirigir e tampouco voar.

Então, no outono de 2009, ele pegou o metrô para a rodoviária no centro de Toronto, entrou na fila cedo para que pudesse ocupar o banco de trás do ônibus para Buffalo, deitou-se e fingiu estar dormindo, para que ninguém tentasse tirá-lo dali. "No Canadá, isso funciona", diz ele. (Na viagem de volta, dos EUA ao Canadá, isso não funcionou: "Deitei no banco de trás e fingi estar dormindo, e um cara veio e me chutou pra fora.") Quando ele chegou em Buffalo, providenciou o visto de que precisava para trabalhar no laboratório da Microsoft e, em seguida, fez a viagem de quase três dias de trem pelo país até Seattle. Deng não havia percebido que as costas de Hinton eram um problema até saber quanto tempo a viagem levaria. Antes de o trem chegar, ele encomendou uma mesa com regulagem de altura para seu escritório, para que pudessem trabalhar lado a lado.

Hinton chegou em meados de novembro, deitado no banco de trás de um táxi para atravessar a ponte flutuante que cruzava o lago Washington ligando Seattle a Redmond, uma pequena cidade suburbana dominada por muitos prédios de escritórios de tamanho médio pertencentes a uma corporação gigante. Ele se juntou a Deng em um escritório no terceiro andar do *Microsoft Building 99*, um prédio de granito e vidro que servia como o coração do laboratório de P&D (Pesquisa e Desenvolvimento) da empresa. Era o mesmo laboratório onde o linguista Chris Brockett teve seu ataque de pânico — um laboratório de estilo acadêmico que se concentrava não em mercados e dinheiro, como o resto da Microsoft, mas nas tecnologias do futuro. Quando foi inaugurado, em 1991, assim que a Microsoft passou a dominar o mercado internacional de software, um dos principais objetivos do laboratório era uma tecnologia que pudesse reconhecer palavras faladas, e nos quinze anos seguintes, pagando salários excepcionalmente altos, a empresa contratou muitos dos principais pesquisadores da área, incluindo Li Deng. Mas quando Hinton chegou a Redmond, a posição da Microsoft no mundo estava mudando. O equilíbrio de poder estava mudando da gigante do software para outras áreas do cenário tecnológico. Google, Apple, Amazon e Facebook estavam em alta, conquistando novos mercados e lucros — buscas na internet, smartphones, varejo online, redes sociais. A Microsoft ainda dominava o mercado de softwares de computador com seu sistema operacional Windows, que rodava na maioria dos computadores desktop e notebooks, mas depois de se tornar uma das maiores empresas do mundo — e assumir toda a burocracia corporativa usual —, demorou para mudar de direção.

Dentro do *Building 99*, em que quatro andares de laboratórios, salas de conferência e escritórios circundavam um grande átrio e um pequeno café, Hinton e Deng planejaram construir um protótipo baseado na pesquisa em Toronto, treinando uma rede neural para reconhecer palavras faladas. Não era mais do que um projeto de duas pessoas, mas eles tiveram problemas para começar a trabalhar. Hinton precisava de uma senha para fazer login na rede de computadores da Microsoft, e a única maneira de conseguir uma era pelo telefone da empresa, que exigia sua própria senha. Eles enviaram incontáveis mensagens de e-mail tentando conseguir uma senha para um telefone, e quando isso não funcionou, Deng acompanhou Hinton até a mesa de suporte técnico no quarto andar. A Microsoft tinha uma regra especial que permitia uma senha de rede temporária se alguém estivesse visitando por apenas um dia, e a mulher sentada à mesa deu uma para eles. Mas quando Hinton perguntou se ainda funcionaria na manhã seguinte, ela a retirou dele. "Se você vai ficar mais de um dia", disse ela, "não pode ter essa senha".

Depois que eles finalmente encontraram uma maneira de entrar na rede, o projeto foi concluído em apenas alguns dias. A certa altura, enquanto Hinton estava digitando códigos em sua máquina, Deng começou a digitar junto com ele, no mesmo teclado. Algo típico do hiperativo Deng, e Hinton nunca havia visto nada parecido. "Eu estava acostumado com as pessoas interrompendo umas às outras", diz ele. "Mas não estava acostumado a ser interrompido enquanto digitava códigos em um teclado por outra pessoa digitando códigos no mesmo teclado." Eles construíram seu protótipo usando uma linguagem de programação chamada Matlab, e abrangia não mais do que dez páginas de código, escritas principalmente por Hinton. Por mais que Hinton minimizasse suas habilidades como matemático e cientista da computação, Deng ficou impressionado com a simplicidade elegante de seu código. "É tão claro", pensou Deng. "Linha por linha." Mas não foi apenas a clareza que o impressionou. Depois de treinar o sistema com os dados de voz da Microsoft, *ele funcionou* — não tão bem quanto os principais sistemas da época, mas bem o suficiente para consolidar a percepção de Deng de que esse era o futuro próximo do reconhecimento de voz. Os sistemas comerciais usavam outros métodos feito à mão para reconhecer a fala, e eles realmente não funcionavam. Mas Deng podia ver que ele e Hinton haviam criado um sistema que poderia se tornar mais poderoso à medida que aprendia com maiores quantidades de dados.

O que ainda faltava em seu protótipo era o poder de processamento extra necessário para analisar todos esses dados. Em Toronto, Hinton fez uso de um tipo muito particular de chip de computador chamado GPU, ou *graphics processing unit* (unidade de processamento gráfico). Fabricantes de chips do Vale do Silício, como a Nvidia, originalmente projetaram esses chips como uma forma de renderizar gráficos com velocidade para videogames populares como *Halo* e *Grand Theft Auto*, mas em algum momento ao longo do caminho, pesquisadores de aprendizado profundo perceberam que as GPUs eram igualmente hábeis em executar a matemática que sustentava as redes neurais. Em 2005, três engenheiros[3] mexeram com a ideia dentro do mesmo laboratório da Microsoft em que, posteriormente, Deng e Hinton construiriam seu protótipo de fala, e uma equipe da Universidade de Stanford descobriu o mesmo truque técnico na mesma época.[4] Esses chips permitiram que as redes neurais aprendessem com mais dados em menos tempo — um eco do trabalho de Yann LeCun nos laboratórios Bell no início dos anos 1990. A diferença era que as GPUs eram hardwares prontos para uso. Os pesquisadores não tiveram que construir novos chips para acelerar o progresso do aprendizado profundo. Graças a jogos como *Grand Theft Auto* e consoles como o Xbox, eles podiam usar chips que já estavam disponíveis. Em Toronto, Hinton e seus dois alunos, Abdel-rahman Mohamed e George Dahl, filho de um professor de inglês, treinaram seu sistema de reconhecimento de voz usando esses chips especializados, e foi isso o que o alavancou como tecnologia de ponta.

Depois que Hinton terminou sua breve estadia na Microsoft, Deng insistiu que Mohamed e Dahl visitassem o *Building 99*, e ele queria que eles estivessem lá em momentos diferentes, para que o projeto continuasse inabalável pelos próximos meses. Concordando com esse experimento estendido, Hinton e seus alunos explicaram que o projeto não teria sucesso sem um tipo de hardware muito diferente, incluindo uma placa de GPU de US$10 mil. No início, Deng recusou o preço. Seu chefe, Alex Acero, que um dia supervisionaria a Siri, a assistente digital do iPhone da Apple, disse a ele que essa era uma despesa desnecessária. As GPUs eram para jogos, não para pesquisa com IA. "Não desperdice seu dinheiro", disse ele, aconselhando Deng a ignorar o equipamento caro da Nvidia e comprar cartões genéricos na loja local da Fry's Electronics. Mas Hinton pediu a Deng que insistisse, explicando que o hardware barato anularia o propósito do experimento. A ideia era a de que uma rede neural analisaria os dados de voz da Microsoft ao longo de vários dias, e essas placas genéricas poderiam explodir se funcionassem por tanto tempo. Mas seu ponto principal era que as redes neurais prosperavam com poder de processamento extra. Deng precisava comprar não apenas uma placa GPU de US$10 mil, mas talvez mais de uma, além de um servidor especializado que pudesse executar a placa, e que custaria tanto quanto ela. "Custaria cerca de US$10 mil", disse Hinton em um e-mail para Deng. "Estamos prestes a pedir três, mas somos uma universidade canadense bem financiada, não um vendedor de software pobre." No fim das contas, Deng comprou o hardware necessário.

Naquele ano, a Microsoft contratou um homem chamado Peter Lee como o novo chefe de seu laboratório de pesquisa em Redmond. Lee, pesquisador treinado com ar de administrador, havia passado mais de duas décadas na Carnegie Mellon, chegando a se tornar chefe do departamento de ciência da computação. Quando ele ingressou na Microsoft e começou a revisar o orçamento de pesquisa do laboratório, encontrou uma planilha que listava as despesas do projeto de fala de Deng, incluindo pagamentos a Hinton, Mohamed e Dahl, fundos para o workshop de estudos de linguagem em Whistler e encargos para as GPUs. Lee estava pasmo. Ele pensou que todo o arranjo havia sido uma das ideias mais estúpidas que já cruzaram sua mesa. Ele conheceu Hinton na Carnegie Mellon nos anos 1980, e na época achava que as redes neurais eram ridículas. Agora ele pensava que eram uma loucura. Mas quando ele chegou a Redmond, o projeto já estava em andamento. "Às vezes penso que se eu tivesse sido contratado na Microsoft um ano antes", diz Lee, "nada disso teria acontecido".

A inovação veio naquele verão, quando George Dahl visitou o laboratório. Um homem alto com feições grandes e óculos pequenos, Dahl abraçou a pesquisa de aprendizado de máquina como uma busca permanente durante seu segundo ano na faculdade, vendo-a como uma espécie alternativa de programação de computador, algo que permitiria que você enfrentasse um problema mesmo que não soubesse exatamente como lidar com ele. Você poderia apenas deixar a máquina aprender. Ele estava totalmente imerso nas redes neurais, mas não era exatamente um pesquisador da área da linguagem. "A única razão pela qual comecei a trabalhar com a fala foi porque todos os outros no grupo de Geoff estavam trabalhando com a visão", costumava dizer. Ele teve como objetivo mostrar que as ideias que fermentavam dentro do laboratório de Hinton funcionariam com mais do que apenas imagens. E de fato mostrou. "George não sabia muito sobre linguagem", diz Li Deng, "mas conhecia GPUs". Na Microsoft, usando aqueles cartões de US$10 mil para treinar uma rede neural com palavras faladas coletadas pelo serviço de busca por voz Bing, da própria empresa, Dahl impulsionou o protótipo de reconhecimento de voz de Hinton para além do desempenho de qualquer outra coisa em desenvolvimento na empresa. O que ele, Mohamed e Hinton mostraram foi que uma rede neural poderia vasculhar um oceano de falas muito ruidosas e de alguma forma encontrar o que importava, os padrões que nenhum engenheiro humano poderia identificar por conta própria, os sinais indicadores que distinguiam um som sutil de outro, uma palavra de outra. Foi um ponto de inflexão na longa história da inteligência artificial. Em questão de meses, um professor e seus dois alunos de graduação montaram um sistema equiparável àquele no qual uma das maiores empresas do mundo trabalhara por mais de uma década para construir. "Ele é um gênio", diz Deng. "Ele sabe criar impacto, um após o outro."

POUCOS meses depois, em sua mesa em Toronto, olhando para os paralelepípedos da King's College Road, Geoff Hinton abriu um e-mail de um homem de quem nunca havia ouvido falar. Seu nome era Will Neveitt, e ele perguntou se Hinton poderia enviar um aluno para a sede do Google no norte da Califórnia. Com seu trabalho de reconhecimento de voz, Hinton e seus alunos provocaram uma reação em cadeia na indústria de tecnologia. Depois de semear um novo projeto de linguagem na Microsoft — e publicar suas pesquisas para que todos vissem —, eles repetiram o truque em outra gigante da tecnologia: a IBM. No outono de 2010, nove meses depois de visitar a Microsoft, Abdel-rahman Mohamed começou a trabalhar com o laboratório Thomas J. Watson Research Center, da IBM, outra criação majestosa de Eero Saarinen, totalmente revestido de janelas espelhadas, situado entre as colinas ao longo do Rio Hudson, no interior do estado de Nova York. Agora era a vez do Google.

INOVAÇÃO   65

Mohamed ainda estava trabalhando com a IBM, e George Dahl estava ocupado com outras pesquisas, então Hinton recorreu a um estudante que quase não tinha nada a ver com seu trabalho de linguagem. Seu nome era Navdeep Jaitly, filho de imigrantes indianos no Canadá que recentemente havia adotado a pesquisa com IA após vários anos como biólogo computacional. Jaitly, um pesquisador particularmente simpático, com sobrancelhas grossas e cabeça raspada, trabalhara ao lado de Dahl no antigo almoxarifado reformado no mesmo corredor de Hinton, e estava no mercado para um estágio na indústria. Hinton tentou encontrar um lugar para ele na RIM, fabricante do smartphone BlackBerry, mas a empresa canadense disse que não estava interessada em reconhecimento de voz. A RIM, cujos dispositivos equipados com teclado dominavam o mercado de telefonia apenas alguns anos antes, já havia perdido a parelha para os smartphones com tela sensível ao toque. Agora o próximo grande salto também estava prestes a passar batido pela empresa. Quando Hinton ofereceu a Jaitly o emprego no Google, ele recusou. Ele e sua esposa estavam prestes a ter um filho, e como ele já havia se inscrito para obter um *green card* nos Estados Unidos, sabia que não poderia ter um visto. Mas, alguns dias depois, ele reconsiderou, pedindo a Will Neveitt, o *googler* que havia enviado um e-mail a Hinton, para comprar uma máquina cheia de GPUs.

Quando seu estágio no Google estava prestes a começar, Neveitt havia deixado a empresa. O substituto de Neveitt, um engenheiro francês chamado Vincent Vanhoucke, se viu com uma enorme máquina GPU com a qual não sabia muito bem o que fazer e um estagiário canadense que sabia, mas não tinha permissão para trabalhar no escritório onde a máquina estava instalada porque não tinha um visto. Então Vanhoucke ligou para alguém no pequeno escritório que o Google havia aberto em Montreal e encontrou uma mesa vazia. Foi lá que Jaitly trabalhou naquele verão, quase inteiramente por conta própria, acessando aquela enorme máquina GPU pela internet. Mas primeiro ele fez uma breve viagem ao norte da Califórnia para que pudesse conhecer Vanhoucke e colocar a máquina GPU em funcionamento. "Ninguém mais sabia como lidar com aquilo", diz Vanhoucke. "Então ele teve que ir lá."

Quando Jaitly chegou, a máquina estava enfiada em um canto do corredor em que estavam Vanhoucke e o resto da equipe de linguagem. "Ela está lá, zumbindo atrás da impressora", disse Vanhoucke. Ele não queria aquilo dentro do escritório de alguém ou em qualquer lugar próximo de quem estivesse trabalhando. Cada placa GPU era equipada com um ventilador que zumbia incessantemente enquanto lutava para evitar o superaquecimento do hardware, e ele temia que alguém ficasse de saco cheio do barulho e desligasse a máquina sem se dar conta de sua função. Ele a colocou atrás da impressora para que qualquer um que ouvisse o zumbido dos ventiladores culpasse a impressora por todo o barulho. Esse tipo de máquina era uma raridade no Google, assim como na Microsoft, mas por motivos diferentes. Ao construir seu império de serviços online, o Google havia erguido uma rede mundial de centros de dados que abrangia centenas de milhares de computadores. Os engenheiros da empresa podiam acessar instantaneamente essa vasta gama de poder computacional de qualquer PC ou laptop do Google. Foi assim que eles criaram e testaram um novo software — não com uma máquina jogada no canto atrás de uma impressora. "A cultura era: todos executam seus softwares em grandes centros de dados", diz Vanhoucke. "Tínhamos muitos computadores, então por que você *compraria seu próprio computador*?" O problema era que as máquinas nos centros de dados do Google não incluíam chips GPU, e era disso que Jaitly precisava.

Ele queria fazer o que Mohamed e Dahl haviam feito na Microsoft e na IBM: reconstruir o sistema de reconhecimento de voz existente da empresa usando uma rede neural. Mas ele também queria ir mais longe. Partes dos sistemas da Microsoft e da IBM ainda dependiam de outras tecnologias, e Jaitly pretendia expandir o que a rede neural aprendia, na esperança de construir um sistema que aprendesse *tudo* por meio da análise de palavras faladas. Antes de Jaitly deixar Toronto, Dahl, como um bom acadêmico, disse-lhe para não dar ouvidos à grande corporação. "Faça o que quiser no Google", disse ele, "não o que o Google quer que você faça". Então, quando Jaitly se encontrou com Vanhoucke e outros pesquisadores na Califórnia, ele propôs uma rede neural maior. No início, eles hesitaram. Até mesmo treinar uma rede neural menor levava dias, e se Jaitly treinasse uma rede com os dados do Google, poderia levar semanas. Ele estaria por lá apenas durante o verão. Um *googler* perguntou a Jaitly se ele poderia treinar uma rede com 2 mil horas de palavras faladas — e então Jaitly hesitou. Em Toronto, Mohamed e Dahl treinaram com 3 horas de dados. Na Microsoft, eles usaram 12. O Google era um lugar onde todos os dados eram maiores, à medida que a empresa buscava informações por meio de seus serviços online extremamente populares, incluindo tudo, desde a Pesquisa Google até o YouTube. Mas Jaitly se manteve firme, e quando a reunião terminou, ele mandou um e-mail para Hinton.

"Alguém já treinou com 2 mil horas?", perguntou ele.

"Não", disse Hinton. "Mas não vejo por que não funcionaria."

Depois de viajar para Montreal e acessar a máquina GPU pela internet, Jaitly treinou sua primeira rede neural em menos de uma semana. Quando ele testou esse novo sistema, ele identificou a palavra errada cerca de 21% das vezes — e isso foi um feito notável. O serviço de reconhecimento de voz do Google, em execução nos smartphones Android do mundo inteiro, ficou preso em 23%. Depois de mais duas semanas, ele reduziu a taxa de erro de seu sistema para 18%. Antes de Jaitly começar os testes, Vanhoucke e sua equipe viram o projeto como um experimento interessante. Eles nunca imaginaram que chegaria perto de corresponder ao que o Google já havia construído. "Pensei que estivéssemos em times diferente", diz Vanhoucke. "Acontece que não estávamos."

O sistema rapidamente funcionou tão bem, que Jaitly treinou um outro que poderia pesquisar os vídeos do YouTube por palavras faladas específicas (se você pedisse para encontrar a palavra "surpresa", ele apontaria os momentos no vídeo em que essa palavra foi dita). O Google já havia criado um serviço que fazia a mesma coisa, mas apontava a palavra errada em 53% das vezes. Antes do fim do verão, Jaitly reduziu a taxa de erro em seu sistema para 48%. E ele fez tudo isso quase inteiramente sozinho. Foi uma bênção estar em Montreal, ele pensou, porque ninguém estava lá para controlá-lo. Acabou que ele se esqueceu de seus próprios limites: trabalhava todas as noites até as 11 horas ou meia-noite. Quando chegava em casa, sua esposa lhe entregava o bebê, que passava a maior parte da noite acordado com cólicas. Mas não era difícil repetir o mesmo ciclo no dia seguinte. "Era viciante", diz ele. "Os resultados estavam cada vez melhores."

Depois que Jaitly e sua família voltaram para Toronto, Vanhoucke colocou toda a sua equipe no projeto. O Google sabia que a Microsoft e a IBM estavam desenvolvendo uma tecnologia semelhante e queria chegar lá primeiro. O problema era que o sistema de Jaitly era dez vezes mais lento para lidar com buscas em tempo real na internet. Ninguém o usaria com essa velocidade. Quando a equipe começou a cortar a gordura, uma segunda equipe se juntou a ela, vinda de uma parte completamente diferente da empresa. Acontece que, enquanto Jaitly estava trabalhando duro em seu projeto em Montreal, alguns outros pesquisadores, incluindo outro protegido de Hinton, estavam construindo um laboratório dedicado ao aprendizado profundo na sede da empresa na Califórnia. Trabalhando ao lado da equipe de Vanhoucke, esse novo laboratório levou a tecnologia para os smartphones Android em menos de seis meses. No início, o Google não disse ao mundo que seu serviço de reconhecimento de voz havia mudado, e, logo depois que ele entrou no ar, Vanhoucke recebeu uma ligação de uma pequena empresa que fornecia um chip para os telefones Android mais recentes. Esse chip supostamente removia o ruído de fundo quando os comandos de voz eram ditados ao telefone — uma forma de limpar o som para que o sistema de fala pudesse identificar mais facilmente o que estava sendo dito. Mas a empresa disse a Vanhoucke que seu chip havia parado de funcionar. Não estava mais melhorando o desempenho do serviço de reconhecimento de voz. Enquanto Vanhoucke ouvia o que a empresa estava dizendo, não demorou muito para perceber o que havia acontecido.

O novo sistema de reconhecimento de voz era tão bom, que fez com que o chip de cancelamento de ruído se tornasse obsoleto. Na verdade, ele se tornou particularmente eficaz quando o chip *não conseguia mais* limpar o som. A rede neural do Google havia aprendido a lidar com o ruído.

5

TESTAMENTO

"A VELOCIDADE DA LUZ NO VÁCUO COSTUMAVA SER DE CERCA 55KM/H. ATÉ QUE JEFF DEAN PASSOU UM FIM DE SEMANA OTIMIZANDO A FÍSICA."

Andrew Ng estava sentado em um restaurante japonês, na mesma rua em que a sede do Google estava localizada, esperando por Larry Page. O fundador e CEO do Google estava atrasado, como Ng sabia que aconteceria. Era o final de 2010, e nos últimos anos o Google havia se tornado a força mais poderosa da internet, deixando de ser uma pequena mas prodigiosamente lucrativa empresa de busca online para ser um império da tecnologia que dominava tudo, desde e-mail pessoal a vídeos online e smartphones. Ng, um professor de ciência da computação na vizinha Universidade de Stanford, estava sentado a uma mesa encostada na parede. Ele achava que Page tinha menos probabilidade de ser reconhecido e abordado nos cantos do restaurante do que no meio. Enquanto esperava, um de seus colegas de Stanford, Sebastian Thrun, sentou-se ao lado dele. Thrun estava de licença da universidade depois que Page o convidou para executar um projeto que só recentemente foi revelado para o resto do mundo: o carro autônomo do Google. Agora, com Thrun como intermediário, Ng estava lançando uma ideia nova para Page.

Ng, um homem alto, de 34 anos e que falava quase sussurrando, preparou um gráfico de linhas em seu notebook como forma de explicar sua ideia, mas quando Page finalmente chegou e se sentou, Ng decidiu que tirar um notebook de sua bolsa durante o almoço com o CEO do Google era, de certa forma, a coisa errada a se fazer. Então ele descreveu a ideia com as mãos. O gráfico de linhas, ele mostrou, subia e ia para a direita. À medida que uma rede neural analisava mais e mais dados, ela ficava cada vez mais precisa, quer estivesse aprendendo com imagens, sons ou linguagem. E o que o Google mais tinha eram dados — anos de fotos, vídeos, comandos de voz e texto coletados por meio de serviços como a Pesquisa Google, Gmail e YouTube. Ng já estava explorando o aprendizado profundo em seu laboratório em Stanford, agora ele esperava colocar o peso do Google por trás da ideia. Thrun estava construindo um carro autônomo dentro do novo laboratório de *moonshot* conhecido como Google X. Os dois homens imaginaram outro *moonshot* baseado no aprendizado profundo.

Nascido em Londres e criado em Cingapura, Ng era filho de um médico nascido em Hong Kong. Ele estudou ciência da computação, economia e estatística na Carnegie Mellon, MIT e na Universidade da California-Berkeley antes de se mudar para Stanford, onde seu primeiro grande projeto foi com helicópteros autônomos. Ele logo se casou com outra roboticista, anunciando seu noivado nas páginas da revista de engenharia *IEEE Spectrum*, repleta de fotos coloridas.[1] Embora uma vez ele tivesse dito a uma sala de aula lotada que Yann LeCun era a única pessoa na Terra que poderia extrair algo útil de uma rede neural, ele mudou com a maré assim que ela virou. "Ele foi uma das poucas pessoas com outro trabalho que mudou para redes neurais porque percebeu o que estava acontecendo", diz Hinton. "Seu orientador de doutorado achava que ele era um traidor." Depois de solicitar um convite, ele se juntou ao pequeno coletivo de pesquisa que Hinton havia criado, com fundos do governo canadense, em busca da "computação neural". Não foi por acaso que, enquanto Hinton empurrava a tecnologia para uma parte do Google, Ng a movia para outra. Tendo o mesmo ponto de vista que Hinton quanto à tecnologia, ele também viu para onde ela estava indo. Mas, ao apresentar a ideia a Larry Page, ele deu a ela um toque especial.

Por mais que Ng tenha sido moldado pelo trabalho de Geoff Hinton, ele também foi influenciado por um livro de 2004 intitulado *On Intelligence*,[2] escrito por um engenheiro, empresário e neurocientista autodidata do Vale do Silício chamado Jeff Hawkins. Hawkins inventou o *PalmPilot*, um precursor do iPhone nos anos 1990, mas o que ele realmente queria fazer era estudar o cérebro. Em seu livro, ele argumentava que todo o neocórtex — a parte do cérebro que controla a visão, a audição, a fala e o raciocínio — é conduzido por um único algoritmo biológico. Se os cientistas pudessem recriar esse algoritmo, disse ele, eles poderiam recriar o cérebro. Ng levou isso a sério. Em suas aulas para a graduação em Stanford, ele descreveu um experimento envolvendo o cérebro de um furão. Se seu nervo óptico fosse desconectado do córtex visual (onde o cérebro controlava a visão) e depois ligado ao córtex auditivo (onde o cérebro controlava a audição), o furão ainda poderia ver. Como Ng explicou, essas duas partes do cérebro usavam o mesmo algoritmo fundamental, e esse algoritmo único poderia ser recriado em uma máquina. Ele costumava dizer que a ascensão do aprendizado profundo foi um movimento nessa direção. "Os alunos costumavam vir ao meu escritório e dizer que queriam trabalhar na construção de máquinas inteligentes, e eu ria abertamente e lhes apresentava um problema de estatística", disse ele. "Mas agora acredito que a inteligência é algo que podemos recriar ainda em nosso tempo de vida."

Nos dias após almoçar no restaurante japonês com Larry Page, enquanto ele preparava um *pitch* formal para o fundador do Google, isso se tornou um pilar de sua proposta. Ele disse a Page que o aprendizado profundo não só forneceria reconhecimento de imagem, tradução automática e compreensão da linguagem natural, mas também levaria as máquinas em direção à verdadeira inteligência. Antes do final do ano, o projeto foi aprovado. Era chamado de Projeto Marvin, em uma homenagem a Marvin Minsky. Qualquer ironia não foi intencional.

O Google tinha sede em Mountain View, Califórnia, cerca de 60 quilômetros ao sul de São Francisco seguindo pela *Highway* 101, no extremo sul da Baía de São Francisco. O *campus* principal ficava no topo de uma colina perto da *highway*. Lá, um grupo de edifícios com o tema vermelho-azul-e-amarelo cercava um pátio gramado que incluía uma quadra de vôlei cheia de areia e uma estátua de metal um dinossauro. Quando Andrew Ng ingressou no Google, no início de 2011, esse não era seu local de trabalho. Ele trabalhava dentro do Google X, que havia se estabelecido em um prédio em outro lugar em Mountain View, na periferia das operações da empresa no norte da Califórnia. Mas logo depois de entrar para a empresa, ele e Thrun fizeram uma viagem ao *campus* na colina para que pudessem se encontrar com o chefe da Pesquisa Google. Em busca de orçamento, recursos e capital político necessários para explorar as ideias de Ng, Thrun marcou reuniões com várias das principais figuras do Google, e a

72 CRIADORES DE GÊNIOS

primeira foi com Amit Singhal, que supervisionou o mecanismo de pesquisa do Google por quase uma década. Ng fez a ele a mesma proposta que fizera a Larry Page, exceto que ele se concentrou diretamente no mecanismo de pesquisa, a joia da coroa da empresa. Por mais bem-sucedido que tenha sido ao longo dos anos, tornando-se o principal portal mundial da internet, a Pesquisa Google respondia perguntas de uma maneira simples: respondia às palavras-chave. Se você pesquisasse cinco palavras e depois as embaralhasse e pesquisasse novamente, provavelmente obteria os mesmos resultados todas as vezes. Mas Ng disse a Singhal que o aprendizado profundo poderia melhorar seu mecanismo de busca de maneiras que nunca seriam possíveis sem ele. Ao analisar milhões de pesquisas do Google, procurando padrões no que as pessoas clicaram e no que não clicaram, uma rede neural poderia aprender a fornecer algo muito mais próximo do que as pessoas realmente estavam procurando. "As pessoas poderiam fazer perguntas reais, não apenas digitar palavras-chave", disse Ng.

Singhal não estava interessado. "As pessoas não querem fazer perguntas. Elas querem digitar palavras-chave", disse ele. "Se eu disser a elas para fazerem perguntas, ficarão confusas." Mesmo que quisesse ir além das palavras-chave, ele se opunha fundamentalmente à ideia de um sistema que aprendesse comportamentos em uma escala tão grande. Uma rede neural era uma "caixa-preta". Quando tomava uma decisão, como escolher um resultado de pesquisa, não havia como saber exatamente por que tomou essa decisão. Cada decisão era baseada em dias, ou mesmo semanas, de cálculos que foram executados em dezenas de chips de computador. Nenhum ser humano jamais poderia envolver sua cabeça em torno de tudo que uma rede neural havia aprendido. E mudar o que ela havia aprendido estava longe de ser trivial, exigindo novos dados e uma nova rodada de tentativas e erros. Depois de uma década sendo responsável pela Pesquisa Google, Singhal não queria perder o controle sobre a forma como seu mecanismo de pesquisa funcionava. Quando ele e seus colegas engenheiros fizeram alterações em seu mecanismo de pesquisa, eles sabiam exatamente o que estavam mudando, e poderiam explicar essas alterações a quem quer que perguntasse. Isso não seria o caso com uma rede neural. A mensagem de Singhal foi inequívoca. "Não quero falar com você", disse ele.

Ng também se encontrou com os chefes dos serviços de pesquisa de imagens e vídeos do Google, e eles também recusaram. Ele ainda não havia encontrado um colaborador de fato, até que ele e Jeff Dean entraram na mesma *micro-kit-*

chen (microcozinha), o termo do Google para os espaços comuns espalhados pelo seu *campus* onde seus funcionários podem encontrar lanches, bebidas, utensílios, fornos de micro-ondas e talvez até um bate-papo.[3] Dean era uma lenda do Google.

Filho de um pesquisador de doenças tropicais e de uma antropóloga especializada em antropologia médica, Jeff Dean cresceu em várias partes diferentes do mundo. O trabalho de seus pais levou a família do Havaí, onde ele nasceu, para a Somália, onde ajudou a administrar um campo de refugiados durante seus anos de ensino médio. No último ano do ensino médio em Atlanta, na Geórgia, onde seu pai trabalhava para o *Centers for Disease Control and Prevention* (Centros de Controle e Prevenção de Doenças), Dean construiu uma ferramenta de software para o CDC que ajudava os pesquisadores a coletar dados de doenças e, quase quatro décadas depois, continuou sendo um elemento básico da epidemiologia em todo o mundo em desenvolvimento.[4] Após a graduação, onde estudou ciência da computação em seus níveis fundamentais — especificamente, os "compiladores" que transformam o código do software em algo que o computador consegue ler —, ele se juntou a um laboratório de pesquisa do Vale do Silício administrado pela *Digital Equipment Corporation*, e conforme a influência dessa gigante da indústria de computadores da vez minguava, ele estava entre os principais pesquisadores da DEC que entraram para o Google exatamente quando a empresa estava decolando.[5] O sucesso inicial do Google é frequentemente atribuído ao PageRank, o algoritmo de pesquisa desenvolvido por Larry Page enquanto ele e seu cofundador, Sergey Brin, eram alunos de graduação em Stanford. Mas Dean, magro, de queixo quadrado e classicamente bonito, que falava com uma timidez educada e uma ligeira língua presa, também foi muito importante — se não mais — para a rápida ascensão da empresa. Ele e um punhado de outros engenheiros construíram os sistemas de software abrangentes que sustentavam o mecanismo de pesquisa do Google, sistemas que rodavam em milhares de servidores de computador e vários centros de dados, permitindo que o PageRank atendesse instantaneamente milhões de pessoas a cada segundo que passava. "Sua habilidade era construir um sistema a partir de milhões de computadores que se comportasse como um só", diz Sebastian Thrun. "Ninguém na história da computação jamais havia feito isso."

74 CRIADORES DE GÊNIOS

Entre os engenheiros, Dean era reverenciado como poucos no Vale do Silício. "Ele era um dos principais assuntos da hora do almoço na época que eu era um jovem engenheiro. Nós nos sentávamos e conversávamos sobre o seu *poder*", lembra Kevin Scott, que, previamente um *googler*, veio a se tornar o diretor de tecnologia da Microsoft. "Ele tinha a habilidade fantástica de pegar esses fragmentos muito complicados de tecnologia e os recompor em sua essência." Em um Dia da Mentira, uma ocasião sagrada nos primeiros anos do Google, um site apareceu na rede privada da empresa oferecendo uma lista de *"Jeff Dean Facts"* (Fatos sobre Jeff Dean), uma versão do *"Chuck Norris Facts"*, que bombou na internet como uma forma irônica de homenagear a estrela do cinema de ação dos anos 1980:

> Jeff Dean falhou uma vez em um teste de Turing ao identificar corretamente o 203º número de Fibonacci em menos de um segundo.

> Jeff Dean compila e executa seu código antes de enviar, mas apenas para verificar se há erros do compilador e da CPU.

> O PIN de Jeff Dean são os últimos 4 dígitos de pi.

> A velocidade da luz no vácuo costumava ser cerca de 55 km/h. Até que Jeff Dean passou um fim de semana otimizando a física.

Outros *googlers* foram incentivados a acrescentar seus próprios fatos, e muitos o fizeram. Kenton Varda, o jovem engenheiro que criou o site, teve o cuidado de esconder sua identidade, mas depois de reunir algumas pistas digitais enterradas nos logs do servidor do Google, Dean o rastreou e enviou uma nota de agradecimento. O que começou como uma piada do Dia da Mentira cresceu na mitologia do Google, uma história frequentemente repetida dentro e fora da empresa.

Andrew Ng sabia que Jeff Dean traria para seu projeto um nível de especialização técnica que poucos outros teriam, bem como o capital político que ajudaria o projeto a prosperar dentro da empresa. Portanto, o encontro deles na "microcozinha" — quando Dean perguntou o que Ng estava fazendo no Google e Ng, em sua voz sussurrante, disse que estava construindo redes neurais — foi crucial. De acordo com a tradição da empresa, foi um momento de casualidade que deu início à criação do laboratório de IA do Google. Ng, porém, lembrava-se de forma diferente. Desde os primeiros dias na empresa, ele sabia que seu projeto dependia do interesse de Jeff Dean. Sua preocupação constante era trazer Dean a bordo — e mantê-lo lá. O que ele não sabia era que Dean tinha uma história com redes neurais. Quase dez anos mais velho que Ng, Dean havia explorado a ideia como estudante de graduação na Universidade de Minnesota no início dos anos 1990, durante o primeiro renascimento da pesquisa conexionista. Para seu trabalho de conclusão de curso, ele treinou uma rede neural em uma máquina de 64 processadores chamada "césar", que parecia extremamente poderosa na época, mas não estava nem perto do que a tecnologia precisaria para fazer algo útil. "Senti que paralelizando cálculos em 64 processadores, talvez pudéssemos fazer coisas interessantes", diz ele. "Mas eu fui um pouco ingênuo." Ele precisava de um milhão de vezes mais poder de computação, não sessenta. Então, quando Ng disse que estava trabalhando com redes neurais, Dean sabia exatamente o que isso significava. Na verdade, dois outros *googlers*, incluindo um neurocientista chamado Greg Corrado, já estavam explorando a ideia. "Temos muitos computadores no Google", disse ele a Ng de sua maneira tipicamente direta. "Por que não treinamos redes neurais realmente grandes?" Afinal, essa era a habilidade de Dean — reunir poder de computação de centenas, e até milhares, de máquinas e aplicá-lo a um único problema. Naquele inverno, ele montou uma mesa extra dentro do Google X e abraçou o projeto de Ng durante seus "20% de tempo" — o dia por semana que os *googlers* tradicionalmente gastam em projetos paralelos. No início, o Projeto Marvin era apenas mais um experimento, com Ng, Dean e Corrado doando apenas parte de sua atenção ao esforço.

Eles construíram um sistema que lembrava um passatempo muito humano do início dos anos 2010: ele olhava para gatos em vídeos no YouTube.[6] Utilizando o poder de mais de 16 mil chips de computador espalhados por um centro de dados do Google, ele analisou milhões desses vídeos e aprendeu sozinho a reconhecer um gato.[7] Os resultados não foram tão precisos quanto os das principais ferramentas de reconhecimento de imagem da época, mas foram um passo à frente na evolução de 60 anos das redes neurais. Ng, Dean e Corrado publicaram sua pesquisa no verão seguinte, no que ficou conhecido entre os especialistas em IA como *The Cat Paper* (O artigo do gato).[8] O projeto também apareceu nas páginas do *New York Times*, onde foi descrito como uma "simulação do cérebro humano".[9] Era assim que os pesquisadores viam seu trabalho. Dean e Corrado, o neurocientista, por fim dedicaram todo o seu tempo ao projeto de Ng. Eles também contrataram pesquisadores adicionais de Stanford e Toronto à medida que o projeto passava do Google X para um laboratório inteiramente dedicado à IA, o Google Brain.

O resto da indústria, e até mesmo partes do Google Brain, não perceberam o que estava para acontecer. Nem Andrew Ng. Assim que o laboratório atingiu esse momento-chave, ele decidiu ir embora. Ele tinha outro projeto em andamento que precisava de sua atenção. Estava construindo uma *startup*, Coursera, especializada em MOOCs, ou *Massively Open Online Courses*, uma forma de ministrar educação universitária via internet. Em 2012, essa foi uma daquelas ideias do Vale do Silício sobre a qual empresários, investidores e jornalistas estavam convencidos de que mudaria completamente o mundo a qualquer momento. No mesmo momento, Sebastian Thrun estava criando uma *startup* semelhante chamada Udacity. Nenhum dos projetos, porém, poderia começar a competir com o que estava para acontecer dentro do Google Brain.

De forma indireta, a saída de Ng catalisou o projeto. Antes de partir, ele recomendou um substituto: Geoff Hinton. Anos mais tarde, com o benefício da retrospectiva, parecia o passo natural para todos os envolvidos. Hinton não foi apenas um mentor para Ng, ele semeou o primeiro grande sucesso do laboratório quando enviou Navdeep Jaitly ao Google um ano antes, um sucesso que concretizou uma tecnologia que Hinton havia cultivado por décadas. Mas quando o Google o abordou na primavera de 2012, ele não tinha interesse em deixar a Universidade de Toronto. Ele era um professor efetivo de 64 anos supervisionando uma longa fila de alunos de pós-graduação e pós-doutorado, portanto, concordou em passar apenas o verão no novo laboratório.[10] Devido às peculiaridades das regras de emprego do Google, a empresa o trouxe como estagiário, ao lado de dezenas de estudantes universitários em férias de verão. Ele se sentiu um estranho durante a semana de orientação, quando parecia ser o único que não sabia que um LDAP era uma forma de fazer login na rede de computadores do Google.[11] "Depois de poucos minutos, eles decidiram pegar um dos quatro instrutores e colocá-lo ao meu lado", lembra ele. Mas durante essa orientação, ele também notou outro grupo de pessoas um pouco deslocadas: vários executivos junto de seus assistentes pessoais, que pareciam sorrir de orelha a orelha. Certo dia, no almoço, Hinton os abordou para perguntar por que faziam parte da orientação, e eles disseram que sua empresa acabara de ser adquirida pelo Google. Vender uma empresa para o Google, ele pensou, era uma boa maneira de obter um sorriso muito grande no rosto.

Naquele verão, o Google Brain havia se expandido em uma equipe de mais de dez pesquisadores, depois que se mudaram para um prédio em frente ao que abrigava Larry Page e o resto da equipe executiva. Hinton conhecia um dos pesquisadores, um antigo pós-doutor de Toronto chamado Marc'Aurelio Ranzato, e ficou impressionado com Jeff Dean. Ele comparou Dean a Barnes Wallis, o cientista e inventor do século XX retratado no clássico filme de guerra britânico *Labaredas do inferno*. Em um ponto do filme, Wallis pede a um oficial do governo um avião bombardeiro Wellington.[12] Ele precisa de uma maneira de testar uma bomba que salta sobre a água, uma ideia aparentemente ridícula e que ninguém acha que vai funcionar. O oficial resiste, explicando que há uma guerra. Os bombardeiros Wellington são difíceis de encontrar. "Eles medem seu peso em ouro", disse o funcionário. Mas quando Wallis aponta que foi ele quem projetou o bombardeiro Wellington, o oficial dá a ele o que ele quer. Durante o estágio de verão de Hinton, um projeto atingiu o limite que o Google havia estabelecido na capacidade de computação disponível. Assim, os pesquisadores contaram a Jeff Dean, e ele encomendou mais US$2 milhões em equipamento. Ele havia construído a infraestrutura do Google, e isso significava que poderia usá-la como quisesse. "Ele criou uma espécie de dossel onde a equipe do Brain podia operar sem precisar se preocupar com mais nada", diz Hinton. "Se você precisasse de algo, bastaria pedir a Jeff, que ele atenderia." O que era estranho sobre Dean, Hinton pensou, era que, ao contrário da maioria das pessoas extremamente inteligentes e poderosas, ele não era movido pelo ego. Ele estava sempre disposto a colaborar. Hinton o comparou a Isaac Newton, exceto que Newton era um babaca. "A maioria das pessoas inteligentes, como Newton, por exemplo, guarda rancor. Jeff Dean não parece ter esse elemento em sua personalidade."

A ironia é que a abordagem do laboratório estava totalmente errada. Eles estavam usando o tipo errado de poder de computação — e o tipo errado de rede neural. O sistema de fala de Navdeep Jaitly foi treinado com sucesso em chips GPU. Dean e os outros fundadores do Google Brain, no entanto, treinaram seus sistemas nas máquinas que sustentavam a rede global de centros de dados do Google e usaram milhares de unidades de processamento central de CPUs (os chips no coração de cada computador) em vez de GPUs.[13] Em certo momento, Sebastian Thrun pressionou o chefe de infraestrutura da empresa para instalar máquinas GPU dentro de seus centros de dados, mas isso foi negado sob o argumento de que complicaria a operação do centro de dados da empresa e aumentaria seus custos. Quando Jeff Dean e sua equipe revelaram seus métodos em uma das grandes conferências de IA, Ian Goodfellow, ainda estudante na Universidade de Montreal, levantou-se de sua cadeira na plateia e os repreendeu por não usarem GPUs — embora ele logo se arrependesse de ter criticado Jeff Dean de maneira tão despreocupada e pública. "Eu não fazia ideia de quem ele era", disse Goodfellow. "Agora eu meio que o venero."

O sistema, conhecido como DistBelief, também estava executando o tipo errado de rede neural. Normalmente, os pesquisadores tinham que rotular cada imagem antes que ela pudesse ajudar a treinar uma rede neural. Eles tiveram que identificar cada gato como um gato desenhando uma "caixa delimitadora" digital ao redor de cada animal. Mas o *Cat Paper* do Google detalhou um sistema que poderia aprender a reconhecer gatos e outros objetos a partir de imagens brutas sem marcação. Embora Dean e seus colaboradores tenham mostrado que podiam treinar um sistema sem rotular as imagens, descobriu-se que as redes neurais seriam muito mais precisas, confiáveis e eficientes se os dados fornecidos fossem rotulados. Naquele outono, quando Hinton voltou para a Universidade de Toronto após seu breve estágio no Google, ele e dois de seus alunos demonstraram, com bastante clareza, que o Google estava no caminho errado. Eles construíram um sistema que analisou imagens etiquetadas e aprendeu a reconhecer objetos com uma precisão muito além de qualquer tecnologia que alguém já havia construído, mostrando que as máquinas eram mais eficientes quando os humanos as apontavam na direção certa. As redes neurais aprenderam de forma mais eficiente quando alguém lhes mostrou exatamente onde os gatos estavam.

NA primavera de 2012, Geoff Hinton ligou para Jitendra Malik, o professor da Universidade da Califórnia-Berkeley que havia atacado publicamente Andrew Ng devido às suas afirmações de que o aprendizado profundo era o futuro da visão computacional. Apesar do sucesso do aprendizado profundo com o reconhecimento de voz, Malik e seus colegas estavam céticos quanto à sua aplicação a imagens. E como ele geralmente presumia que os telefonemas que recebia eram de operadores de telemarketing, foi uma sorte que, nessa ocasião, ele tenha decidido atender. O que se seguiu, porém, foi uma conversa importantíssima. "Ouvi dizer que você não gosta de aprendizado profundo", disse Geoff Hinton. Malik respondeu que isso era verdade. Quando Hinton perguntou por que, ele disse que não havia nenhuma evidência científica para apoiar qualquer afirmação de que o aprendizado profundo poderia superar qualquer outra tecnologia de visão computacional. Hinton apontou para artigos recentes que mostravam que o aprendizado profundo funcionou bem ao identificar objetos em vários testes de desempenho (*benchmark*). Malik disse que esses conjuntos de dados eram muito antigos. Ninguém se importava com eles. "Isso não vai convencer ninguém que não compartilhe das suas predileções ideológicas", disse ele. Hinton perguntou o que o convenceria.

No início, Malik disse que o aprendizado profundo teria que dominar uma base de dados europeia chamada PASCAL. "PASCAL é muito pequeno", disse Hinton a ele. "Para fazer isso funcionar, precisamos de muitos dados de treinamento. E quanto ao ImageNet?" Malik disse a ele que tinham um acordo. ImageNet era um concurso anual conduzido por um laboratório em Stanford, a cerca de 60 quilômetros ao sul de Berkeley.[14] O laboratório compilou um vasto banco de dados de fotos cuidadosamente rotuladas, como cães, flores e carros, e a cada ano, pesquisadores de todo o mundo competiam para construir um sistema que pudesse reconhecer a maioria das imagens. Se eles se sobressaíssem no ImageNet, pensou Hinton, isso encerraria a discussão. O que ele não disse a Malik foi que seu laboratório já estava construindo uma rede neural para a competição e que, graças a dois de seus alunos, Ilya Sutskever e Alex Krizhevsky, ela estava quase concluída.

Sutskever e Krizhevsky eram o estereótipo do pesquisador internacional de IA. Ambos nasceram na União Soviética antes de se mudarem para Israel e depois para Toronto. Mas, temperamentalmente, eles eram muito diferentes. Sutskever era ambicioso, impaciente e até agressivo, e havia batido na porta do escritório de Hinton nove anos antes (quando ainda era estudante de graduação na Universidade de Toronto e tentava pagar as contas com um emprego fazendo batatas fritas em um fast-food local) e pedido instantaneamente, com seu sotaque cortante do Leste Europeu, por um lugar no laboratório de aprendizado profundo de Hinton.

80 CRIADORES DE GÊNIOS

"Por que não marcamos um encontro para conversar sobre isso?", disse Hinton.

"Tudo bem", disse Sutskever. "Que tal agora?"

Então Hinton o convidou para entrar na sala. Sutskever era um estudante de matemática e, naqueles poucos minutos, parecia um desses bem afiados. Hinton deu a ele uma cópia do artigo sobre retropropagação — o artigo que havia finalmente revelado o potencial das redes neurais profundas 25 anos antes — e disse-lhe para voltar assim que o lesse. Sutskever voltou alguns dias depois.

"Eu não entendo", disse ele.

"É apenas cálculo básico", disse Hinton, surpreso e desapontado.

"Ah, não. O que eu não entendo é por que você não pega os derivados e os coloca em um otimizador de função sensível."

"Levei cinco anos para pensar nisso", disse Hinton a si mesmo. Ele entregou ao jovem de 21 anos um segundo papel. Sutskever voltou uma semana depois.

"Não entendo", disse ele.

"Por que não?"

"Você treina uma rede neural para resolver um problema e, a seguir, se quiser resolver um problema diferente, começa novamente com outra rede neural e a treina para resolver esse novo problema. Você deveria ter uma única rede neural que treinasse com todos esses problemas."

Percebendo que Sutskever tinha uma maneira de chegar a conclusões que mesmo pesquisadores experientes levavam anos para descobrir, Hinton convidou o jovem de 21 anos para trabalhar em seu laboratório. Sua educação estava bem aquém do resto dos alunos quando ele entrou lá — talvez anos de diferença, Hinton pensou —, mas ele os alcançou em questão de semanas. Hinton passou a vê-lo como o único aluno que ele ensinou que tinha mais ideias boas do que ele, e Sutskever — que mantinha o cabelo escuro bem curto e sempre parecia estar carrancudo, mesmo quando não estava — alimentava essas ideias com uma energia quase maníaca. Quando as ideias boas surgiam, ele pontuava o momento com flexões invertidas no meio do apartamento que dividia com George Dahl em Toronto. "O sucesso é garantido", dizia ele. Em 2010, depois de ler um artigo publicado pelo laboratório de Jürgen Schmidhuber, na Suíça, ele parou em um corredor com vários outros pesquisadores e anunciou que as redes neurais resolveriam a visão computacional, insistindo que era apenas uma questão de alguém colocar a mão na massa.

Hinton e Sutskever — os homens das ideias — viram como as redes neurais poderiam arrebentar no ImageNet, mas eles precisavam das habilidades de Krizhevsky para chegar lá. Krizhevsky era lacônico e reservado. Ele não gostava de grandes ideias, mas era um engenheiro de software excepcionalmente talentoso com uma habilidade especial para construir redes neurais. Apoiando-se na experiência, intuição e um pouco de sorte, pesquisadores como Krizhevsky construíram esses sistemas por meio de tentativa e erro, trabalhando para obter um resultado de horas, ou até dias, de cálculos de computador que eles jamais conseguiriam realizar por conta própria. Eles atribuíram operações matemáticas minúsculas a dezenas de "neurônios" digitais e adicionaram milhares de fotos de cães nessa rede neural artificial, na expectativa de que, após muitas horas de cálculos, ela aprendesse a reconhecer um cão. Quando não funcionou, eles ajustaram a matemática e tentaram de novo — e de novo —, até que funcionou. Krizhevsky era um mestre do que alguns chamavam de "arte das trevas". Mas o mais importante, pelo menos naquele momento, é que ele tinha um jeito de extrair até a última gota de velocidade de uma máquina cheia de chips GPU, que ainda eram uma espécie incomum de hardware de computador. "Ele é muito bom em pesquisas com redes neurais", diz Hinton. "Mas é um engenheiro de software incrível."

Krizhevsky nem havia ouvido falar do ImageNet antes de Sutskever mencioná-lo, e uma vez que soube qual era o plano, não ficou tão entusiasmado com ele quanto seu colega de laboratório. Sutskever passou semanas massageando os dados para que fossem particularmente fáceis de trabalhar, enquanto Hinton disse a Krizhevsky que toda vez que ele melhorasse o desempenho de sua rede neural em 1%, ele ganharia uma semana extra para escrever seu "trabalho aprofundado", um projeto educacional abrangente que já estava semanas atrasado. ("Isso era uma piada", diz Krizhevsky. "Ele pode ter pensado que era uma piada. Mas não era", diz Hinton).

Krizhevsky, que ainda morava com seus pais, treinou sua rede neural no computador de seu quarto. Com o passar das semanas, ele conseguiu mais e mais desempenho das duas placas de GPU da máquina, e isso significava que ele poderia alimentar essa rede com mais e mais dados. A Universidade de

Toronto, Hinton gostava de dizer, nem precisava pagar pela eletricidade. A cada semana, Krizhevsky começava o treinamento e, a cada hora que passava na tela do computador em seu quarto, observava seu progresso — uma tela preta cheia de números brancos crescendo de forma ascendente. No fim de semana, ele testava o sistema em um novo banco de imagens. Quando ficava aquém do objetivo, ele aprimorava o código da GPU, ajustava os pesos dos neurônios e treinava por mais uma semana. E outra. E outra. A cada semana, Hinton também supervisionava uma reunião dos alunos em seu laboratório. Funcionava como uma reunião de rotina. As pessoas ficavam sentadas lá até que alguém decidisse falar e compartilhar a respeito do que estava trabalhando e que progresso estava vendo. Krizhevsky raramente falava. Mas quando Hinton arrancou dele os resultados, uma verdadeira sensação de entusiasmo cresceu na sala. "Todas as semanas, ele tentava fazer com que Alex Krizhevsky falasse um pouco mais", lembra Alex Graves, outro membro do laboratório naquela época. "Ele sabia o quão grandioso isso era." No outono, a rede neural de Krizhevsky ultrapassou seu próprio auge até então. Era quase duas vezes mais precisa do que o segundo melhor sistema da Terra.[15] E ela venceu o ImageNet.

Krizhevsky, Sutskever e Hinton publicaram um artigo descrevendo seu sistema (mais tarde batizado de Alexnet), que Krizhevsky apresentou em uma conferência de visão computacional em Florença, na Itália, perto do final de outubro. Dirigindo-se a um público de mais de cem pesquisadores, ele descreveu o projeto em seu tom tipicamente suave, quase apologético. Então, quando ele terminou, a sala explodiu em discussão. Um professor de Berkley chamado Alexei Efros disse, levantando-se de sua cadeira perto da frente da sala, que o ImageNet não era um teste confiável de visão computacional. "Não é como o mundo real", disse ele. Pode ser que haja centenas de fotos de camisetas, e a AlexNet pode ter aprendido a identificar essas camisetas, ele disse à sala, mas as camisetas estavam cuidadosamente dispostas em mesas sem nenhum amassado e sem serem usadas por pessoas reais. "Talvez você consiga detectar essas camisetas em um catálogo da Amazon, mas isso não o ajudará a detectar camisetas reais." Jitendra Malik, o colega de Berkley de Hilton que disse a ele que mudaria de ideia sobre o aprendizado profundo se uma rede neural vencesse o ImageNet, disse que ficou impressionado, mas não faria nenhum julgamento até que a tecnologia fosse aplicada a outras bases de dados. Krizhevsky não teve a chance de defender seu trabalho. Esse papel foi assumido por Yann LeCun, que se levantou para dizer que aquela havia sido uma virada inequívoca na história da visão computacional. "Esta é a prova", disse ele em voz alta, do outro lado da sala.

LeCun estava certo. E depois de enfrentar anos de ceticismo sobre o futuro das redes neurais, ele havia sido vingado. Ao vencer o ImageNet, Hinton e seus alunos usaram uma versão modificada da criação de LeCun no final dos anos 1980: a rede neural convolucional. Mas para alguns alunos do laboratório de LeCun, também havia sido uma decepção. Depois que Hinton e seus alunos publicaram o artigo sobre a AlexNet, os alunos de LeCun sentiram uma profunda sensação de arrependimento em seu próprio laboratório — uma sensação de que, após trinta anos de luta, eles haviam tropeçado no último obstáculo. "Os alunos de Toronto são mais rápidos do que os da NYU", disse LeCun a Efros e Malik enquanto discutiam o artigo naquela noite.

Nos anos que se seguiram, Hinton comparou o aprendizado profundo à teoria da deriva continental. Alfred Wegener propôs a ideia pela primeira vez em 1912, e por décadas ela foi rejeitada pela comunidade geológica, em parte porque Wegener não era geólogo.[16] "Ele tinha provas, mas era climatologista. Ele 'não era um de nós'. E não era levado a sério", costumava dizer Hinton. "Acontecia a mesma coisa com as redes neurais." Havia muitas evidências de que as redes neurais podiam ser bem-sucedidas em uma ampla variedade de tarefas, mas elas foram ignoradas. "Era pedir muito para acreditar que se você começasse com pesos aleatórios, tivesse muitos dados e seguisse o gradiente, você criaria todas essas representações maravilhosas. Esqueça. Pura ilusão."

No fim das contas, Alfred Wegener fora reparado, mas não viveu para aproveitar o momento. Ele morreu em uma expedição à Groenlândia. Quanto ao aprendizado profundo, o pioneiro que não viveu para ver o momento foi David Rumelhart. Nos anos 1990, ele desenvolveu uma doença cerebral degenerativa chamada doença de Pick, que começou a destruir seu discernimento.[17] Antes de ser diagnosticado, ele se divorciou de sua esposa depois de um casamento longo e feliz e trocou seu emprego por outro menor. Ele acabou se mudando para Michigan, onde foi cuidado por seu irmão, e morreu em 2011, um ano antes da AlexNet surgir. "Se ele estivesse vivo", diz Hinton, "teria sido a figura principal".

CRIADORES DE GÊNIOS

O artigo sobre a AlexNet se tornaria um dos mais influentes na história da ciência da computação, com mais de 60 mil citações de outros cientistas. Hinton gostava de dizer que foi citado 59 mil vezes mais do que qualquer artigo que seu pai já tenha escrito. "Mas quem está contando?", costumava perguntar. A AlexNet foi um ponto de virada não apenas para o aprendizado profundo, mas para a indústria mundial de tecnologia. Ela mostrou que as redes neurais podem ter sucesso em várias áreas — não apenas com o reconhecimento de voz — e que as GPUs eram essenciais para esse sucesso. Ela mudou os mercados de software e hardware. A Baidu reconheceu a importância desse momento depois que Kai Yu, um pesquisador do aprendizado profundo, explicou a situação ao CEO Robin Li. Assim como a Microsoft, depois que Li Deng conquistou o apoio de um vice-presidente executivo chamado Qi Lu. E assim como o Google.

Foi nesse momento crucial que Hinton criou a DNNresearch, a empresa que eles leiloariam por US$44 milhões em um quarto de hotel no lago Tahoe naquele dezembro. Quando chegou a hora de dividir os lucros, o plano sempre foi dividir o dinheiro igualmente entre os três. Mas a certa altura, os dois alunos de pós-graduação disseram a Hinton que ele merecia uma parcela maior: 40%. "Vocês estão abrindo mão de uma quantidade enorme de dinheiro", disse ele. "Voltem para seus quartos e pensem sobre isso."

Quando voltaram na manhã seguinte, insistiram para que ele ficasse com a maior parte. "Isso mostra que tipo de pessoa eles são", diz Hinton. "Isso não mostra que tipo de pessoa eu sou."

6

AMBIÇÃO

"ESTÁ NA HORA DE PENSAR GRANDE."

Para Alan Eustace, adquirir a DNNresearch foi apenas o começo. Como chefe de engenharia do Google, ele pretendia conquistar o mercado mundial de pesquisadores de aprendizado profundo — ou pelo menos chegar perto disso. Larry Page, o CEO, havia feito disso uma prioridade vários meses antes, quando ele e o restante da equipe executiva do Google se reuniram para uma reunião estratégica em uma ilha (não revelada) do Pacífico Sul. Page disse a seus comandantes que o aprendizado profundo estava prestes a mudar a indústria, e o Google precisava chegar lá primeiro. "Está na hora de pensar grande", disse ele. Eustace era o único na sala que realmente sabia do que estava falando. "Todos eles recuaram", lembra Eustace. "Eu não." Naquele momento, Page deu carta branca a Eustace para garantir todo e qualquer pesquisador líder nesse campo, que ainda era minúsculo, nem que fosse necessárias centenas de novas contratações. Ele já havia conseguido Hinton, Sutskever e Krizhevsky, da Universidade de Toronto. Agora, nos últimos dias de dezembro de 2013, ele estava voando para Londres à procura do DeepMind.

Fundada na mesma época que o Google Brain, o DeepMind era uma *startup* dedicada a um objetivo escandalosamente elevado: construir o que se chamava de "inteligência artificial geral" — AGI —, uma tecnologia que poderia fazer qualquer coisa que o cérebro humano fizesse, só que melhor. Esse objetivo ainda estava a anos, décadas ou talvez até séculos de distância, mas os fundadores dessa pequena empresa estavam confiantes de que um dia isso seria alcançado e, como Andrew Ng e outros pesquisadores otimistas, eles acreditavam que muitas das ideias fermentando em laboratórios como o da Universidade de Toronto foram um ponto de partida forte. Embora não tivesse os bolsos fartos como seus principais rivais, o DeepMind se juntou ao leilão da empresa de Hinton e reuniu o que pode ter sido a coleção mais impressionante de jovens pesquisadores de IA do mundo, mesmo em comparação com a lista crescente de pesquisadores do Google. Como resultado, essa aspirante a caçador furtivo se tornou um alvo para outros caçadores furtivos, incluindo os maiores rivais do Google: Facebook e Microsoft. Isso deu à viagem de Eustace um senso adicional de urgência. Eustace, Jeff Dean e dois outros *googlers* planejavam passar dois dias nos escritórios do DeepMind perto da Russell Square, no centro de Londres, para que pudessem examinar a tecnologia e o talento do laboratório, e sabiam que outro *googler* deveria se juntar a eles: Geoff Hinton. Mas quando Eustace pediu a Hinton que participasse de sua expedição de campo transatlântica, ele educadamente recusou, dizendo que suas costas não o permitiriam. As companhias aéreas o obrigavam a sentar durante a decolagem e o pouso, disse ele, e ele não se sentava mais. No início, Eustace aceitou a recusa de Hinton pelo seu valor nominal. Em seguida, disse a Hinton que encontraria uma solução.

Eustace, um homem esguio, de costas retas, que usava óculos sem aro, não era apenas um engenheiro, mas também um piloto, paraquedista e aventureiro que coreografava cada nova emoção com a mesma racionalidade fria que aplicava para construir um chip de computador. Ele logo estabeleceria um recorde mundial ao vestir uma roupa de pressão e saltar de um balão flutuando na estratosfera a 40km acima da Terra.[1] Recentemente, ele e vários outros paraquedistas haviam saltado de paraquedas de um jato da Gulfstream — algo que ninguém mais havia feito —, e isso lhe deu uma ideia. Antes que qualquer um deles pudesse dar o salto, alguém teve que abrir a porta na parte de trás do avião, e apenas para se certificar de que não cairiam no abismo absoluto antes de estarem prontos para o salto, eles usavam mosquetões de alpinismo pelo corpo inteiro, com duas tiras pretas longas presas em anéis de metal nas paredes internas do avião. Se o Google alugasse um jato particular, eles poderiam colocar um mosquetão em Hinton, deitá-lo em uma cama presa ao chão e colocá-lo no jato da mesma maneira, concluiu Eustace. E foi isso que eles fizeram. Eles decolaram para Londres em um avião particular da Gulfstream com Hinton deitado em uma cama improvisada formada por duas poltronas dobradas, com duas correias prendendo-o nela. "Todos ficaram contentes comigo", diz Hinton. "Isso significava que eles também podiam voar no jato particular."

AMBIÇÃO   87

Baseado em San Jose, Califórnia, esse avião particular era frequentemente alugado pelo Google e outros gigantes da tecnologia do Vale do Silício, e com cada empresa, a tripulação de voo mudava o esquema de iluminação dentro da cabine para combinar com seu logotipo corporativo. As luzes eram azuis, vermelhas e amarelas quando os *googlers* embarcaram em um domingo de dezembro de 2013. Hinton não tinha certeza do que o mosquetão significava para sua segurança pessoal, mas ele sentiu que pelo menos o impedia de tombar no avião e cair de cabeça em seus colegas do Google durante a decolagem e o pouso. Eles pousaram em Londres naquela noite, e na manhã seguinte, Hinton entrou no DeepMind.

O DeepMind era liderado por várias mentes poderosas. Duas dessas mentes, Demis Hassabis e David Silver,[2] se conheceram quando eram estudantes de graduação em Cambridge, mas inicialmente já haviam se esbarrado em um torneio de xadrez juvenil perto da cidade natal de Silver, na costa leste da Inglaterra. "Eu conheci Demis antes dele me conhecer", diz Silver. "Eu o via aparecer na minha cidade, vencer a competição e ir embora." Filho de uma mãe chinesa-cingapuriana e de um pai grego-cipriota que dirigia uma loja de brinquedos no norte de Londres, Hassabis chegou a ser o segundo jogador de xadrez com menos de 14 anos com a melhor classificação do mundo. Mas seus talentos não se limitavam ao xadrez. Ele se formou em Cambridge com o título de primeiro lugar em ciência da computação e tinha um jeito de dominar a maioria dos jogos mentais. Em 1998, aos 21 anos, ele entrou na competição *Pentamind*, realizada no Royal Festival Hall de Londres, na qual jogadores de todo o mundo competiram em cinco jogos. Essa competição incluía tudo, desde xadrez e Go a palavras cruzadas, gamão e pôquer — e Hassabis venceu todos em um instante. Ele venceu mais quatro vezes nos cinco anos seguintes. No ano em que não venceu, ele não havia participado. "Apesar de sua imagem rarefeita, jogos mentais são tão competitivos quanto qualquer outro esporte", disse ele em um diário online após vencer a competição pela segunda vez.[3] "No nível mais alto, vale tudo. Insultar, sacudir as mesas, e todo tipo de malandragem é normal. Os torneios juniores de xadrez que eu costumava frequentar tinham tábuas de madeira sob as mesas, evitando que os competidores se chutassem. Não se deixe enganar — é uma guerra." Geoff Hinton disse mais tarde que

Hassabis poderia reivindicar ser o maior jogador de todos os tempos, antes de acrescentar, incisivamente, que sua destreza demonstrava não apenas seu peso intelectual, mas também seu desejo extremo e inabalável de vencer. Depois de seu sucesso no *Pentamind*, Hassabis venceu o campeonato mundial de times em Diplomacia,[4] um jogo de tabuleiro ambientado na Europa antes da Primeira Guerra Mundial no qual os melhores jogadores contam com as habilidades analíticas e estratégicas de um jogador de xadrez e, ao mesmo tempo, usam a astúcia necessária para negociar, persuadir e arquitetar seu caminho para a vitória. "Ele tem três coisas", diz Hinton. "Ele é muito brilhante, muito competitivo e muito bom em interações sociais. Essa é uma combinação perigosa."

Hassabis tinha duas obsessões. Uma era projetar jogos de computador. Em seu ano sabático,[5] ele ajudou o celebrado designer britânico Peter Molyneux a criar o Theme Park, no qual os jogadores construíam e operavam uma vasta simulação digital de um parque de diversões com roda-gigante e montanha--russa. O jogo vendeu cerca de 10 milhões de cópias, ajudando a inspirar toda uma nova geração de jogos — simulações (*"sims"*) que recriavam boa parte do mundo físico — e antecipando uma parte fundamental da maneira como o DeepMind e seus imitadores se esforçariam para construir uma IA. Essa era sua outra obsessão. Ele acreditava que um dia criaria uma máquina que poderia imitar o cérebro. Nos anos seguintes, conforme ele construía o DeepMind, essas duas obsessões emergiriam de uma forma que poucos esperavam.

Hassabis encontrou uma alma gêmea no colega de graduação de Cambridge, David Silver.[6] Depois da universidade, os dois lançaram uma empresa de jogos de computador chamada Elixir. Enquanto Hassabis construía sua *startup* em Londres, ele mantinha um diário online da vida dentro e fora da empresa (principalmente dentro).[7] Era um veículo promocional escrito por um de seus designers — uma maneira de gerar interesse em sua empresa e em seus jogos —, mas ele era francamente honesto em alguns momentos, revelando seu charme *geek*, sua astúcia e sua determinação de aço para vencer. Em um ponto, ele descreveu um encontro com a Eidos, a grande desenvolvedora britânica que concordou em distribuir o primeiro jogo de sua empresa. Hassabis disse que era de vital importância para um desenvolvedor de jogos estabelecer um profundo senso de confiança com seu editor, e ele sentiu que teve sucesso durante essa longa reunião dentro de seu escritório em Londres. Mas quando a reunião terminou, o presidente da Eidos — Ian Livingstone, um homem que mais tarde seria nomeado Comandante da Ordem do Império Britânico por seus serviços à indústria — notou uma mesa de totó do outro lado da sala e desafiou Hassabis para um jogo. Hassabis parou para pensar se deveria perder a competição, apenas para manter seu editor feliz, antes de decidir que não tinha escolha a não ser vencer. "Ian não é um mal jogador — dizem que ele foi campeão duas vezes na Hull University com Steve Jackson —, mas que situação terrível para me colocar", disse Hassabis. "Uma derrota nas mãos do presidente da Eidos (em face de suas habilidades superiores no totó) teria sido apenas um dos motivos. Você tem que traçar a linha em algum lugar, no entanto. Afinal, um jogo é um jogo. Eu ganhei por 6 a 3."

O diário parecia projetar para além da Elixir, em direção a sua próxima aventura. A primeira entrada começou com ele sentado em uma cadeira de pelúcia em casa, ouvindo a trilha sonora de *Blade Runner* (faixa doze, "Tears in Rain", tocando continuamente). Assim como Stanley Kubrick inspirou um jovem Yann LeCun no final dos anos 1960, Ridley Scott capturou a imaginação de um jovem Hassabis no início dos anos 1980 com esse clássico da ficção científica dos últimos tempos, em que um cientista e sua imperiosa corporação constroem máquinas que se comportam como humanos. Conforme os desenvolvedores de jogos menores foram expulsos do mercado e Hassabis desistiu da Elixir, ele resolveu construir outra *startup*. E decidiu que ela seria muito mais ambiciosa do que a anterior, voltando às suas raízes na neurociência — e na ficção científica. Ele resolveu, em 2005, construir uma empresa que pudesse recriar a inteligência humana.

Ele sabia que estava a anos inclusive do primeiro pequeno passo. Antes de realmente lançar uma empresa, ele começou um doutorado em neurociência na University College London, na esperança de entender melhor o cérebro antes de tentar reconstruí-lo. "Minha estada na academia sempre foi temporária", diz ele. David Silver também voltou à academia,[8] mas não como neurocientista. Ele deslizou para um campo adjacente — inteligência artificial — na Universidade de Alberta, no Canadá. A forma como suas pesquisas divergiam antes de se unirem com o DeepMind era um indicativo da relação entre neurociência e inteligência artificial presente em pelo menos alguns dos pesquisadores que impulsionaram as grandes mudanças na IA durante esses anos. Ninguém

90 CRIADORES DE GÊNIOS

poderia entender verdadeiramente o cérebro e ninguém poderia recriá-lo, mas alguns acreditavam que esses dois esforços acabariam se retroalimentando. Hassabis disse ser "um círculo virtuoso".

Na UCL, ele explorou a intersecção da memória e da imaginação no cérebro. Em um artigo, ele estudou pessoas que desenvolveram amnésia após sofrerem lesão cerebral e não conseguiam se lembrar do passado,[9] mostrando que também lutavam para se imaginar em novas situações, como uma ida ao shopping ou passar as férias na praia. Reconhecer, armazenar e relembrar imagens estava de alguma forma relacionado a *criá-las*. Em 2007, a *Science*,[10]uma das principais revistas acadêmicas do mundo, nomeou o artigo como uma das dez maiores descobertas científicas do ano. Mas esse foi apenas mais um degrau. Depois de terminar seu doutorado,[11] Hassabis começou um pós-doutorado no Gatsby Unit, um laboratório da University College London que se pautava na interseção entre a neurociência e a IA. Financiado por David Sainsbury, o magnata britânico dos supermercados, seu professor fundador foi Geoff Hinton.

Hinton deixou seu novo cargo depois de apenas três anos, retornando ao cargo de professor em Toronto enquanto Hassabis ainda dirigia sua empresa de jogos. Vários anos se passariam antes que eles se conhecessem, e quando se conheceram, foi apenas de passagem. Em vez disso, Hassabis tinha uma causa em comum com um colega pesquisador do Gatsby chamado Shane Legg, com quem dividia um supervisor. Na época, como ele lembrou mais tarde, AGI não era algo que cientistas sérios discutiam em voz alta, mesmo em um lugar como o Gatsby. "Era basicamente um território para o qual reviravam os olhos", diz ele. "Se você falasse com alguém sobre IA geral, seria considerado, na melhor das hipóteses, excêntrico e, na pior, algum tipo de personagem delirante e não científico." Mas Legg, um neozelandês que estudou ciência da computação e matemática enquanto praticava balé, se sentia da mesma forma que Hassabis. Ele sonhava em construir uma *superinteligência* — uma tecnologia que pudesse eclipsar os poderes do cérebro —, embora temesse que essas máquinas pudessem um dia colocar em risco o futuro da humanidade. Ele havia dito em sua tese que a superinteligência poderia trazer riqueza e oportunidades sem precedentes — ou levar a um "cenário de pesadelo" que ameaçaria a própria existência da humanidade. Ele acreditava que, mesmo que houvesse apenas uma pequena possibilidade de construir uma superinteligência, os pesquisadores tinham que considerar as consequências. "Se aceitarmos que o impacto de máquinas verdadeiramente inteligentes[12] provavelmente seria profundo, e que há pelo menos uma pequena probabilidade de isso acontecer no futuro previsível, é prudente tentar se preparar com antecedência. Se esperarmos até que pareça muito provável que máquinas inteligentes surjam em breve, será tarde demais para discutir e contemplar exaustivamente as questões envolvidas", escreveu ele. "Precisamos trabalhar seriamente nessas coisas agora." Sua crença mais ampla era a de que o próprio cérebro forneceria um mapa para a construção da superinteligência, e foi isso que o levou ao Gatsby Unit. "Parecia um caminho muito natural de se seguir", diz ele — um lugar onde poderia explorar o que chamou de "conexões entre o cérebro e o aprendizado de máquina".

Anos depois, quando solicitado a descrever Shane Legg, Geoff Hinton comparou-o com Demis Hassabis: "Ele não é tão brilhante, não é tão competitivo e não é tão bom em interações sociais. Mas, bem, isso se aplica a quase todo mundo." Mesmo assim, nos anos seguintes, as ideias de Legg foram quase tão influentes quanto as de seu parceiro mais famoso.

Hassabis e Legg tinham a mesma ambição. Eles queriam, em suas próprias palavras, "resolver a inteligência". Mas eles discordavam quanto à melhor maneira de chegar lá. Legg sugeriu que eles começassem na academia, enquanto Hassabis disse que eles não tinham escolha a não ser trabalhar na indústria, insistindo que essa era a única maneira de gerar os recursos de que precisariam para uma tarefa tão extrema. Ele conhecia o mundo acadêmico, e depois de seu tempo na Elixir, ele conhecia o mundo dos negócios também. Ele não queria construir uma *startup* só porque sim. Ele queria criar uma empresa equipada de maneira única para a pesquisa de longo prazo que eles esperavam promover. Hassabis disse a Legg que eles poderiam arrecadar muito mais dinheiro de capitalistas de risco do que jamais conseguiriam se tentassem propostas de financiamento como professores, e poderiam montar o hardware necessário em uma velocidade que as universidades jamais conseguiriam. Legg, no final, concordou. "Na verdade, não contamos a ninguém no Gatsby sobre o que estávamos planejando", diz Hassabis. "Eles teriam pensado que éramos meio loucos."

Durante o ano de pós-doutorado, eles começaram a conviver com um empresário e ativista social chamado Mustafa Suleyman. Quando os três decidiram fundar o DeepMind, foi Suleyman quem forneceu os principais financiadores, encarregados de gerar a receita de que a empresa precisava para sustentar suas pesquisas. Eles lançaram o DeepMind no outono de 2010, seu nome era uma referência tanto ao aprendizado profundo quanto à neurociência — e ao supercomputador Pensador Profundo, que calculou A Pergunta Fundamental sobre a Vida, o Universo e Tudo Mais no romance britânico de ficção científica *O Guia do Mochileiro das Galáxias*. Hassabis, Legg e Suleyman estampariam, cada um, seu ponto de vista único sobre uma empresa que olhava em direção aos horizontes da inteligência artificial, mas também visava resolver problemas em um prazo mais curto, enquanto levantava abertamente preocupações sobre os perigos dessa tecnologia no presente e no futuro. Seu objetivo declarado — contido na primeira linha de seu plano de negócios — era a inteligência artificial geral. Mas, ao mesmo tempo, eles disseram a qualquer pessoa que quisesse ouvir, incluindo investidores em potencial, que essa pesquisa poderia ser perigosa. Eles disseram que nunca compartilhariam sua tecnologia com os militares e, como uma ressonância da tese de Legg, alertaram que a superinteligência poderia se tornar uma ameaça existencial.

Eles abordaram o investidor mais importante do DeepMind antes mesmo de a empresa ser fundada. Nos últimos anos, Legg se juntou a uma reunião anual de futuristas chamada Singularity Summit. A "Singularidade" é o momento (teórico) em que a tecnologia melhora a ponto de não poder mais ser controlada pela humanidade. Os fundadores dessa minúscula conferência pertenciam a um grupo eclético de acadêmicos, empresários e entusiastas que acreditavam que esse momento estava chegando. Eles pretendiam explorar não apenas a inteligência artificial, mas também tecnologias de extensão de vida, pesquisas com células-tronco e outras vertentes díspares do futurismo. Um dos fundadores foi um filósofo e erudito autodidata chamado Eliezer Yudkowsky, que apresentou a Legg a ideia de superinteligência no início dos anos 2000, quando eles trabalhavam para uma *startup*, com sede em Nova York, chamada Intelligensis. Mas Hassabis e Legg estavam de olho em um dos outros fundadores da conferência: Peter Thiel.

No verão de 2010, Hassabis e Legg fizeram uma palestra no Singularity Summit,[13] sabendo que os oradores seriam convidados para uma festa privada na casa de Thiel em San Francisco. Thiel fez parte da equipe que fundou o PayPal, o serviço de pagamentos online, antes de garantir uma reputação — e uma fortuna — ainda maior como um dos primeiros investidores no Facebook, LinkedIn e Airbnb. Hassabis e Leggs achavam que se conseguissem entrar em sua casa na cidade, poderiam lhe apresentar sua empresa e fazer um lobby pedindo por investimento. Thiel não só tinha o dinheiro, ele tinha a inclinação. Ele era alguém que acreditava em ideias extremas, ainda mais do que o típico capitalista de risco do Vale do Silício. Afinal, ele estava financiando a Singularity Summit. Nos anos seguintes, ele, ao contrário de muitos magnatas do Vale, apostaria todas suas fichas em Donald Trump, antes e depois da eleição presidencial de 2016. "Precisávamos de alguém que fosse louco o suficiente para financiar uma empresa de AGI", diz Legg. "Ele era — ainda é — profundamente do contra em relação a tudo. A maior parte do campo pensou que não deveríamos fazer isso, então o fato de ele ser profundamente do contra provavelmente jogaria a nosso favor."

No primeiro dia da conferência, dentro de um hotel no centro de São Francisco, Hassabis fez um discurso argumentando que a melhor maneira de construir inteligência artificial seria imitando o funcionamento do cérebro. Ele chamou isso de "abordagem biológica",[14] quando os engenheiros projetavam tecnologias à maneira do cérebro, sejam redes neurais ou alguma outra criação digital. "Devemos nos concentrar no nível algorítmico do cérebro",[15] disse ele, "extraindo o tipo de representações e algoritmos que o cérebro usa para resolver os tipos de problemas que queremos resolver com a AGI". Esse foi um dos pilares centrais que viriam a definir o DeepMind. Um dia depois, com seu próprio discurso, Shane Legg descreveu outro pilar. Ele disse ao público que os pesquisadores de inteligência artificial precisavam de maneiras definitivas de rastrear seu progresso,[16] caso contrário, eles não saberiam quando estavam no caminho certo. "Quero saber para onde estamos indo", disse ele.[17] "Precisamos de um conceito do que é inteligência e precisamos de uma forma de medi-la." Hassabis e Legg não estavam apenas descrevendo como sua nova empresa operaria. Seus discursos eram, mais do que qualquer outra coisa, uma maneira de chegar a Thiel.

A casa de Thiel ficava na Baker Street, de frente para a mesma lagoa cheia de gansos do Palácio de Belas Artes, um castelo de pedra erguido para uma exposição de arte quase cem anos antes. Quando Hassabis e Legg passaram pela porta da frente e entraram na sala de estar, deram de cara com um tabuleiro de xadrez. Cada peça estava no lugar, o branco contra o preto, convidando qualquer um a jogar. Primeiro, eles encontraram Yudkowsky, que os apresentou a Thiel. Mas eles não falaram sobre sua empresa — pelo menos não imediatamente. Hassabis começou a falar sobre xadrez.[18] Ele disse a Thiel que também

94 CRIADORES DE GÊNIOS

era um jogador de xadrez, e eles discutiram o poder duradouro desse antigo jogo. Hassabis disse que ele havia sobrevivido por tantos séculos por causa da profunda tensão entre o cavalo e o bispo, o constante vai e vem de suas habilidades e fraquezas. Thiel ficou encantado o suficiente para convidar os dois homens de volta no dia seguinte para que pudessem falar sobre sua empresa.

Quando eles voltaram na manhã seguinte, Thiel estava vestido com shorts e uma camiseta, pingando suor após seu treino diário. Um mordomo trouxe uma Coca Diet antes que se sentassem à mesa da sala de jantar. Hassabis começou a falar, explicando que ele não era apenas um jogador, mas um neurocientista, que eles estavam construindo uma AGI à imagem do cérebro humano, que começaram essa longa jornada com sistemas que aprendessem a jogar e que o exponencial contínuo de crescimento do poder de computação global levaria sua tecnologia a patamares muito maiores. Foi uma tacada que surpreendeu até Peter Thiel. "Isso pode ser um pouco demais", disse ele. Mas eles continuaram conversando por algumas semanas, tanto com Thiel quanto com os sócios de sua empresa de capital de risco, o Founders Fund. No final, sua principal objeção não era quanto à empresa ser excessivamente ambiciosa, mas quanto ao fato de que tinha sede em Londres. Seria mais difícil ficar de olho em seu investimento, uma preocupação típica dos capitalistas de risco do Vale do Silício. No entanto, ele investiu £1,4 milhão dos £2 milhões no primeiro financiamento que deu origem à DeepMind.[19] Nos meses, e anos, seguintes, outros investidores de renome se juntaram a eles, incluindo Elon Musk, o figurão do Vale do Silício que ajudou a construir o PayPal ao lado de Thiel antes de montar a empresa de foguetes SpaceX e a empresa de carros elétricos Tesla. "Há uma certa comunidade", diz Legg. "Ele foi um dos bilionários que decidiu investir algum dinheiro."

O DeepMind cresceu como uma bola de neve a partir daí. Hassabis e Legg alistaram Hinton e LeCun como consultores técnicos, e a *startup* rapidamente contratou muitos dos pesquisadores emergentes na área, incluindo Vlad Mnih, que estudou com Hinton em Toronto; Koray Kavukcuoglu, que trabalhou para LeCun em Nova York; e Alex Graves, que estudou com Jürgen Schmidhuber na Suíça antes de fazer um pós-doutorado com Hinton. Como eles disseram a Peter Thiel, o ponto de partida foram os jogos. Os jogos têm sido um campo de testes para a IA desde os anos 1950, quando cientistas da computação construíram os primeiros jogadores de xadrez automatizados. Em 1990, os pesquisadores marcaram um ponto de virada quando construíram uma máquina chamada Chinook,[20] que derrotou o melhor jogador de damas do mundo. Sete anos depois, o supercomputador Deep Blue, da IBM, superou o grande mestre do xadrez Garry Kasparov.[21] E em 2011, outra máquina da IBM, Watson,[22] eclipsou os vencedores de todos os tempos no *Jeopardy!* Agora uma equipe de pesquisadores do DeepMind, liderada por Mnih, havia começado a construir um sistema que podia jogar jogos antigos do Atari, incluindo clássicos dos anos 1980 como *Space Invaders*, *Pong* e *Breakout*. Hassabis e Legg foram inflexíveis quanto ao fato de que a IA deveria ser desenvolvida de uma forma que medisse de perto seu progresso, em parte porque isso ajudaria a manter o controle sobre os perigos. Os jogos forneceram essa medida. As pontuações eram absolutas. Os resultados eram definitivos. "É assim que marcamos nosso território", diz Hassabis. "Para onde devemos ir a seguir? Onde fica o próximo Everest?" Além disso, uma IA que soubesse jogar era uma demonstração muito boa. As demonstrações vendiam softwares — e às vezes empresas. Isso era evidente, e até inegável, no início de 2013.

No jogo *Breakout*, os jogadores usam uma pequena raquete para quicar uma bola em uma parede de tijolos coloridos. Quando você atinge um tijolo, ele desaparece, e você ganha alguns pontos. Mas se a bola quicar para além de sua raquete muitas vezes, o jogo acaba. No DeepMind, Mnih e seus colegas pesquisadores construíram uma rede neural profunda que aprendeu as nuances do *Breakout* por meio de tentativas e erros repetidos, jogando centenas de jogos enquanto acompanhava de perto o que funcionava e o que não funcionava — uma técnica chamada "aprendizado por reforço". Essa rede neural podia dominar o jogo em pouco mais de duas horas.[23] Nos primeiros trinta minutos, ela aprendia os conceitos básicos — mover-se em direção à bola e rebatê-la em direção aos tijolos —, embora ainda não os dominasse. Depois de uma hora, ela já tinha aptidão para rebater a bola todas as vezes e marcar pontos a cada rebatida. E depois de duas horas, aprendeu um truque que zerou o jogo. Ela passou a acertar a bola atrás da parede de tijolos coloridos, deslizando-a para um espaço onde poderia quicar quase indefinidamente, derrubando tijolo após tijolo e marcando um ponto atrás do outro, sem nunca retornar à raquete. No final, o sistema funcionou com uma velocidade e precisão para além de qualquer ser humano.

Pouco depois de Mnih e sua equipe criarem esse sistema, o DeepMind enviou um vídeo para os investidores da empresa no Founders Fund, incluindo um homem chamado Luke Nosek. Ao lado de Peter Thiel e Elon Musk, Nosek havia se destacado originalmente como parte da equipe que criou o PayPal — a chamada "Máfia do PayPal". Logo depois de receber o vídeo da IA jogadora de Atari do DeepMind, como Nosek mais tarde disse a um colega, ele estava em um avião particular com Musk, e enquanto eles assistiam ao vídeo e discutiam sobre o DeepMind, foram ouvidos por outro bilionário do Vale do Silício que por acaso estava no voo: Larry Page. Foi assim que Page descobriu sobre o DeepMind, desencadeando um relacionamento que culminaria no voo da Gulfstream para Londres. Page queria comprar a *startup* ainda neste estágio inicial. Hassabis não estava tão certo quanto a isso. Ele sempre teve a intenção de construir sua própria empresa. Ou, pelo menos, foi isso que havia dito a seus funcionários. Ele disse que o DeepMind permaneceria independente pelos próximos vinte anos, se não mais.

O elevador que Hinton e os *googlers* pegaram para o último andar dos escritórios do DeepMind ficou preso entre os andares. Enquanto esperavam, Hinton temia que o atraso fosse mal visto por aqueles dentro dos escritórios do DeepMind, muitos dos quais ele conhecia. "Isso será constrangedor", pensou ele. Quando o elevador finalmente foi reiniciado e os *googlers* chegaram ao último andar, foram recebidos por Hassabis, que os conduziu a uma sala com uma grande mesa de conferências. Ele estava mais nervoso do que envergonhado, temendo expor a pesquisa de seu laboratório a uma empresa cujos recursos exagerados poderiam acelerar essa pesquisa de uma forma que o laboratório nunca seria capaz por conta própria. Ele não queria baixar a guarda, a menos que tivesse certeza de que queria vendê-la — e que o Google gostaria de comprá-la. Depois que os *googlers* entraram na sala, ele fez um discurso explicando a missão do DeepMind. Então, vários pesquisadores do DeepMind revelaram pelo menos parte do que o laboratório estava explorando, do concreto ao teórico. O ponto alto veio de Vlad Mnih, e, como de costume, foi o *Breakout*.

Enquanto Mnih apresentava o projeto, um Geoff Hinton exausto estava deitado no chão, ao lado da mesa onde todos os outros estavam sentados. Ocasionalmente, Mnih via a mão de Hinton aparecer quando ele queria fazer uma

AMBIÇÃO 97

pergunta. Era exatamente como os dias em Toronto, pensou Mnih. Quando a demonstração terminou, Jeff Dean perguntou se o sistema estava realmente *aprendendo* suas habilidades no *Breakout*. Mnih disse que sim. O sistema estava se concentrando em estratégias específicas porque elas ganhavam a maior recompensa — nesse caso, a maioria dos pontos. Essa técnica — aprendizado por reforço — não era algo que o Google estava explorando, mas era uma área primária de pesquisa dentro do DeepMind. Shane Legg abraçou o conceito depois que seu orientador de pós-doutorado publicou um artigo argumentando que o cérebro funcionava da mesma maneira, e a empresa contratou uma longa lista de pesquisadores especializados na ideia, incluindo David Silver. Alan Eustace acreditava que o aprendizado por reforço permitiu à DeepMind construir um sistema que foi a primeira tentativa real de IA geral. "Elas tiveram um desempenho sobre-humano em metade dos jogos, e em alguns casos, isso foi impressionante", diz ele. "A máquina desenvolvia uma estratégia que era simplesmente derradeira."

Após as demonstrações do Atari, Shane Legg fez uma apresentação baseada em sua tese de doutorado, na qual descreveu uma espécie de agente matemático que pode aprender novas tarefas em qualquer ambiente. Vlad Mnih e sua equipe criaram agentes que podiam aprender novos comportamentos dentro de jogos como *Breakout* e *Space Invaders*, e o que Legg propôs foi uma extensão desse trabalho — para além dos jogos e em reinos digitais mais complexos, bem como no mundo real. Assim como um agente de software pode aprender a jogar *Breakout*, um robô pode aprender a caminhar por uma sala de estar ou um carro pode aprender a andar pela vizinhança. Ou, da mesma forma, um desses agentes poderia aprender a navegar pela língua inglesa. Esses eram problemas muito mais difíceis. Um jogo era um universo contido onde as recompensas eram claramente definidas. Havia pontos e linhas de chegada. O mundo real era muito mais complicado, e as recompensas eram mais difíceis de definir, mas esse foi o caminho que o DeepMind traçou para si mesma. "A tese de Shane", diz Eustace, "formou a base do que eles estavam fazendo".

Essa era uma meta para um futuro distante, mas haveria muitos pequenos passos ao longo do caminho, passos que trariam aplicações práticas em um prazo mais próximo. Enquanto os *googlers* observavam, Alex Graves, filho de pais norte-americanos que cresceram na Escócia, demonstrou um desses passos: um sistema que escrevia "à mão". Ao analisar os padrões que definem um objeto, uma rede neural aprendeu a reconhecê-lo. Se ela entendia esses padrões, também poderia *gerar* uma imagem desse objeto. Depois de analisar uma coleção de palavras escritas à mão, o sistema de Graves podia *gerar a imagem de uma palavra escrita à mão*. A esperança era a de que, ao analisar fotos de cães e gatos, esse tipo de tecnologia também pudesse gerar fotos de cães e gatos. Os pesquisadores as chamavam de "modelos generativos", e essa também era uma área de pesquisa importante no DeepMind.

Em uma época em que os googles da vida estavam pagando centenas de milhares de dólares para cada pesquisador, se não milhões, o DeepMind estava pagando a pessoas como Alex Graves menos de US$100 mil por ano. Isso era tudo que podia pagar. Três anos depois de fundada, essa pequena empresa ainda não gerava receita. Suleyman e sua equipe estavam tentando construir um aplicativo para celulares que usasse IA para ajudar a filtrar a alta-costura mais recente — editores e escritores do mundo da moda ocasionalmente caminhavam pelo escritório da Russell Square em meio aos pesquisadores de IA — e um grupo separado estava prestes a oferecer um novo videogame com IA na App Store da Apple, mas os dólares não estavam entrando ainda. Conforme Graves e outros pesquisadores descreviam seu trabalho para os visitantes do Google, Hassabis sabia que algo precisava mudar.

Quando as demonstrações terminaram, Jeff Dean perguntou a Hassabis se poderia dar uma olhada no código da empresa. Ele hesitou no início, mas depois concordou, e Dean sentou-se em uma máquina ao lado de Koray Kavukcuoglu, um pesquisador nascido na Turquia que supervisionou o Torch, software que a empresa usou para construir e treinar seus modelos de aprendizado de máquina. Após cerca de quinze minutos com o código, Dean sabia que o DeepMind se encaixaria no Google. "Aquilo claramente havia sido feito por pessoas que sabiam o que estavam fazendo", diz ele. "Senti que a cultura deles seria compatível com a nossa." A essa altura, restava quase nenhuma dúvida de que o Google adquiriria o laboratório de Londres. Mark Zuckerberg e o Facebook haviam se juntado ao Google recentemente, a Microsoft e a Baidu estavam na corrida para adquirir esse tipo de talento, e o Google pretendia permanecer à frente. Embora Hassabis tivesse prometido a seus funcionários que o DeepMind permaneceria independente, ele agora não tinha escolha a não ser vendê-la. Se o DeepMind não fosse vendido, morreria. "Não podíamos realmente competir com essas empresas de US$100 bilhões desesperadas para contratar todos os nossos melhores talentos", diz Legg. "Conseguimos manter todos aqui, mas isso não seria algo sustentável em longo prazo."

Ainda assim, enquanto negociavam a venda do DeepMind para o Google, eles mantiveram pelo menos parte da promessa que Hassabis fez a seus funcionários. O DeepMind permaneceu independente por não mais que três semanas, quem diria por vinte anos, mas ele, Legg e Suleyman insistiram que seu contrato com o Google incluísse duas condições que visavam manter seus ideais. Uma cláusula proibia o Google de usar qualquer tecnologia do DeepMind para fins militares. A outra dizia que o Google seria obrigado a criar um conselho de ética independente que supervisionaria o uso da tecnologia AGI do DeepMind, uma vez que isso acontecesse. Alguns que sabiam do contrato questionaram se esses termos eram necessários, e nos últimos anos, muitos em toda a comunidade de IA viram isso como uma façanha destinada a aumentar o preço de venda do DeepMind. "Se eles dissessem que sua tecnologia era perigosa, pareceria mais poderosa, e eles poderiam exigir mais por ela", disseram alguns. Mas os fundadores do DeepMind foram intransigentes quanto a isso: a venda não aconteceria a menos que essas demandas fossem atendidas, e eles continuaram a lutar pelos mesmos ideais por anos a fio.

Antes de embarcar no avião da Gulfstream na Califórnia, Hinton disse que pegaria o trem de volta para o Canadá — uma distração com o objetivo de proteger o sigilo da viagem a Londres. No voo de volta, o avião fez um pequeno desvio para o Canadá, pousando em Toronto mais ou menos quando o trem no qual ele deveria estar chegaria. A manobra deu certo. Em janeiro, o Google anunciou que estava adquirindo o DeepMind,[24] uma empresa de cinquenta pessoas, por US$650 milhões. Havia sido outra disputa acirrada. O Facebook também havia feito oferta para o laboratório de Londres, oferecendo a cada fundador do DeepMind o dobro do dinheiro obtido com a venda para o Google.

PARTE DOIS

QUEM DETÉM A INTELIGÊNCIA?

7

RIVALIDADE

"OLÁ, AQUI É O MARK, DO FACEBOOK."

No final de novembro de 2013, Clément Farabet estava sentado no sofá de seu apartamento de um quarto, no Brooklyn, digitando códigos em seu notebook, quando seu iPhone tocou. A tela dizia: "Menlo Park, CA." Quando ele atendeu a chamada, uma voz disse: "Olá, aqui é o Mark, do Facebook." Farabet era pesquisador no laboratório de aprendizado profundo da NYU. Algumas semanas antes, ele foi contatado por outro executivo do Facebook, do nada, mas, ainda assim, não esperava uma ligação de Mark Zuckerberg. De maneira muito direta e sem cerimônia, o fundador e CEO do Facebook disse a Farabet que estava viajando para o Lago Tahoe para a conferência do NIPS e perguntou se eles poderiam se encontrar em Nevada para um bate-papo. Faltava menos de uma semana para o NIPS, e Farabet não planejava viajar naquele ano, mas concordou em se encontrar com Zuckerberg na suíte da cobertura do hotel e cassino Harrah's, um dia antes do início da conferência. Quando a ligação terminou, ele se esforçou para providenciar um voo para cruzar o país e um lugar para ficar, mas não percebeu o que estava acontecendo até chegar em Nevada, entrar na cobertura do Harrah's e ver quem estava sentado no sofá atrás do fundador e CEO do Facebook. Era Yann LeCun.

Zuckerberg não estava usando sapatos. Durante a meia hora seguinte, ele andou de um lado para o outro da suíte apenas de meias, chamando a IA de "a próxima grande novidade" e "o próximo passo para o Facebook". Isso aconteceu uma semana antes do voo da comitiva do Google para seu encontro com o DeepMind em Londres, e o Facebook já estava construindo um laboratório

104 CRIADORES DE GÊNIOS

próprio de aprendizado profundo. A empresa havia contratado LeCun para administrar esse laboratório alguns dias antes. Agora, ao lado de LeCun e do diretor de tecnologia do Facebook Mike "Schrep" Schroepfer, que também estava lá, Zuckerberg estava recrutando talentos para esse novo empreendimento. Farabet, um acadêmico nascido em Lyon que se especializou em reconhecimento de imagem e passou anos projetando chips de computador para treinar redes neurais, foi apenas um dos muitos pesquisadores que entraram na cobertura do Harrah's naquela tarde para se encontrar com Zuckerberg. "Ele basicamente queria contratar todo mundo", diz Farabet. "Ele sabia o nome de todos os pesquisadores do recinto."

Naquela noite, o Facebook deu uma festa privada em um dos salões do hotel.[1] Com dezenas de engenheiros, cientistas da computação e acadêmicos reunidos nesse espaço de dois níveis, incluindo a varanda com vista para a multidão abaixo, LeCun revelou que a empresa estava abrindo um laboratório de IA em Manhattan, não muito longe de seu escritório na NYU. "É um casamento feito no céu — também conhecido como Nova York", disse LeCun, antes de levantar a taça para "Mark e Schrep".[2] O Facebook já havia contratado um segundo professor da NYU para trabalhar ao lado de LeCun no novo laboratório — apelidado de FAIR, sigla para *Facebook Artificial Intelligence Research* (Pesquisa em Inteligência Artificial do Facebook, em tradução livre) —, e alguns nomes mais notáveis logo se juntariam a eles, incluindo três pesquisadores roubados do Google. Mas no final, apesar de sua longa história com LeCun, um antigo colega francês, Clément Farabet não se juntou a eles. Ele e vários outros acadêmicos estavam construindo uma *startup* de aprendizado profundo que chamaram de *Madbits*, e ele decidiu continuar com o projeto. Seis meses depois, antes mesmo que essa pequena empresa tivesse chegado perto de lançar seu primeiro produto, ela foi adquirida pelo Twitter, outro gigante da rede social do Vale do Silício. A batalha por talento, já tão acirrada, estava ficando cada vez mais intensa.

A sede do Facebook no Vale do Silício é o *campus* corporativo que mais se parece com uma Disneylândia. Graças a uma equipe rotativa de muralistas, escultores, serigrafistas e outros artistas residentes, cada edifício, quarto, corredor e foyer é cuidadosamente decorado com sua própria extravagância colorida, e entre eles ficam os restaurantes, que se anunciam de forma tão extravagante quanto. A *Big Tony's Pizza* fica em uma esquina, e o *Burger Shack* na outra. No início daquele ano, dentro do *Building 16*, perto da *Teddy's Nacho Royale*, Mark Zuckerberg conversou com os fundadores do DeepMind. Eles compartilhavam uma conexão notável: Peter Thiel, o primeiro investidor do DeepMind e membro do conselho do Facebook. Ainda assim, Zuckerberg não tinha certeza do que pensar da minúscula *startup* de Londres. Ele havia se encontrado recentemente com várias outras *startups* que prometiam o que chamavam de inteligência artificial, e isso parecia ser mais um lance entre muitos.

Assim que a reunião terminou, um engenheiro do Facebook chamado Lubomir Bourdev disse a Zuckerberg que o que eles ouviram foi mais do que apenas uma hipérbole, que Hassabis e Legg haviam se apoderado de uma tecnologia em ascensão. "Esses caras são sérios", disse Bourdev. Um especialista em visão computacional, Bourdev liderava um novo esforço para construir um serviço que pudesse reconhecer automaticamente objetos em fotos e vídeos postados no Facebook. No rastro da AlexNet, assim como tantos outros que viram o aprendizado profundo eclipsar num piscar de olhos os sistemas no qual trabalharam durante anos, ele sabia que as redes neurais mudariam a forma como a tecnologia digital seria construída. Bourdev disse a Zuckerberg que o DeepMind era a empresa que o Facebook deveria adquirir.

Em 2013, isso ainda era uma ideia estranha. A indústria de tecnologia em geral, incluindo a maioria dos engenheiros e executivos do Facebook, nunca tinha ouvido falar de aprendizado profundo e certamente não entendia sua importância crescente. Mais direto ao ponto: o Facebook era uma empresa de rede social. Havia criado essa tecnologia de internet para o aqui e agora, não para uma "inteligência artificial geral" ou qualquer outra tecnologia que provavelmente não alcançará o mundo real nos próximos anos. O lema da empresa era "Mova-se rapidamente e quebre as coisas", um slogan repetido quase infinitamente em pequenas placas espalhadas pelas paredes de seu *campus* corporativo. O Facebook administrava uma rede social que abrangia mais de um bilhão de pessoas em todo o mundo, e a empresa estava voltada para expandir e ampliar esse serviço o mais rápido possível. Ela não fazia o tipo de pesquisa que o DeepMind pretendia fazer, que era mais sobre explorar novas fronteiras do que mover-se rápido e quebrar coisas. Mas agora, depois de se tornar uma das empresas mais poderosas do mundo, Zuckerberg tinha a intenção de competir com as outras — Google, Microsoft, Apple e Amazon — pelo próximo grande sucesso.

É assim que funciona a indústria da tecnologia. As maiores empresas estão presas em uma corrida sem fim em direção à próxima tecnologia transformadora, seja ela qual for. Cada uma tem a intenção de chegar lá primeiro, e se alguém as vencer, elas estarão sob uma pressão ainda maior para chegar lá também, sem demora. Com a aquisição de Geoff Hinton e sua *startup*, o Google havia alcançado o aprendizado profundo primeiro. Em meados de 2013, Zuckerberg decidiu que precisava chegar lá também, mesmo que estivesse competindo apenas pelo segundo lugar. Não importava que o Facebook fosse apenas uma rede social. Não importava que o aprendizado profundo não fosse uma escolha óbvia para nada além da segmentação de anúncios e reconhecimento de imagem nessa rede social. Não importava que a empresa não fizesse realmente pesquisas de longo prazo. Zuckerberg pretendia trazer pesquisas de aprendizado profundo para o Facebook. Esse foi o trabalho que ele deu ao homem que todos chamavam de Schrep.

Mike Schroepfer havia ingressado no Facebook cinco anos antes como chefe de engenharia, depois que Dustin Moskovitz, o colega de quarto de Zuckerberg em Harvard e cofundador da empresa, deixou o cargo. Ele usava óculos de aro preto e um corte de cabelo curto, como o de César, que combinava com o usado por Zuckerberg. Quase dez anos mais velho que o CEO do Facebook, Schrep era um veterano do Vale do Silício que estudou em Stanford ao lado de outros veteranos. Ele começou a trabalhar como diretor de tecnologia da Mozilla, a empresa que desafiou o monopólio da Microsoft e de seu navegador Internet Explorer no início dos anos 2000. Quando ele se mudou para o Facebook, seu trabalho principal era garantir que o hardware e o software que suportam a maior rede social do mundo pudessem lidar com a carga conforme ela se expandia de 100 milhões de pessoas para 1 bilhão e além. Mas em 2013, quando ele foi promovido a diretor de tecnologia, suas prioridades mudaram. Agora sua tarefa era empurrar o Facebook para áreas totalmente novas da tecnologia. "Este é um dos muitos exemplos em que Mark formou uma visão bastante clara do futuro", disse Schrep mais tarde. O que ele não disse foi que o Google já havia chegado à mesma conclusão.

No fim das contas, Zuckerberg e Schroepfer fizeram uma oferta malsucedida à DeepMind. Hassabis disse aos colegas que não sentia nenhuma química com Zuckerberg, que não entendia muito bem o que o fundador do Facebook estava tentando fazer com o DeepMind e que o laboratório não se encaixaria na cultura corporativa obcecada por crescimento do Facebook. Mas o maior problema — para Hassabis, Legg e Suleyman — era que Zuckerberg não compartilhava de suas preocupações éticas sobre o surgimento da inteligência artificial, seja em curto ou longo prazo. Ele se recusou a aceitar uma cláusula contratual que garantia que a tecnologia do DeepMind seria supervisionada por um conselho de ética independente. "Poderíamos ter ganhado mais dinheiro — se estivéssemos buscando apenas o dinheiro", diz Legg. "Mas não estávamos."

Ian Goodfellow, um pesquisador da Universidade de Montreal que em breve se tornaria um dos maiores nomes da área, estava entre os muitos pesquisadores que o Facebook recrutou durante esse tempo, e quando se encontrou com o CEO do Facebook em uma visita à sede da empresa, ele ficou impressionado com quanto tempo Zuckerberg gastou falando sobre o DeepMind. "Acho que deveria ter me ocorrido", diz Goodfellow, "que ele estava pensando em adquiri-la". Mas como vislumbrava o mesmo futuro tecnológico do Google, o Facebook enfrentou um problema ao estilo "o ovo ou a galinha": não atraía pesquisadores de ponta porque não tinha um laboratório de pesquisa, e não tinha um laboratório de pesquisa porque não atraía pesquisadores de ponta. O grande achado deles foi Marc'Aurelio Ranzato. Ex-violinista profissional de Pádua, Itália, Ranzato havia entrado no mundo da tecnologia porque não conseguia ganhar a vida como músico e achava que poderia se reinventar como engenheiro de gravação. Em algum lugar ao longo do caminho, isso o levou até a IA de sons e imagens. O italiano magro de fala mansa estudou com LeCun na NYU e depois com Hinton na Universidade de Toronto, tornando-se presença frequente nos workshops de computação neural que Hinton organizou no final dos anos 2000. Assim que o Google Brain foi criado, Andrew Ng o trouxe para o laboratório como uma de suas primeiras contratações. Ele estava entre os pesquisadores que trabalharam no *Cat Paper* e no novo serviço de fala do Android. Então, no verão de 2013, o Facebook ligou.

108 CRIADORES DE GÊNIOS

Naquele ano, o Facebook sediou o *Bay Area Vision Meeting*, um encontro anual de pesquisadores de visão computacional de todo o Vale do Silício. Este minissimpósio foi organizado por Lubomir Bourdev, o engenheiro do Facebook que incentivou Zuckerberg a comprar o DeepMind, e quando um colega do Facebook sugeriu que Ranzato seria o palestrante perfeito, Bourdev marcou um encontro com o jovem pesquisador italiano para almoçar na sede do Google, em torno de 11km ao sul do *campus* do Facebook, ao longo da *Highway* 101. Inicialmente, Ranzato presumiu que Bourdev estava procurando um emprego no Google, mas conforme o almoço avançava, ficou claro que não apenas o engenheiro do Facebook queria que Ranzato falasse no *Bay Area Vision Meeting*, mas também que ele se juntasse ao Facebook. Ranzato objetou. Embora ele não estivesse completamente feliz com o Google Brain — ele passava mais tempo no trabalho de engenharia e menos no tipo de pesquisa criativa que preferia —, o Facebook não parecia uma melhoria. Eles nem tinham um laboratório de IA. Mas nas semanas seguintes, com telefonemas e e-mails, Bourdev continuou insistindo.

A certa altura, Ranzato ligou para seu antigo conselheiro de pós-graduação, Yann LeCun, para falar sobre a oferta do Facebook. LeCun não aprovou. Em 2002, ele estava em uma posição semelhante. O Google, na época com apenas quatro anos, ofereceu a LeCun um emprego como chefe de pesquisa, e ele recusou a proposta porque se preocupava com sua capacidade de pesquisa limitada (na época, o Google tinha apenas cerca de seiscentos funcionários). "Estava claro que o Google estava em uma trajetória muito boa, mas não na escala em que pudesse se dar ao luxo de fazer pesquisas", lembrou ele mais tarde. Além disso, o Google parecia estar mais focado nos resultados de curto prazo do que em planejamentos de longo prazo. Muitos viram isso como um dos principais pontos fortes da empresa. Foi isso que permitiu ao Google implantar seu mecanismo de aprendizado profundo de fala em telefones Android dentro de apenas seis meses, ultrapassando a Microsoft e a IBM e conquistando um mercado considerável. Mas tal foco em resultados imediatos preocupava LeCun na época, e continuava preocupando-o hoje em dia, considerando o fato de que o Facebook parecia estar operando da mesma maneira. "Eles não fazem pesquisas", disse LeCun a Ranzato. "Certifique-se de que você possa, de fato, fazer pesquisas."

Ainda assim, Ranzato concordou em se encontrar com Bourdev novamente, desta vez na sede do Facebook, e perto do final de sua visita à tarde, Bourdev disse que havia outra pessoa que ele gostaria que Ranzato conhecesse. Eles atravessaram o *campus*, entraram em outro prédio e, ao se aproximarem de uma sala de conferências com paredes de vidro, lá estava Mark Zuckerberg. Poucos dias depois, Ranzato concordou em ingressar na empresa. Prometendo construir um laboratório para pesquisas de longo prazo, Zuckerberg deu a Ranzato uma mesa ao lado da sua. Nos anos que se seguiram, isso se tornou uma parte fundamental da maneira como Zuckerberg e Schroepfer impulsionaram a empresa para novas áreas tecnológicas, do aprendizado profundo à realidade virtual. Cada novo grupo sentou-se ao lado do chefe. "Posso dar um tapinha no Mark e no Sheryl [Sandberg] sem sair da minha mesa", diz Schrep, "e a equipe de IA ficava bem ao nosso lado". No começo, isso incomodou alguns da empresa. O resto do grupo de cérebros do Facebook sentiu que um laboratório de pesquisa de longo prazo plantado ao lado de Zuckerberg entraria em conflito com a cultura "Mova-se rápido e quebre as coisas" da empresa e espalharia ressentimento entre a base. Mas no Facebook, Zuckerberg mandava. Ele era o fundador e CEO e, ao contrário da maioria dos CEOs, controlava a maioria das ações com direito a voto no conselho de administração.

Um mês depois, Zuckerberg ligou para Yann LeCun. Ele explicou o que a empresa estava fazendo e pediu ajuda. LeCun ficou lisonjeado, principalmente quando Zuckerberg fez questão de dizer que havia lido os artigos de pesquisa dele. Mas ele disse que estava feliz como acadêmico em Nova York e que não podia fazer muito mais do que dar alguns conselhos. "Posso ser seu consultor", disse ele. "Mas seria apenas isso." Ele teve conversas semelhantes com Schrep no passado, e sua postura sempre foi a mesma. Zuckerberg, porém, continuou pressionando. O Facebook estava em outro beco sem saída. Schrep abordou vários outros líderes na área, de Andrew Ng a Yoshua Bengio, e ainda assim, a empresa não tinha ninguém para dirigir seu laboratório — alguém com o peso necessário para atrair os melhores pesquisadores do mundo.

Então, no final de novembro, Ranzato disse a Zuckerberg que estava indo para o NIPS. "O que é NIPS?", perguntou Zuckerberg. Ranzato explicou que centenas de pesquisadores de IA se encontrariam em um hotel e cassino no lago Tahoe, e Zuckerberg perguntou se poderia acompanhá-lo. Ranzato disse que isso seria um pouco estranho, visto que Zuckerberg era um ícone da cultura

110 CRIADORES DE GÊNIOS

pop, mas sugeriu que eles poderiam evitar a distração de Zuckerberg entrar casualmente na conferência sem avisar se seu chefe fosse dar um discurso no lago Tahoe. Então, Zuckerberg marcou um discurso com os organizadores da conferência e deu um passo à frente. Sabendo que LeCun estaria no Vale do Silício para um workshop na semana anterior ao NIPS, ele convidou o professor da NYU para jantar em sua casa em Palo Alto.

Zuckerberg morava em uma casa de madeira branca de estilo colonial, aninhada entre as árvores dos bairros cuidadosamente mantidos ao redor da Universidade de Stanford. No jantar com LeCun, apenas entre os dois, Zuckerberg explicou sua grande visão para o uso de IA no Facebook. No futuro, disse ele a LeCun, as interações na rede social seriam impulsionadas por tecnologias poderosas o suficiente para realizar tarefas por conta própria. No curto prazo, essas tecnologias identificariam rostos em fotos, reconheceriam comandos falados e traduziriam entre idiomas. Em longo prazo, "agentes inteligentes" ou "bots" patrulhariam o mundo digital do Facebook, receberiam instruções e as executariam conforme fosse necessário. Precisa de uma reserva de avião? Pergunte a um bot. Encomendar flores para sua esposa? Um bot também pode fazer isso. Quando LeCun perguntou se havia alguma área de pesquisa de IA que não interessasse ao Facebook, Zuckerberg disse: "Provavelmente robótica." Mas todo o resto — tudo no reino digital — estava dentro dos limites.

O maior problema era como Zuckerberg via a *filosofia* da pesquisa corporativa. LeCun acreditava em "abertura" — conceitos, algoritmos e técnicas abertamente compartilhados com a comunidade mais ampla de pesquisadores, não isolados dentro de uma única empresa ou universidade. A ideia era a de que essa livre troca de informações acelerasse o andamento da pesquisa como um todo. Todos podem desenvolver o trabalho de todos os outros. A pesquisa aberta era a norma entre os acadêmicos da área, mas normalmente as grandes empresas de internet tratavam suas tecnologias mais importantes como segredos comerciais, protegendo zelosamente os detalhes de estranhos. O Facebook, explicou Zuckerberg, era a grande exceção. A empresa cresceu na era do software de código aberto — um código de software compartilhado gratuitamente na internet — e expandiu esse conceito por toda a extensão de seu império tecnológico. Ele até compartilhou os designs do hardware customizado dentro dos enormes centros de dados de computador que proporcionavam o Facebook para o mundo.[3] Zuckerberg acreditava que o valor do Facebook estava nas pessoas que usavam a rede social, não no software ou no hardware. Mesmo com a matéria-prima, ninguém poderia recriá-la, mas se a empresa compartilhasse a matéria-prima, outros poderiam ajudar a melhorá-la. LeCun e Zuckerberg estavam em um território comum.

No dia seguinte, LeCun visitou a sede do Facebook para conversar com Zuckerberg, Schrep e outros no "The Aquarium" (O Aquário), a sala de conferências com paredes de vidro onde o chefe do Facebook realizava suas reuniões. Nesse ponto, Zuckerberg não mediu palavras. "Precisamos de você para construir um laboratório de IA no Facebook", disse ele. LeCun disse que tinha duas condições: "Não vou me mudar de Nova York. E não vou deixar meu emprego na NYU." Zuckerberg concordou com ambas — na hora. Nos dias seguintes, a empresa também contratou Rob Fergus, outro professor da NYU, que acabara de ganhar a última edição do concurso ImageNet ao lado de um jovem estudante de graduação chamado Matt Zeiler. Então Zuckerberg voou para a NIPS. Depois de revelar seu novo laboratório na festa privada do Facebook na noite anterior, revelou a notícia para o resto do mundo com seu discurso no salão principal ao início da conferência.

QUANDO Geoff Hinton vendeu sua empresa para o Google, ele conseguiu manter seu cargo de professor na Universidade de Toronto. Ele não queria abandonar seus alunos ou deixar aquela que agora era sua cidade natal. Foi um arranjo único. Anteriormente, o Google sempre insistiu em que todos os acadêmicos que empregava tirassem uma licença de suas universidades ou desistissem delas por completo. Mas Hinton não aceitaria isso, embora o novo acordo não fosse exatamente vantajoso financeiramente. "Percebi que a Universidade de Toronto estava me pagando menos do que seria a minha aposentadoria", diz ele. "Então eu estava pagando a eles para poder dar aulas." A maior despesa da DNNresearch, a *startup* de Hinton, foi o dinheiro que ele pagou ao advogado que negociou seu contrato com o Google — cerca de US$400 mil. Esse contrato definiu o modelo para LeCun e tantos outros acadêmicos que seguiram Hinton na indústria. Muito parecido com Hinton, LeCun dividia seu tempo entre a NYU e o Facebook, embora a proporção fosse muito diferente. Ele passava um dia por semana na universidade e quatro na empresa.

112 CRIADORES DE GÊNIOS

Como a maioria dos principais pesquisadores em lugares como Google e Facebook vieram da academia — e muitos permaneceram acadêmicos, pelo menos em parte —, a visão de pesquisa aberta de Yann LeCun se tornou a norma. "Não sei fazer pesquisa a menos que seja aberta, a menos que façamos parte da comunidade de pesquisa", diz LeCun. "Porque se você fizer isso em segredo, obterá pesquisas de má qualidade. Você não pode atingir o melhor de si sozinho. Você não terá pessoas que podem te obrigar a se aperfeiçoar." Até mesmo veteranos como Jeff Dean,[4] que foram educados na cultura empresarial de confidencialidade, perceberam as vantagens da abertura. O Google começou a compartilhar sua pesquisa tão abertamente quanto o Facebook ou qualquer outro gigante da tecnologia, publicando artigos de pesquisa descrevendo suas tecnologias mais recentes e até mesmo abrindo o código de muitos de seus softwares. Isso acelerou o desenvolvimento dessas tecnologias e ajudou a atrair pesquisadores de ponta, o que otimizou ainda mais o processo.

O perdedor nesse admirável mundo novo foi a Microsoft. A empresa viu o crescimento do aprendizado profundo em primeira mão quando Hinton e seus alunos juntaram forças com Li Deng no reconhecimento de fala, e adotaram a tecnologia dentro de seus laboratórios de fala nos Estados Unidos e na China. No final de 2012, depois que o Google lançou seu novo mecanismo de fala em telefones Android, Rick Rashid, chefe de pesquisa da Microsoft,[5] mostrou o próprio trabalho de fala da empresa em um evento na China, revelando um protótipo que poderia pegar palavras faladas e traduzi-las em outras línguas. Ele gostava de dizer que muitos dos presentes choraram ao ver e ouvir o que a tecnologia podia fazer. Então, no outono de 2013, o pesquisador de visão Larry Zitnick, de longa data na Microsoft, recrutou Ross Girshick, aluno de graduação de Berkeley, para construir um novo laboratório de visão computacional dedicado ao aprendizado profundo. Ele ficou impressionado com uma palestra em que Girshick descreveu um sistema que impulsiona o reconhecimento de imagem para além do que Hinton e seus alunos demonstraram no dezembro anterior. Entre os que se juntaram a eles estava uma jovem pesquisadora chamada Meg Mitchell, que começou a aplicar técnicas semelhantes à linguagem. Mitchell, uma californiana do sul que estudou linguística computacional na Escócia, mais tarde se tornaria uma figura-chave no movimento do aprendizado profundo depois de dizer à *Bloomberg News* que a inteligência artificial sofria de uma "maré de machos" — que essa nova espécie de tecnologia cairia aquém de sua promessa porque fora construída quase inteiramente por homens. Era um problema que viria a assombrar as grandes empresas da internet, incluindo a Microsoft. No momento, esses três pesquisadores estavam trabalhando para construir sistemas que pudessem ler fotos e gerar legendas automaticamente. Mas, embora o laboratório tentasse acompanhar o clima cultural da época — a equipe trabalhava em mesas lado a lado em uma área aberta do escritório, um arranjo no estilo do Vale do Silício que ainda era incomum dentro da *Microsoft Research* —, o progresso era lento. Parte do problema era que eles estavam treinando suas redes neurais com apenas algumas máquinas GPU enfiadas embaixo de suas mesas. A outra parte é que eles estavam usando o software "errado".

Nos anos 1990, quando a empresa dominava o mercado mundial de softwares, seu carro-chefe era o sistema operacional Windows, um sistema que rodava em mais de 90% dos PCs domésticos e corporativos do mundo e na maioria dos servidores de aplicativos online dentro dos centros de dados mundiais. Mas em 2014, o profundo compromisso da Microsoft com o Windows estava pesando na empresa. A nova onda de empresas de internet e cientistas da computação não usava o Windows. Eles usavam o Linux, o sistema operacional de código aberto que era livre para uso e modificação. O Linux fornecia um meio muito mais barato e flexível de construir os sistemas amplamente distribuídos que definiram a era da internet, incluindo o aprendizado profundo. Ao criar esses sistemas, a comunidade mundial de pesquisadores de IA negociou livremente todos os tipos de blocos de construção baseados no Linux, e esses pesquisadores da Microsoft ficaram presos ao Windows, gastando muito do seu tempo apenas tentando encontrar a próxima gambiarra que permitisse que essas ferramentas do Linux fossem executadas em um sistema operacional da Microsoft.

Então, quando o Facebook ligou, eles foram embora. O Facebook ofereceu a chance de construir essa nova IA muito mais rápido, de colocá-la no mercado muito mais cedo e, principalmente, de se conectar a todo o trabalho já em andamento no Google e em tantas outras empresas e laboratórios acadêmicos. Essa não foi uma corrida armamentista como a que a Microsoft havia vencido nos anos 1990. Foi uma corrida armamentista em que as empresas abriram mão das armas — ou pelo menos de muitas delas. A Microsoft viu o que estava acontecendo, e então a concorrência roubou sua vantagem. O Facebook contratou Girshick e Zitnick. E Meg Mitchell foi para o Google.

Outro desafio — e não apenas para a Microsoft — era a enorme despesa de recrutar e manter os melhores pesquisadores. Como o talento nesse campo era muito raro — e seu preço havia sido definido pelas aquisições da DNNresearch e do DeepMind pelo Google —, os gigantes da indústria pagaram milhões, ou até dezenas de milhões, de dólares aos pesquisadores em um período de quatro ou cinco anos, incluindo salário, bônus e ações da empresa. Certo ano, de acordo com as contas financeiras anuais do DeepMind na Grã-Bretanha, seus custos com funcionários totalizaram US$260 milhões para apenas 700 pessoas.[6] Isso dava US$371 mil por funcionário. Mesmo jovens doutores, recém-saídos da faculdade, poderiam faturar US$500 mil por ano, e as estrelas da área poderiam demandar ainda mais, em parte por causa de suas habilidades únicas, mas também porque seus nomes poderiam atrair outras pessoas com as mesmas habilidades. Como Peter Lee, vice-presidente da Microsoft, disse à *Bloomberg Businessweek*,[7] o custo de aquisição de um pesquisador de IA era semelhante ao custo de aquisição de um quarterback da NFL. E para agravar essa atmosfera feroz, houve a ascensão de outro jogador. Depois que o Facebook revelou seu laboratório de pesquisa e o Google adquiriu o DeepMind, foi anunciado que Andrew Ng administraria laboratórios no Vale do Silício e em Pequim — para a Baidu.[8]

8

HYPE

"O SUCESSO ESTÁ GARANTIDO."

Em 2012, Alan Eustace estava em um voo cruzando o país, lendo uma daquelas revistas de cortesia que você encontra no bolso de trás de um assento de avião, quando se deparou com o perfil do audacioso austríaco Felix Baumgartner. Baumgartner e sua equipe estavam planejando um salto da estratosfera, construindo um novo tipo de cápsula que o levaria aos céus como se ele fosse um astronauta. Mas Eustace achou que eles estavam errados. Pensou que seria melhor se tratassem Baumgartner não como um astronauta, mas como um mergulhador: ele tinha certeza de que uma roupa de mergulho era, em última análise, uma maneira mais ágil de fornecer tudo que um ser humano precisa para se manter bem e vivo no ar rarefeito. Felix Baumgartner logo estabeleceu um recorde mundial de paraquedismo quando saltou de uma cápsula cerca de 40 quilômetros acima da Terra.[1] Mas Eustace já pretendia quebrar o recorde. Nos dois anos seguintes, ele passou grande parte de seu tempo livre trabalhando com uma empresa de engenharia privada para construir um traje de mergulho de alto nível e tudo o mais de que ele precisaria para superar a marca de Baumgartner. Ele planejava dar o salto no outono de 2014, de um ponto quilômetros acima de uma pista abandonada em Roswell, Novo México. Mas antes disso, ele deu um último salto com o Google.

Depois de comprar Krizhevsky, Sutskever e Hinton por US$44 milhões e o DeepMind por US$650 milhões, Eustace quase conquistou o mercado de pesquisadores obstinados de aprendizado profundo. O que ainda faltava à empresa era o hardware do qual esses pesquisadores precisavam para acelerar seu trabalho de maneira que correspondesse a seu talento e sua ambição, como

116 CRIADORES DE GÊNIOS

Krizhevsky rapidamente descobriu. Ele ganhou o ImageNet com um código escrito que rodava em chips GPU, mas quando chegou a Mountain View, descobriu que a versão do Google de seu código, construída por um pesquisador chamado Wojciech Zaremba, rodava em chips padrões. Tudo o que rodava no *DistBelief*, o sistema de hardware e software personalizado do Google para rodar redes neurais, usava chips padrões. O Google Brain havia passado meses construindo esse sistema, mas Krizhevsky não tinha interesse em usá-lo.

Em seus primeiros dias na empresa, ele saiu e comprou uma máquina GPU em uma loja local de eletrônicos, enfiou-a no armário no final do corredor de sua mesa, ligou-a à rede e começou a treinar suas redes neurais nessa única peça de hardware. Outros pesquisadores colocaram máquinas GPU sob suas mesas. Não era muito diferente da maneira como Krizhevsky trabalhava em seu quarto enquanto ainda estava em Toronto, a única diferença é que agora o Google pagava pela eletricidade. O resto da empresa construiu e executou seu software em toda a vasta rede de centros de dados da empresa utilizando o que pode ter sido a maior coleção privada de computadores do mundo, mas Krizhevsky teve que se contentar com algo muito menor. Os *googlers* que controlavam os centros de dados da empresa não viam motivo para enchê-los com GPUs.

O que esses *googlers* de mentalidade mais convencional não perceberam foi que o aprendizado profundo era o futuro — e que as GPUs podiam acelerar essa tecnologia emergente a uma taxa que os chips de computador comuns não podiam. Isso costumava acontecer dentro de empresas de tecnologia de grandes dimensões, assim como em pequenas empresas: a maioria das pessoas não consegue ver além do que já estão fazendo. Eustace acreditava que o truque era cercar-se de pessoas que pudessem aplicar novos tipos de conhecimento a problemas que pareciam insolúveis com as técnicas antigas. "A maioria das pessoas olha para problemas específicos a partir de um ponto de vista específico, de uma perspectiva específica e de uma história específica", diz ele. "Elas não olham para as interseções de experiências que mudarão o quadro." Foi a mesma filosofia que aplicou ao seu salto da estratosfera. Enquanto ele planejava o salto, sua esposa não queria que ele o fizesse. Ela insistiu que ele gravasse um vídeo de si mesmo explicando por que estava se arriscando, para que ela pudesse mostrar aos filhos caso ele não sobrevivesse. Ele fez o vídeo, mas disse a ela que o risco era mínimo, quase inexistente. Ele e sua equipe haviam encontrado uma nova maneira de dar o salto e, embora os outros não entendessem, ele sabia que funcionaria. "As pessoas me perguntam muito: 'Você é um desses aventureiros destemidos?' Mas eu sou o oposto de um destemido", diz ele. "Eu contrato as melhores pessoas que posso encontrar, e todos nós trabalhamos juntos para basicamente eliminar todos os riscos possíveis, testando todos eles e tentando chegar ao ponto em que o que é aparentemente muito perigoso acaba tornando-se, na verdade, muito seguro."

Sentado em um escritório no final do corredor de Krizhevsky, Jeff Dean sabia que o hardware do Google precisava ser alterado. A empresa não poderia continuar expandindo os limites do aprendizado profundo a menos que reconstruísse o *DistBelief* com base nas GPUs. Então, na primavera de 2014, ele se encontrou com o "chefe de inteligência artificial" do Google, John Giannandrea, conhecido por todos na empresa como "J.G.", que supervisionou o Google Brain e uma equipe irmã de especialistas em IA que ele ajudou a construir durante esses anos. Ele era a pessoa que pesquisadores como Krizhevsky procuravam quando precisavam de mais GPUs embaixo de suas mesas ou no armário no final do corredor. Ele e Jeff Dean sentaram-se para discutir quantos chips gráficos deveriam colocar em um centro de dados gigante para que pesquisadores como Krizhevsky não continuassem pedindo por mais.

A primeira sugestão foi de 20 mil. Então eles decidiram que esse número era muito pequeno. Eles deveriam pedir 40 mil. Mas quando eles enviaram sua solicitação aos contadores minuciosos do Google, ela foi rejeitada imediatamente. Uma rede de 40 mil GPUs custaria à empresa cerca de US$130 milhões e, embora o Google regularmente investisse grandes quantias em seu hardware nos centros de dados, nunca havia investido um valor tão alto quanto esse. Assim, Dean e Giannandrea levaram o pedido a Alan Eustace, que estava prestes a saltar da estratosfera. Eustace na hora compreendeu. Ele levou o pedido para Larry Page e, pouco antes de quebrar o recorde de Baumgartner no paraquedismo em um traje de mergulho, garantiu US$130 milhões em chips gráficos.[2] Menos de um mês depois que os chips foram instalados, todos os 40 mil estavam funcionando 24 horas por dia, treinando uma rede neural após a outra.

---

118 CRIADORES DE GÊNIOS

NESSA época, Alex Krizhevsky estava trabalhando para uma parte completamente diferente da empresa. Em dezembro daquele ano, enquanto visitava seus pais em Toronto durante as férias, ele recebeu um e-mail de uma mulher chamada Anelia Angelova, que queria ajudar com o carro autônomo do Google. Ela não trabalhou no carro autônomo em si, e sim com Krizhevsky no Google Brain. Mas ela sabia que a pesquisa em andamento em visão computacional no laboratório — uma extensão dos esforços de Krizhevsky na Universidade de Toronto — refaria a maneira como a empresa construía seus veículos autônomos. O projeto do carro autônomo do Google, conhecido dentro da empresa como *Chauffeur*, tinha quase cinco anos. Isso significa que o Google passou quase cinco anos construindo veículos autônomos sem a ajuda do aprendizado profundo.

Na Carnegie Mellon no final dos anos 1980, Dean Pomerleau projetou um carro autônomo com a ajuda de uma rede neural, mas quando o Google começou a trabalhar em veículos autônomos, quase duas décadas depois, o coração da comunidade de pesquisa, incluindo os muitos pesquisadores da Carnegie Mellon contratados para o projeto, há muito havia descartado a ideia. Uma rede neural poderia ajudar a construir um carro que dirigisse sozinho pelas ruas vazias, mas não muito mais que isso. Era uma curiosidade, não um caminho para a construção de veículos que pudessem navegar no tráfego pesado como os motoristas humanos fazem. Angelova, porém, não se convenceu. Então, em um prédio de escritórios vazio do Google, depois que todos os outros foram para casa no feriado, ela começou a mexer no aprendizado profundo como uma forma dos carros detectarem pedestres enquanto cruzavam as ruas ou passeavam pelas calçadas. Como tudo isso, para ela, era muito novo, ela procurou o homem que chamava de "o mestre das redes profundas". Ele concordou em ajudar, e, assim, durante o feriado, ela e Krizhevsky construíram um sistema que aprendeu a identificar pedestres analisando milhares de fotos de ruas. Quando a empresa reabriu após o Ano-Novo, eles compartilharam seu novo protótipo com os líderes do projeto automotivo. Foi tão eficaz, que os dois foram convidados para trabalhar no *Chauffeur*, mais tarde rebatizado de Waymo após se transformar em uma empresa própria. O Google Brain acabou dando a mesa de Krizhevsky para um estagiário, porque ele quase nunca a usava. Ele estava sempre no *Chauffeur*.

Os engenheiros do *Chauffeur* o chamavam de "o encantador de IA", e seus métodos logo se espalharam pelo projeto.[3] O aprendizado profundo tornou-se uma forma de o carro do Google reconhecer *qualquer coisa* na estrada, de sinais de parada a marcações de ruas e outros veículos. Krizhevsky chamou isso de "primeiros frutos". Nos anos seguintes, ele e seus colegas levaram a tecnologia para outras partes do sistema de navegação do carro. Treinado com os dados certos, o aprendizado profundo poderia ajudar a planejar uma rota de avanço ou até mesmo prever eventos futuros. A equipe passou os cinco anos anteriores codificando o comportamento do carro manualmente. Eles agora podiam construir sistemas que aprendiam o comportamento por conta própria. Em vez de tentar definir a aparência de um pedestre uma linha de código por vez, eles poderiam treinar um sistema em questão de dias usando milhares de fotos nas ruas. Em teoria, se o Google pudesse reunir dados suficientes — imagens mostrando todos os cenários que um carro pode encontrar na estrada — e, em seguida, alimentá-los em uma rede neural gigante, esse único sistema poderia fazer toda a direção. Esse futuro ainda estava a muitos anos de distância, na melhor das hipóteses. Mas em 2014, esse foi o caminho que o Google tomou.

O momento fazia parte de uma mudança muito maior dentro da empresa. Essa ideia específica — uma rede neural — transformou a maneira como o Google construía tecnologia em seu império crescente, tanto no mundo físico quanto no digital. Com a ajuda desses 40 mil chips GPU, e em breve muitos mais — uma reforma do centro de dados da empresa chamada Projeto *Mack Truck* —, o aprendizado profundo entrou em tudo, desde o aplicativo Google Fotos, onde encontrava objetos em um mar de imagens instantaneamente, até o Gmail, onde ajudava a prever a palavra que você estivesse prestes a digitar. Ele também lubrificou as engrenagens dentro do AdWords, o sistema de anúncios online que gerava grande parte da receita anual de US$56 bilhões da empresa.[4] Ao analisar os dados que mostram em quais anúncios as pessoas clicaram no passado, o aprendizado profundo ajudava a prever no que elas clicarão no futuro. Mais cliques significavam mais dinheiro. O Google estava gastando centenas de milhões de dólares comprando chips GPU — e outros milhões adquirindo pesquisadores —, mas já estava ganhando esses dólares de volta.

Logo, Amit Singhal, chefe da Pesquisa Google, que resistiu veementemente ao aprendizado profundo quando abordado por Andrew Ng e Sebastian Thrun em 2011, reconheceu que a tecnologia da internet estava mudando. Ele e seus engenheiros não tiveram escolha a não ser abrir mão de seu controle rígido sobre como seu mecanismo de busca fora construído. Em 2015, eles revelaram um sistema chamado *RankBrain*,[5] que usava redes neurais para ajudar na escolha dos resultados da pesquisa. Ele ajudou a impulsionar cerca de 15% das consultas de pesquisa da empresa e foi, em geral, mais preciso do que os engenheiros de pesquisa veteranos ao tentar prever o que as pessoas clicariam.[6] Meses depois, Singhal deixou a empresa[7] após ser acusado de assédio sexual e foi substituído como chefe da Pesquisa Google pelo chefe responsável pela inteligência artificial: John Giannandrea.[8]

Em Londres, Demis Hassabis logo revelou que o DeepMind havia construído um sistema que reduzia o consumo de energia na rede de centro de dados do Google utilizando as mesmas técnicas que o laboratório usou para zerar o *Breakout*.[9] Esse sistema decidia quando ligar ou desligar os ventiladores de resfriamento dentro de servidores de computador individuais,[10] quando abrir as janelas dos centros de dados para resfriamento adicional e quando fechá-las, quando usar refrigeradores e torres de resfriamento e quando os servidores poderiam dar conta sem eles. Os centros de dados do Google eram tão grandes, e a tecnologia do DeepMind, tão eficaz, disse Hassabis, que já estava economizando centenas de milhões de dólares para a empresa.[11] Em outras palavras, pagou o custo de aquisição do DeepMind.

O poder do cluster de GPU do Google permitia à empresa experimentar uma miríade de tecnologias em grande escala. Construir uma rede neural era uma tarefa de tentativa e erro, e com dezenas de milhares de chips GPU à disposição, os pesquisadores puderam explorar mais possibilidades em menos tempo. O mesmo fenômeno galvanizou rapidamente outras empresas. Estimulada pelos US$130 milhões em chips gráficos que havia vendido ao Google, a Nvidia se reorganizou em torno da ideia do aprendizado profundo e logo passou a não apenas vender chips para pesquisas de IA, mas também fazer sua própria pesquisa, explorando as fronteiras entre o reconhecimento de imagem e os carros autônomos, na esperança de expandir ainda mais o mercado. Liderada por Andrew Ng, a Baidu explorou tudo, desde novos sistemas de anúncios à tecnologia que poderia prever quando os discos rígidos dentro de seus centros de dados estavam prestes a falhar. Mas a maior mudança foi o surgimento do assistente digital falante. Esses serviços não apenas aceitavam palavras-chave digitadas em um navegador da web e respondiam com alguns links da internet, como um mecanismo de pesquisa. Eles poderiam ouvir suas perguntas e comandos e respondê-los de forma audível, como uma pessoa faria. Depois que o Google refez o reconhecimento de voz em telefones Android, eclipsando o que era possível com a Siri, da Apple, a mesma tecnologia se espalhou pela indústria. Em 2014, a Amazon lançou a Alexa, transferindo essa tecnologia dos telefones para a mesa de centro da sala de estar, e o resto do mercado acompanhou rapidamente. A tecnologia do Google, agora chamada de Google Assistente, funcionava tanto em telefones quanto em dispositivos de mesa de centro. A Baidu, a Microsoft e até o Facebook criaram seus próprios assistentes.

À medida que todos esses produtos, serviços e ideias proliferavam e os publicitários dessas e de tantas outras empresas de tecnologia os promoviam com a hipérbole usual, "inteligência artificial" se tornou o termo da década, repetido *ad infinitum* em comunicados à imprensa, sites, blogs e notícias. Como sempre, foi um termo carregado. Para o público em geral, a "inteligência artificial" reviveu os tropos da ficção científica — computadores que conversavam, máquinas sencientes, robôs antropomórficos que podiam fazer qualquer coisa que um ser humano faz e podem acabar destruindo seus criadores. O fato de a imprensa ter evocado filmes como *2001: Uma Odisseia no Espaço* e *O Exterminador do Futuro* nas manchetes, fotos e histórias que buscavam descrever a nova onda de tecnologia não ajudaram muito. Era o dilema de Frank Rosenblatt e do Perceptron outra vez. À medida que o aprendizado profundo se destacava, o mesmo acontecia com a noção de um carro autônomo. E quase no mesmo momento, uma equipe de acadêmicos da Universidade de Oxford divulgou um estudo prevendo que as tecnologias automatizadas em breve ocupariam uma posição gigantesca no mercado de trabalho.[12] De alguma forma, estava tudo misturado em um ensopado enorme e transbordante de avanços tecnológicos muito reais, um *hype* infundado, previsões extravagantes e preocupações com o futuro. "Inteligência artificial" era o termo que descrevia tudo isso.

A imprensa precisava de heróis para sua narrativa da IA. Ela escolheu Hinton, LeCun, Bengio e, às vezes, Ng, em grande parte graças aos esforços promocionais do Google e do Facebook. A narrativa não se estendeu a Jürgen Schmidhuber, o pesquisador alemão que vivia em lago Lugano e que conduziu a cruzada pelas redes neurais na Europa durante os anos 1990 e 2000. Alguns questionaram a exclusão de Schmidhuber, incluindo o próprio Schmidhuber.

122 CRIADORES DE GÊNIOS

Depois que Hinton, LeCun e Bengio publicaram um artigo sobre a ascensão do aprendizado profundo na *Nature*, ele escreveu uma crítica argumentando que "os canadenses" não eram tão influentes quanto pareciam ser — que haviam construído seu trabalho com base nas ideias de outros que trabalham na Europa e no Japão. E quando Ian Goodfellow apresentou seu artigo sobre GANs na mesma época, Schmidhuber levantou-se na plateia e o repreendeu por não citar trabalhos semelhantes na Suíça nos anos 1990. Ele fazia esse tipo de coisa com tanta frequência, que se tornou seu próprio verbo, como em: "Você foi *Schmidhuberado*."[13] Mas ele dificilmente era o único tentando reivindicar o crédito pelo que estava acontecendo. Depois que a comunidade passou anos ignorando suas ideias, muitos pesquisadores de aprendizado profundo sentiram o desejo de alardear suas próprias contribuições pessoais para uma revolução tecnológica muito real. "Todo o mundo tem um pequeno Trump dentro de si", diz Hinton. "Você pode ver isso em si mesmo, e é bom estar ciente."

Uma exceção era Alex Krizhevsky. Como disse Hinton: "Ele não tem Trump o suficiente dentro dele." Sentado em sua mesa no *Chauffeur*, Krizhevsky estava no centro desse boom da IA, mas ele não via seu papel como tão importante e não via nada disso como inteligência artificial. Era aprendizado profundo, e o aprendizado profundo era apenas matemática, reconhecimento de padrões ou, como ele chamava, "regressão não linear". Essas técnicas já existiam há décadas. O que aconteceu foi apenas que pessoas como ele haviam aparecido na hora certa, quando havia dados e capacidade de processamento suficientes para fazer tudo funcionar. As tecnologias que ele construiu não eram de forma alguma inteligentes. Elas funcionavam apenas em situações muito particulares. "O aprendizado profundo não deve ser chamado de IA", diz Krizhevsky. "Fui para a pós-graduação estudar definição de curva, não IA." O que ele fez, primeiro no Google Brain e depois no projeto do carro autônomo, foi aplicar a matemática a novas situações. Isso era muito diferente de qualquer esforço para recriar o cérebro — e longe dos medos vagos de que algum dia as máquinas sairiam de nosso controle. Era ciência da computação. Mais pessoas concordavam com ele, mas essa não foi uma visão que ganhou as manchetes. A voz mais alta pertencia a seu antigo colega de laboratório em Toronto, Ilya Sutskever.

EM 2011, enquanto ainda estava na Universidade de Toronto, Sutskever voou para Londres para uma entrevista de emprego no DeepMind. Ele se encontrou com Demis Hassabis e Shane Legg perto da Russell Square, e enquanto os três homens conversavam, Hassabis e Legg explicaram o que estavam tentando fazer. Eles disseram que estavam construindo uma AGI — inteligência artificial geral — e estavam começando com sistemas que jogavam. Enquanto ouvia, Sutskever pensou que eles haviam perdido o contato com a realidade. AGI não era algo sobre o qual pesquisadores sérios falassem a respeito. Ele, portanto, recusou um emprego na empresa e voltou para a universidade, mas acabou no Google. Contudo, uma vez dentro da empresa, ele percebeu que a própria natureza da pesquisa em IA estava mudando. Não se tratava mais de uma ou duas pessoas em um laboratório acadêmico mexendo em uma rede neural. Tratavam-se de grandes equipes de pessoas, todas trabalhando em direção a grandes objetivos comuns, com grande capacidade de computação por trás deles. Ele sempre teve grandes ideias, e quando mudou para o Google Brain, as ideias ficaram maiores. Depois de passar dois meses nos escritórios do DeepMind como parte de uma cooperação transatlântica entre o laboratório de Londres e o Google Brain, Sutskever passou a acreditar que a única maneira de fazer um progresso real era alcançar o que parecia inalcançável. O que ele tinha em mente era diferente do imaginado por Jeff Dean (que estava mais preocupado em causar impacto imediato no mercado), e era diferente do sonhado por Yann LeCun (que pretendia olhar para o futuro com sua pesquisa, mas nunca longe demais). Era muito mais semelhante às visões articuladas pelos fundadores do DeepMind. Ele falava como se o futuro distante estivesse muito próximo — máquinas que poderiam superar os humanos, centros de dados de computador que poderiam construir outros centros de dados de computador. Tudo o que ele e seus colegas precisavam era de mais dados e mais poder de processamento. Então eles poderiam treinar um sistema para fazer *qualquer coisa* — não apenas dirigir um carro, mas ler, falar e pensar. "Ele é alguém que não tem medo de acreditar", diz Sergey Levine, um pesquisador de robótica que trabalhou ao lado de Sutskever no Google durante esses anos. "Tem muita gente que não tem medo, mas ele, especialmente, não tem medo nenhum."

Na época em que Sutskever ingressou no Google, o aprendizado profundo havia remodelado tanto o reconhecimento de voz quanto de imagem. O próximo grande passo era a *tradução automática* — uma tecnologia que pudesse traduzir instantaneamente qualquer idioma para outro. Esse era um problema mais difícil. Não envolvia identificar uma única coisa, como um cachorro em uma foto. Envolvia pegar uma *sequência de coisas* (como as palavras que compunham uma frase) e convertê-la em outra sequência (a tradução dessa frase). Isso exigiria um tipo muito diferente de rede neural, mas Sutskever acreditava que uma solução não estava longe, e ele não estava sozinho. Dois colegas do Google Brain compartilhavam da sua visão. Em lugares como a Baidu e a Universidade de Montreal, outros também estavam começando a andar pelo mesmo caminho.

O Google Brain já havia explorado uma tecnologia chamada "incorporação de palavras".[14] Isso envolveu o uso de uma rede neural para construir um mapa matemático da língua inglesa, analisando uma vasta coleção de textos — artigos de notícias, artigos da Wikipedia, livros autopublicados — para mostrar a relação entre cada palavra do idioma e todas as outras. Não era exatamente um mapa que você conseguiria visualizar. Não tinha duas dimensões, como um mapa de estrada, ou três dimensões, como um videogame. Tinha milhares de dimensões, como nada que você já viu ou poderia ter visto. Nesse mapa, a palavra "Harvard" era semelhante às palavras "universidade", "Ivy" e "Boston", embora essas palavras não fossem linguisticamente relacionadas. O mapa deu a cada palavra um valor matemático que definiu sua relação com o resto da linguagem. Isso foi chamado de "vetor". O vetor para "Harvard" se parecia muito com o vetor para "Yale", mas não eram idênticos. "Yale" estava perto de "universidade" e "Ivy", mas não de "Boston".

O sistema de tradução de Sutskever foi uma extensão dessa ideia.[15] Usando o método *Long Short-Term Memory* (LSTM) desenvolvido por Jürgen Schmidhuber e seus alunos na Suíça, Sutskever alimentou uma rede neural com resmas de texto em inglês *junto com* suas traduções em francês. Ao analisar o texto original e a tradução, essa rede neural aprendeu a construir um vetor para uma frase em inglês e, em seguida, mapeá-lo para uma frase em francês com um vetor semelhante. Mesmo se você não soubesse francês, poderia ver a eficiência da matemática. O vetor para "Maria admira João" era muito parecido com aqueles para "Maria está apaixonada por João" e "Maria respeita João" — e muito diferente daquele para "João admirava Maria". O vetor para "Ela me deu um cartão no jardim" correspondia aos de "Recebi um cartão dela no jardim" e "No jardim, ela me deu um cartão". No final daquele ano, o sistema construído por Sutskever e seus colaboradores superou o desempenho de qualquer outra tecnologia de tradução, pelo menos em relação à pequena coleção de traduções em inglês e francês na qual estavam testando.

Em dezembro de 2014, de volta à conferência NIPS, dessa vez em Montreal, Sutskever apresentou um artigo descrevendo seu trabalho para uma sala cheia de pesquisadores do mundo inteiro.[16] A força do sistema, disse ele ao público, era sua simplicidade. "Usamos uma inovação mínima para resultados máximos", disse ele, enquanto os aplausos ecoavam na multidão, pegando-o de surpresa. O poder de uma rede neural, explicou, era que você poderia alimentá-la com dados e ela aprenderia o comportamento por conta própria. Embora treinar esses sistemas matemáticos às vezes fosse como magia das trevas, esse projeto não era. "O sistema queria funcionar", disse Sutskever. Ele recebeu os dados, treinou por um tempo e deu resultados sem todas as tentativas e erros habituais. Mas Sutskever não via isso apenas como um avanço na tradução, e sim como um avanço para *qualquer problema de IA que envolvesse uma sequência*, desde a geração automática de legendas para fotos até o resumo instantâneo de um artigo de notícias com uma ou duas frases. Qualquer coisa que um humano pudesse fazer em uma fração de segundo, disse ele, uma rede neural também poderia. Ela só precisava dos dados certos. "A verdadeira conclusão é que, se você tiver um conjunto de dados muito grande e uma rede neural muito grande", disse ele ao público, "o sucesso está garantido".

Geoff Hinton assistiu ao discurso do fundo da sala. Como disse Sutskever, "o sucesso está garantido", ele pensou: "Só Ilya poderia se safar com essa." Alguns pesquisadores se irritaram com a audácia da afirmação, mas outros foram atraídos por ela. De alguma forma, Sutskever conseguia dizer isso sem criar muito ressentimento. Era quem ele era, e embora fosse ridiculamente arrogante vindo de outra pessoa, era de alguma forma genuíno quando vinha dele. E há também o fato de que estava certo — pelo menos quando se tratava de tradução. Ao longo dos dezoito meses seguintes, o Google Brain pegou esse protótipo e o transformou em um sistema comercial usado por milhões de pessoas, um eco do que o laboratório havia feito com o protótipo de fala de Navdeep Jaitly três anos antes. Mas aqui o laboratório mudou a equação de uma forma que começaria outra tendência na área e, no fim das contas, ampliaria as ambições de Ilya Sutskever e muitos outros.

126 CRIADORES DE GÊNIOS

"PRECISAMOS de outro Google", disse Jeff Dean a Urs Hölzle, o cientista da computação suíço que supervisionou os centros de dados da empresa. Era verdade. Nos meses após o Google lançar seu novo serviço de reconhecimento de voz em telefones Android selecionados, Dean percebeu que havia um problema: se o Google continuasse a expandir o serviço e eventualmente alcançasse mais de 1 bilhão de telefones Android em todo o mundo, e aquele bilhão de telefones usasse o serviço apenas três minutos por dia, a empresa precisaria do dobro de centro de dados para lidar com todo o tráfego extra. Esse foi um problema de proporções épicas. O Google já operava mais de quinze centros de dados — da Califórnia à Finlândia e Cingapura —, cada um construído a um custo de centenas de milhões de dólares.[17] Durante uma reunião oficial com Hölzle e alguns outros *googlers* especializados na infraestrutura dos centros de dados, Dean, no entanto, sugeriu uma alternativa: eles poderiam construir um novo chip de computador apenas para trabalhar com redes neurais.

O Google tinha um longo histórico de construção de seu próprio hardware para seus centros de dados.[18] Seus centros de dados eram tão grandes e sugavam tanta energia elétrica, que Hölzle e sua equipe passaram anos projetando servidores de computador, equipamentos de rede e outros equipamentos que pudessem fornecer os serviços do Google de maneiras mais baratas e eficientes. Esse empreendimento pouco discutido prejudicou fabricantes de hardware comercial como HP, Dell e Cisco e, por fim, tirou grande parte de seu negócio principal. À medida que o Google construía seu próprio hardware, não precisava comprar no mercado aberto, e à medida que Facebook, Amazon e outros seguiram o exemplo,[19] esses gigantes da internet criaram uma indústria fantasma de hardware de computador. Mas o Google nunca havia ido tão longe a ponto de construir seu próprio chip de computador, nem seus rivais. Isso exigia um nível adicional de experiência e investimento que simplesmente não fazia sentido economicamente. Empresas como a Intel e a Nvidia produziam chips em escala tão grande, que o custo não era algo que o Google poderia equiparar, e os chips cumpriam suas funções. Foram os chips GPU da Nvidia que impulsionaram o surgimento do aprendizado profundo, ajudando a treinar sistemas como o serviço de fala Android. Mas agora Dean estava lidando com um novo problema. Depois de treinar o serviço, ele precisava de uma maneira mais eficiente de *executá-lo* — disponibilizando-o pela internet, entregando-o ao mundo como um todo. Dean podia fazer isso com GPUs ou processadores padrão, mas nenhum dos dois era tão eficiente quanto ele precisava que fosse. Então ele e sua equipe construíram um novo chip apenas para executar redes neurais. Eles reuniram fundos de vários outros grupos do Google, incluindo os da Pesquisa Google. A essa altura, todos haviam visto o que o aprendizado profundo poderia fazer.

Durante anos, o Google projetou hardware de centro de dados em um laboratório semissecreto em Madison, Wisconsin. Hölzle — um ex-professor de ciência da computação com um brinco de diamante e um cabelo curto e grisalho — viu esse trabalho como a verdadeira vantagem competitiva da empresa, protegendo zelosamente os designs dos olhos de rivais como Facebook e Amazon. Madison era um lugar isolado que, no entanto, atraia um fluxo constante de talentos da escola de engenharia da Universidade de Wisconsin. Dean e Hölzle exploraram esses talentos para o novo projeto de chip ao mesmo tempo em que contrataram engenheiros de chips experientes de empresas do Vale do Silício, como a HP. E o resultado foi a unidade de processamento de tensor, ou TPU. Ela foi projetada para processar os tensores — objetos matemáticos — que sustentam uma rede neural. O truque é que seus cálculos eram *menos precisos* do que os de processadores típicos.[20] O número de cálculos feitos por uma rede neural era tão vasto, que cada cálculo não precisava ser exato. Ela lidava com números inteiros, em vez de números em ponto flutuante. Em vez de multiplicar 13,646 por 45,828, a TPU cortava as casas decimais e multiplicava apenas 13 por 45. Isso significava que poderia realizar trilhões de cálculos extras a cada segundo — exatamente aquilo de que Dean e sua equipe precisavam, não apenas para o serviço de fala, mas também para a tradução.

O que Sutskever produziu servia enquanto pesquisa, e não como um produto pronto para consumo em massa. Seu sistema funcionava bem com palavras comuns, mas não com vocabulários maiores, e não podia realmente competir com o serviço de tradução existente — construído com aquelas boas e velhas regras e estatísticas — que o Google oferecia na internet por mais de uma década. Mas, graças a todos os dados que ele reuniu, a empresa coletou uma vasta gama de traduções que poderiam ajudar a treinar uma rede neural muito maior usando os métodos demonstrados por Sutskever e seus colegas pesquisadores. Seu *corpus* era algo entre cem e mil vezes maior do que aquele no qual Sutskever treinou seu sistema.[21] Então, em 2015, Dean chamou três engenheiros para construir um sistema que pudesse aprender com todos esses dados.[22]

O serviço de tradução existente do Google quebrava frases em partes, convertia-as em pedaços de outro idioma e, em seguida, trabalhava para conectar esses fragmentos em um todo coerente — daí as piadas do apresentador de televisão Jimmy Fallon a respeito das frases desconexas, ligeiramente embaralhadas e pouco coerentes do Google Tradutor. Para inglês e francês, sua pontuação BLEU,[23] a forma padrão de medir o desempenho da tradução, estava na casa dos vinte, o que significava que não funcionava muito bem. Isso representou uma melhora de pouco mais de três pontos em quatro anos. Em apenas alguns meses de trabalho, a equipe de Dean construiu uma rede neural que superou o sistema existente em sete pontos.[24] A grande força do método, assim como em todos os métodos de aprendizado profundo, era aprender essa tarefa como uma coisa só. Não havia necessidade de quebrar as frases em pedaços. "De repente, as coisas foram tornando-se mais compreensíveis", diz Macduff Hughes, que supervisionou a equipe que construiu o sistema anterior. "Foi como se alguém tivesse acendido a luz."

Mas havia um problema. Ele demorou dez segundos para traduzir uma frase de dez palavras.[25] Isso nunca daria certo na internet aberta. As pessoas simplesmente não o usariam. Hughes achava que a empresa precisaria de três anos para aprimorar o sistema a ponto de poder entregar traduções sem demora.[26] Dean, no entanto, pensava o contrário.[27] "Podemos fazer isso até o final do ano, se nos empenharmos",[28] disse ele a Hughes durante uma reunião da empresa em um hotel em San Francisco. Hughes estava cético,[29] mas disse a sua equipe para se preparar para um novo serviço até o final do ano. "Não serei eu quem dirá que Jeff Dean não consegue gerar velocidade", disse ele.[30]

Eles estavam competindo contra a Baidu. A gigante chinesa da internet publicou um artigo descrevendo uma pesquisa semelhante vários meses antes e, naquele verão, publicou outro, mostrando desempenho semelhante ao do sistema construído dentro do Google Brain.[31] Conforme Jeff Dean e sua equipe construíam a nova versão do Google Tradutor, eles decidiram que o serviço seria lançado em inglês e chinês. Devido às grandes diferenças entre os dois idiomas, esse foi o pareamento em que o aprendizado profundo proporcionou a maior melhoria. Foi também o pareamento em que a tradução poderia, em longo prazo, proporcionar o maior benefício. Afinal, essas eram as duas maiores economias do mundo. No fim das contas, os engenheiros do Google ultrapassaram o prazo de Dean em três meses, e a diferença era o TPU. Uma frase que, em fevereiro, precisava de dez segundos para ser traduzida em um hardware comum poderia agora ser traduzida em milissegundos com a ajuda do novo chip do Google.[32] Eles lançaram a primeira versão

do serviço logo após o Dia do Trabalho,[33] bem antes da Baidu. "Fiquei surpreso ao ver que funcionava tão bem. Acho que todos ficaram maravilhados", diz Hinton. "Ninguém esperava que funcionasse tão bem tão cedo."

QUANDO Geoff Hinton foi para o Google, ele e Jeff Dean trabalharam em um projeto que chamaram de "Destilação".[34] Era uma maneira de pegar uma das redes neurais gigantes que eles estavam treinando dentro da empresa e, em seguida, reduzir tudo o que ela havia aprendido a um tamanho que permitisse ao Google realmente usá-la em serviços online ao vivo, entregando suas habilidades instantaneamente para pessoas ao redor do mundo. Foi o casamento da longa carreira de Hinton (redes neurais) com a de Dean (computação global). Então Hinton olhou para além das redes neurais, para um esforço novo, e mais complexo, de imitar o cérebro. Foi uma ideia que teve pela primeira vez no final dos anos 1970, e ele a chamou de "rede cápsula". Naquele verão, depois que o Google adquiriu o DeepMind, Hinton planejou passar três meses no laboratório de Londres e decidiu que os gastaria trabalhando nessa velha ideia.

Ele comprou duas passagens no *Queen Mary 2* de Nova York para Southampton, Inglaterra — uma para ele e outra para sua esposa, Jackie Ford, a historiadora da arte com quem se casou no final dos anos 1990 depois que sua primeira esposa, Rosalind, morreu de câncer de ovário. Estava programado para eles partirem de Nova York em um domingo. Na quinta-feira antes de deixarem Toronto, Jackie foi diagnosticada com um câncer de pâncreas avançado. Os médicos deram-lhe cerca de um ano de vida e aconselharam-na a começar a quimioterapia imediatamente. Sabendo que não havia chance de cura, ela decidiu fazer a viagem para a Grã-Bretanha antes de iniciar seu tratamento ao voltarem para Toronto no outono. Sua família e muitos de seus amigos ainda estavam na Inglaterra, e aquela seria sua última chance de vê-los. Então ela e Hinton viajaram para Nova York e partiram para Southampton no domingo. Hinton passou o verão trabalhando nas redes de cápsulas, mas não fez muito progresso.

9

ANTI-HYPE

"ELE PODERIA PRODUZIR ALGO RUIM
POR ACIDENTE."

No dia 14 de novembro de 2014, Elon Musk postou uma mensagem[1] em um site chamado *Edge.org*.[2] Dentro de laboratórios como o DeepMind, disse ele, a inteligência artificial estava melhorando a um ritmo alarmante:

> A menos que você tenha exposição direta a grupos como DeepMind, você não tem ideia de quão rápido está sendo — está crescendo em um ritmo próximo ao exponencial. Existe o risco de algo realmente perigoso acontecer dentro do prazo de cinco anos. Dez anos no máximo. Não é um caso de alarmismo sobre algo que eu não entendo. Não estou sozinho em pensar que devemos nos preocupar. As principais empresas de IA tomaram grandes medidas para garantir segurança. Eles reconhecem o perigo, mas acreditam que podem moldar e controlar as superinteligências digitais e evitar que as vilãs escapem para a internet. Isso é o que veremos...

Em uma hora, a mensagem desapareceu. Mas não era tão diferente do que Musk vinha dizendo há meses, tanto em público quanto em particular.

Um ano antes, minutos depois de se sentar para jantar no Vale do Silício com o repórter Ashlee Vance, da *Bloomberg Businessweek*, Musk disse que seu grande medo era o de que Larry Page estivesse construindo um exército de robôs com inteligência artificial que acabaria destruindo a raça humana.

O problema não era que Page fosse mal-intencionado.[3] Page era um amigo próximo. Musk costumava dormir em seu sofá. O problema era que Page trabalhava com a suposição de que qualquer coisa que o Google construísse faria bem ao mundo.[4] Como Musk disse: "Ele poderia produzir algo ruim por acidente."[5] A conversa permaneceu privada por anos, até que Vance a publicou em sua biografia de Musk, mas logo após o jantar, Musk estava dizendo quase a mesma coisa na TV nacional e nas redes sociais. Durante uma aparição na CNBC, ele invocou *O Exterminador do Futuro*.[6] "Fizeram filmes sobre isso", disse ele. No Twitter, ele chamou a inteligência artificial de "potencialmente mais perigosa do que armas nucleares".[7]

O mesmo tuíte encorajou seus seguidores a ler *Superinteligência: caminhos, perigos, estratégias*,[8] um livro então recém-publicado por um filósofo da Universidade de Oxford chamado Nick Bostrom.[9] Ele acreditava que a superinteligência poderia garantir o futuro da humanidade — ou destruí-lo.[10] "Esse é possivelmente o desafio mais importante[11] e mais assustador que a humanidade já enfrentou", escreveu. "E, quer tenhamos sucesso ou fracassemos, será, provavelmente, o último desafio que enfrentaremos." Sua preocupação era a de que os cientistas projetassem um sistema para aperfeiçoar uma parte específica de nossa vida sem perceber que um dia causaria estragos de maneiras que ninguém tinha o poder de impedir. Sua metáfora frequentemente repetida era a de um sistema projetado para criar tantos clipes de papel quanto possível.[12] Tal sistema, disse ele, poderia transformar "primeiro toda a Terra e, em seguida, cada vez mais porções do espaço em instalações de fabricação de clipes de papel".[13]

Naquele outono, Musk apareceu no palco em uma conferência da *Vanity Fair* na cidade de Nova York alertando o autor Walter Isaacson sobre os perigos da inteligência artificial projetada para o "autoaperfeiçoamento recursivo".[14] Se os pesquisadores projetassem um sistema para combater spam em e-mails,[15] explicou ele, o sistema poderia acabar decidindo que a melhor maneira de eliminar todos os spams seria simplesmente removendo todas as pessoas. Quando Isaacson perguntou se ele usaria seus foguetes SpaceX para escapar desses robôs assassinos, Musk disse que a fuga poderia não ser possível.[16] "Se houver algum cenário de apocalipse", disse ele, "eles poderiam seguir as pessoas para fora da Terra".[17]

ANTI-HYPE 133

Algumas semanas depois, Musk postou sua mensagem no *Edge.org*, um site supervisionado por uma organização que explorava novas ideias científicas e organizava um encontro anual chamado *Billionaires Dinner* (Jantar dos Bilionários), que incluía figuras como Musk, Larry Page, Sergey Brin e Mark Zuckerberg, e logo ficou envolta em polêmicas depois que o bilionário Jeffrey Epstein,[18] um de seus principais financiadores, foi preso por tráfico sexual e se matou em uma cela de prisão. Com sua mensagem no site da *Edge Foundation*, Musk foi mais explícito do que antes. Ele apontou para o DeepMind[19] como a evidência de que o mundo estava caminhando em direção à superinteligência. Ele disse que o perigo estava entre cinco a dez anos de distância, no máximo. E, como um de seus investidores, ele viu o DeepMind por dentro antes que o laboratório de Londres fosse subitamente adquirido pelo Google. Não estava claro, no entanto, o que foi que ele viu que os outros não viram, se é que viu alguma coisa.

Musk postou a mensagem em uma sexta-feira. Na quarta-feira seguinte, ele foi jantar com Mark Zuckerberg. Foi a primeira vez que os dois se encontraram. Zuckerberg convidou Musk para sua casa de madeira branca sob uma copa frondosa em Palo Alto, na esperança de convencer o empresário sul-africano de que toda essa conversa sobre os perigos da superinteligência não fazia muito sentido. Ele hesitou quando os fundadores do DeepMind insistiram que não venderiam seu laboratório sem uma garantia de que um conselho de ética independente supervisionaria sua AGI, e agora, enquanto Musk ampliava essa mensagem na televisão e nas mídias sociais, ele não queria legisladores e formuladores de políticas tendo a impressão de que empresas como o Facebook fariam mal ao mundo com seu impulso repentino à inteligência artificial. Para ajudar a apresentar seu argumento, ele também convidou Yann LeCun, Mike Schroepfer e Rob Fergus, o professor da NYU que trabalhou ao lado de LeCun no novo laboratório do Facebook. Os *facebookers* passaram a refeição tentando explicar que as opiniões de Musk sobre IA foram distorcidas por algumas vozes equivocadas que eram minoria. Eles disseram que as reflexões filosóficas de Nick Bostrom não estavam de forma alguma relacionadas ao que Musk vira no DeepMind ou em qualquer outro laboratório de IA. Uma rede neural ainda estava muito longe da superinteligência. O DeepMind construiu sistemas que otimizavam o total de pontos dentro de jogos como *Pong* ou *Space Invaders*, mas eles eram inúteis em outros lugares. Você poderia desligar o jogo com a mesma facilidade que faria com um carro.

Mas Musk não se convenceu. O problema, disse ele, era que a IA estava melhorando muito rapidamente. O risco era o de que essas tecnologias cruzassem o limiar de inofensivas a perigosas antes que alguém percebesse o que estava acontecendo. Ele apresentou todos os mesmos argumentos que mostrou em seus tuítes, aparições públicas e na TV, e enquanto falava, ninguém sabia ao certo se isso era realmente aquilo em que ele acreditava ou se ele estava apenas fazendo uma cena, com um olho focado em algum outro objetivo. "Eu realmente acredito que isso é perigoso", disse ele.

DIAS depois do jantar em Palo Alto, Elon Musk ligou para Yann LeCun. Ele disse que estava construindo um carro autônomo na Tesla e perguntou a LeCun quem ele deveria contratar para administrar o projeto. Naquela semana, ele contatou vários outros pesquisadores do Facebook, fazendo a cada um a mesma pergunta — uma manobra que acabou despertando a ira de Mark Zuckerberg. LeCun disse a Musk que ele deveria entrar em contato com Urs Muller, um antigo colega dos Laboratórios Bell que construiu uma *startup* para explorar veículos autônomos por meio do aprendizado profundo. Antes que Musk pudesse contratar esse pesquisador suíço, entretanto, outra pessoa o fez. Dias depois de LeCun receber a ligação de Musk, ele recebeu um pedido idêntico de Jensen Huang, o fundador e CEO da Nvidia, que ligou e recebeu a mesma resposta, e a Nvidia agiu prontamente. A ambição da empresa era construir um laboratório que ultrapassaria os limites da direção autônoma e, no processo, ajudaria a empresa a vender mais chips GPU.

No momento em que Musk deu o alarme de que a corrida pela inteligência artificial poderia destruir a todos nós, ele estava se juntando a ela. Naquele instante, ele estava explorando a ideia de um carro autônomo, mas logo exploraria a mesma ideia grandiosa que o DeepMind, criando seu próprio laboratório em busca da AGI. Para Musk, tudo estava embrulhado na mesma tendência tecnológica. Primeiro, o reconhecimento de imagem. Depois, a tradução. Na sequência, os carros autônomos. E então, a AGI.

Ele fazia parte de uma comunidade crescente de pesquisadores, executivos e investidores que alertavam contra os perigos da superinteligência, mesmo enquanto tentavam construí-la. Isso incluía os fundadores e primeiros apoiadores do DeepMind, bem como muitos dos pensadores atraídos para sua órbita. Para especialistas externos, parecia um absurdo. Não havia nenhuma evidência de que a superinteligência estava perto de acontecer. As tecnologias atuais ainda penavam para dirigir um carro de maneira confiável, conversar ou apenas passar em um teste de ciências da oitava série. Mesmo que a AGI estivesse perto, a postura de pessoas como Musk parecia uma contradição. "Se isso mataria todos nós", perguntaram, "por que o construir?" Mas para aqueles dentro dessa pequena comunidade, era natural considerar os riscos do que eles viam como um conjunto de tecnologias exclusivamente importante. Alguém acabaria construindo uma superinteligência. Era melhor construí-la enquanto se protegia das consequências indesejadas.

Em 2008, Shane Legg descreveu essa atitude em sua tese,[20] argumentando que, embora os riscos fossem grandes, as recompensas potenciais também eram. "Se um dia existir algo que se aproxime de um poder absoluto,[21] provavelmente seria uma máquina superinteligente. Por definição, ela seria capaz de atingir uma vasta gama de objetivos em uma ampla gama de ambientes", escreveu ele. "Se nos prepararmos cuidadosamente para essa possibilidade com antecedência, não apenas evitaremos o desastre, mas poderemos trazer uma era de prosperidade diferente de tudo o que já foi visto." Ele reconheceu que a atitude parecia extrema, mas também apontou para outras pessoas que tinham crenças semelhantes. À medida que criavam o DeepMind, ele e Hassabis entraram nessa comunidade. Eles chegaram até Peter Thiel por meio do *Singularity Summit*. Garantiram outro investimento de Jaan Tallinn, um dos fundadores do Skype, serviço de chamadas telefônicas pela internet, que logo se juntaria a um grupo de acadêmicos para criar o que chamaram de *Future of Life Institute*, uma organização dedicada a explorar os riscos existenciais da inteligência artificial e de outras tecnologias. Então, Hassabis e Legg levaram essas ideias a novos lugares. Eles as apresentaram a Musk, e as levaram ao Facebook e ao Google enquanto as duas gigantes da tecnologia lutavam para adquirir sua jovem *startup*. Enquanto cortejavam investidores e compradores, Legg não escondia sua visão do futuro. A superinteligência chegaria na próxima década, ele costumava dizer, e os riscos também.

136 CRIADORES DE GÊNIOS

Mark Zuckerberg recusou essas ideias — ele apenas queria o talento do DeepMind —, mas Larry Page e o Google as abraçaram. Uma vez dentro do Google, Suleyman e Legg construíram uma equipe do DeepMind dedicada ao que eles chamam de "segurança da IA", um esforço para garantir que as tecnologias do laboratório não gerassem danos. "Para que as tecnologias sejam usadas com sucesso no futuro, as responsabilidades morais terão que ser embutidas em seu design desde o início", diz Suleyman. "É preciso pensar sobre as considerações éticas no momento em que você começa a construir o sistema." Quando Elon Musk investiu no DeepMind e começou a expressar muitas das mesmas preocupações, lançando seus próprios esforços no campo, ele estava se juntando ao movimento. E então ele levou isso ao extremo.

O *Future of Life Institute* tinha menos de um ano, no outono de 2014, quando convidou essa comunidade em crescimento para uma cúpula privada em Porto Rico.[22] Liderada por um cosmologista e físico do MIT chamado Max Tegmark, o objetivo era criar um encontro de mentes nos moldes da Asilomar,[23] uma conferência seminal de 1975 onde os principais geneticistas do mundo se reuniram para discutir se seu trabalho — a edição de genes — acabaria destruindo a humanidade. O convite que o instituto enviou incluía duas fotos: uma mostrando a praia em San Juan, a outra mostrando alguma pobre alma escavando um monte de neve que havia enterrado seu Fusca em algum lugar de clima frio (ou seja: "No início de janeiro, você será muito mais feliz em Porto Rico"). Também prometeu que o evento não incluiria a imprensa (ou seja: "Você pode discutir livremente suas preocupações sobre o futuro da inteligência artificial sem acordar com manchetes sobre *O Exterminador do Futuro*"). Ele chamou esse encontro a portas fechadas de "O Futuro da IA: Oportunidades e Desafios". Demis Hassabis e Shane Legg compareceram. Elon Musk também. No primeiro domingo de 2015, seis semanas após seu jantar com Mark Zuckerberg, Musk subiu ao palco para discutir a ameaça de uma explosão da inteligência,[24] o momento em que a inteligência artificial atingiria repentinamente um nível que nem mesmo os especialistas conseguiriam prever. Esse, disse Musk, era o grande risco: a tecnologia poderia se transformar rapidamente em algo perigoso sem que ninguém percebesse.[25] Era um eco das ideias de Bostrom, que também estava no palco em Porto Rico, mas Musk, com seu jeito, amplificava a mensagem.

Jaan Tallinn financiou o *Future of Life Institute* com uma promessa de US$100 mil por ano. Em Porto Rico, Musk prometeu US$10 milhões[26] destinados a projetos que explorassem a segurança da IA. Mas enquanto se preparava para anunciar esse novo presente,[27] ele pensou duas vezes, temendo que a notícia prejudicasse o lançamento de um foguete da SpaceX e seu pouso em uma balsa drone no Oceano Pacífico. Alguém o lembrou de que não havia repórteres na conferência e que os participantes obedeciam às Regras da Chatham House,[28] o que significa que eles concordaram em não revelar o que seria dito em Porto Rico, mas ainda assim, ele estava cauteloso. Então ele fez o anúncio sem mencionar o valor em dólares.[29] Poucos dias depois, após seu foguete ter caído durante uma tentativa de pouso, ele revelou, em um tuíte, a concessão de US$10 milhões.[30] Para Musk, a ameaça de superinteligência era apenas uma coisa entre muitas. Sua principal preocupação, ao que parecia, era a atenção máxima. "Ele é um homem superocupado e não tem tempo para se aprofundar nas nuances das questões, mas entende os contornos básicos do problema", diz Tallinn. "Ele também gosta genuinamente da atenção da imprensa, o que se traduz em seus slogans em forma de tuítes etc. Existe uma simbiose entre Elon e a imprensa que irrita muitos pesquisadores de IA, e esse é o preço que a comunidade tem que pagar."

Na conferência, Tegmark distribuiu uma carta aberta que buscava codificar as crenças comuns daqueles que se reuniram em Porto Rico.[31] "Acreditamos que a pesquisa sobre como tornar os sistemas de IA robustos e benéficos é importante e oportuna",[32] dizia a carta, antes de recomendar tudo, desde previsões do mercado de trabalho ao desenvolvimento de ferramentas que poderiam garantir que a tecnologia de IA fosse segura e confiável. A Tegmark enviou uma cópia para cada participante, dando a todos a oportunidade de assinar. O tom da carta era ponderado, e o conteúdo, direto, se atendo principalmente a questões de bom senso, mas serviu como um marcador para aqueles que estavam comprometidos com a ideia de segurança da IA — e pelo menos estavam dispostos a ouvir as profundas preocupações de pessoas como Legg, Tallinn e Musk. Uma pessoa que compareceu à conferência, mas não assinou a carta, foi Kent Walker,[33] diretor jurídico do Google, que era mais um observador do que um participante em Porto Rico, pois sua empresa buscava expandir seus esforços com IA na Califórnia, com o Google Brain, e em Londres, com o DeepMind. Mas a maioria dos outros participantes assinou, incluindo um dos principais pesquisadores do Google Brain: Ilya Sutskever.[34]

Max Tegmark escreveu, posteriormente, um livro sobre o impacto potencial da superinteligência na raça humana e no universo como um todo.[35] Nas páginas iniciais, ele descreveu um encontro entre Elon Musk e Larry Page em um jantar realizado após a conferência de Porto Rico.[36] Depois de comer e beber em algum lugar no Napa Valley da Califórnia, Page começou a defender o que Tegmark descreveu como "utopismo digital"[37] — "que a vida digital é o próximo passo natural e desejável na evolução cósmica e que se deixarmos as mentes digitais serem livres, em vez de tentar impedi-las ou escravizá-las, o resultado quase certamente seria positivo". Page temia que a paranoia com o surgimento da IA atrasasse essa utopia digital, embora ela tivesse o poder de dar vida a mundos muito além da Terra.[38] Musk recuou, perguntando como Page poderia ter certeza de que essa superinteligência não acabaria destruindo a humanidade. Page o acusou de ser "especista", porque preferia formas de vida baseadas em carbono, em vez das necessidades de novas espécies construídas com silício. Pelo menos para Tegmark, esse debate regado a coquetéis noturnos mostrava as duas principais atitudes que se alinhavam uma contra a outra no coração da indústria de tecnologia.

***

CERCA de seis meses após a conferência em Porto Rico, Greg Brockman desceu a rua Sand Hill, o curto trecho de asfalto que serpenteia por mais de cinquenta das maiores empresas de capital de risco do Vale do Silício. Ele estava indo para o Rosewood — o hotel urbano de luxo em estilo rancho na Califórnia, onde os empresários traçavam seus argumentos para os grandes capitalistas de risco — e não conseguia parar de se preocupar com o tempo. Depois de deixar o cargo de diretor de tecnologia da Stripe, uma *startup* de pagamentos online de alto nível, o jovem de 26 anos que abandonara o MIT estava indo jantar com Elon Musk e estava atrasado. Mas quando Brockman entrou na sala de jantar privada no Rosewood, Musk ainda não havia chegado e, o que é típico de sua parte. O fundador e CEO da Tesla e da SpaceX demorou mais de uma hora para chegar. Mas outro investidor notável do Vale do Silício já estava lá: Sam Altman, presidente da aceleradora Y Combinator. Ele cumprimentou Brockman e o apresentou ao pequeno grupo de pesquisadores de IA reunidos no pátio que dava para as colinas a oeste de Palo Alto. Um deles era Ilya Sutskever.

Depois que eles entraram e se sentaram para jantar, Musk chegou, enchendo a sala com seus ombros excepcionalmente largos e sua personalidade igualmente expansiva. Mas ele, assim como os outros, não tinha certeza do que estavam fazendo ali. Altman os reuniu na esperança de construir um novo laboratório de IA que pudesse servir de contrapeso aos laboratórios que estavam se expandindo rapidamente dentro das grandes empresas da internet, mas ninguém sabia se isso seria possível. Brockman certamente queria construir um depois de deixar a Stripe, uma das empresas mais bem-sucedidas da Y Combinator. Ele nunca havia realmente trabalhado com IA e só recentemente havia comprado sua primeira máquina GPU e treinado sua primeira rede neural, mas como disse a Altman algumas semanas antes, ele estava decidido a se juntar ao novo movimento. O mesmo aconteceu com Musk depois de observar a ascensão do aprendizado profundo dentro do Google e do DeepMind. Mas ninguém tinha certeza de como eles poderiam entrar em um campo que já era dominado pelas empresas mais ricas do Vale do Silício. Grande parte dos talentos já estava ganhando enormes somas de dinheiro dentro do Google e do Facebook, sem mencionar a Baidu, recentemente revigorada após contratar Andrew Ng como cientista-chefe, e o Twitter, que acabara de adquirir duas notáveis *startups* de aprendizado profundo. Altman convidou Sutskever e alguns outros pesquisadores afins para o Rosewood com o intuito de ajudar a explorar as possibilidades, mas eles passaram a noite fazendo perguntas, em vez de darem respostas. "Havia uma grande questão: é tarde demais para começar um laboratório com vários profissionais de ponta? Isso é uma coisa que pode acontecer? Ninguém havia exatamente dito que era impossível", lembra Brockman. "Houve pessoas que disseram: 'É muito difícil. Você precisará adquirir essa massa crítica. Você precisará trabalhar com as melhores pessoas. Como você vai fazer isso? A questão é quem vem primeiro'. O que ouvi foi que não era impossível."

Quando ele voltou para casa com Altman naquela noite, Brockman jurou construir o novo laboratório que todos pareciam desejar.[39] Ele começou ligando para vários líderes na área, incluindo Yoshua Bengio, o professor da Universidade de Montreal que ajudou a fomentar o movimento do aprendizado profundo ao lado de Geoff Hinton e Yann LeCun, mas deixou claro que ainda estava comprometido com a academia. Bengio elaborou uma lista de jovens pesquisadores promissores de toda a comunidade, e quando Brockman entrou em contato com esses e muitos outros, ele despertou o interesse de vários daqueles que compartilhavam pelo menos algumas das preocupações de Musk sobre os perigos da inteligência artificial. Cinco deles, incluindo Ilya Sutskever, haviam recentemente passado um tempo dentro do DeepMind. Eles foram atraídos pela ideia de um laboratório fora do controle das grandes empresas da internet e completamente desvinculado da motivação de lucro que as movia. Eles acreditavam que essa era a melhor maneira de garantir que a inteligência artificial progredisse de forma segura. "Poucos cientistas pensam nas consequências de seu trabalho no longo prazo", diz Wojciech Zaremba, que estava entre os pesquisadores abordados por Brockman. "Eu queria que o laboratório levasse a sério a possibilidade de que a IA pudesse ter implicações negativas abrangentes para o mundo, apesar de ser um quebra-cabeça intelectual incrível e gratificante." No entanto, nenhum desses pesquisadores se comprometeu com um novo laboratório, a menos que os outros o fizessem. Para quebrar o impasse, Brockman convidou suas dez melhores escolhas para passar uma tarde de outono em uma vinícola em Napa Valley, ao norte de São Francisco. O grupo incluía Sutskever e Zaremba, que havia ido para o Facebook depois de sua passagem pelo Google. Brockman alugou um ônibus para levá-los de seu apartamento em São Francisco até a vinícola, ele inclusive sentiu que isso o ajudou a solidificar sua grande ideia. "Uma forma subestimada de unir as pessoas é nesses momentos em que não há como acelerar para chegar aonde você está indo", diz ele. "Você tem que ir e conversar."

Em Napa, eles discutiram um novo tipo de mundo virtual, um playground digital onde os agentes de software de IA poderiam aprender a fazer qualquer coisa que um ser humano pudesse fazer em um computador pessoal. Isso impulsionaria o desenvolvimento do aprendizado por reforço ao estilo do DeepMind, não apenas em jogos como o *Breakout, mas em qualquer aplicativo de software*, de navegadores da web ao Microsoft Word. Eles acreditavam que esse era um meio para obter máquinas verdadeiramente inteligentes. Afinal, um navegador da web se estendia a toda a internet. Era uma porta de entrada para qualquer máquina e qualquer pessoa. Para navegar nela, você precisava não apenas de habilidades motoras, mas também linguísticas. Essa era uma tarefa que levaria os recursos ao limite, até mesmo das maiores empresas de tecnologia, mas eles resolveram enfrentá-la sem uma empresa por trás deles. Eles imaginaram um laboratório totalmente livre de pressões corporativas, uma organização sem fins lucrativos que doaria todas suas pesquisas, para que qualquer um pudesse competir com os googles e os facebooks da vida. No fim daquele domingo, Brockman convidou todos os dez pesquisadores para se juntarem a esse laboratório e deu a eles três semanas para pensar sobre isso. Três semanas depois, nove deles estavam a bordo. Eles chamaram seu novo laboratório de OpenAI. "Parecia ser drástico no nível certo", diz Sutskever. "Gosto de fazer a coisa mais drástica possível. E isso parecia a coisa mais drástica possível."

Mas antes que eles pudessem revelar o laboratório para o resto do mundo, pesquisadores como Zaremba e Sutskever teriam de contar ao Facebook e ao Google primeiro. Além de seu trabalho no Google Brain e no laboratório de IA do Facebook, Zaremba passou um tempo no DeepMind. Depois que ele concordou em ingressar no OpenAI, os gigantes da internet ofereceram o que ele chamou de quantias "quase piradas" para mudar sua mente — duas ou três vezes seu valor de mercado. E essas ofertas eram mínimas em comparação com os números que o Google jogou em cima de Sutskever — muitos milhões de dólares por ano. Ambos recusaram as ofertas, mas depois surgiram ofertas maiores ainda, mesmo quando eles voaram para o NIPS, em Montreal, onde haviam decidido que revelariam o novo laboratório OpenAI. Uma conferência que antes atraía algumas centenas de pesquisadores agora abrangia quase 4 mil, com pessoas enchendo as salas de palestra onde os principais pensadores apresentavam os principais artigos, e com incontáveis empresas lutando para organizar reuniões nas salas laterais enquanto competiam pelo talento tecnológico mais premiado no planeta. Era como uma região mineradora no Oeste norte-americano durante a corrida do ouro.

Assim que chegou a Montreal, Sutskever se encontrou com Jeff Dean, que fez outra oferta em um esforço para mantê-lo no Google. Ele não pôde deixar de considerá-la. O Google ofereceu duas ou três vezes o que o OpenAI pagaria a ele, o que foi quase US$2 milhões no primeiro ano.[40] Musk, Altman e Brockman não tiveram escolha a não ser adiar o anúncio enquanto esperavam que Sutskever se decidisse. Ele ligou para seus pais em Toronto, e enquanto continuava a pesar os prós e contras, Brockman enviava uma mensagem após a outra incitando-o a escolher o OpenAI. Isso durou dias. Finalmente, na sexta-feira, último dia da conferência, Brockman e os outros decidiram que precisavam anunciar o laboratório com ou sem Sutskever. O anúncio estava marcado para as 3h da tarde, e a hora veio e passou, sem anúncio e sem a decisão de Sutskever. E então ele mandou uma mensagem para Brockman para dizer que estava dentro.

Musk e Altman pintaram o OpenAI como um contraponto aos perigos apresentados pelas grandes empresas da internet.[41] Enquanto Google, Facebook e Microsoft ainda mantinham algumas tecnologias em segredo, o OpenAI — uma organização sem fins lucrativos apoiada por mais de US$1 bilhão em promessas de financiamento de Musk, Peter Thiel e outros — entregaria a tecnologia do futuro sem *qualquer* restrição.[42] A IA estaria disponível para todos,[43] não apenas para as empresas mais ricas do planeta. Sim, Musk e Altman admitiram que se abrissem o código-fonte de todas as suas pesquisas, tanto os atores ruins quanto os bons poderiam usá-lo.[44] Se eles construíssem uma inteligência artificial que pudesse ser usada como uma arma, qualquer um poderia usá-la para tal. Mas eles argumentaram que a ameaça de uma IA maliciosa seria mitigada precisamente porque sua tecnologia estaria disponível para qualquer pessoa.[45] "Achamos que é muito mais provável que muitas, muitas IAs[46] trabalhem para impedir os atores ruins ocasionais", disse Altman. Era uma visão idealista que acabaria se revelando completamente impraticável, mas era em que eles acreditavam. E seus pesquisadores também acreditavam nisso. Quer essa grande visão fosse viável ou não, Musk e Altman estavam pelo menos se movendo para mais perto do centro do que parecia ser o movimento tecnológico mais promissor do mundo. Muitos dos principais pesquisadores agora trabalhavam para eles. Zaremba, que estudou com Yann LeCun na NYU, disse que essas ofertas "quase piradas" não o tentavam.[47] Elas o desanimavam e o empurravam para mais perto do OpenAI. Ele sentia que aqueles dólares todos eram um esforço não apenas para manter seus serviços, mas para impedir a criação do novo laboratório. Sutskever sentia o mesmo.

ANTI-HYPE 143

Nem todo o mundo comprou o idealismo pregado por Musk, Altman e o restante. No DeepMind, Hassabis e Legg ficaram furiosos, sentindo-se traídos não apenas por Musk, que havia investido em sua empresa, mas por muitos dos pesquisadores contratados pelo OpenAI. Cinco deles passaram algum tempo no DeepMind, e para Hassabis e Legg, o novo laboratório criaria uma competição doentia no caminho para as máquinas inteligentes que poderia ter consequências perigosas. Se os laboratórios estivessem competindo entre si em busca de novas tecnologias, era menos provável que percebessem onde poderiam dar errado. Nos meses seguintes, Hassabis e Legg disseram isso a Sutskever e Brockman. Nas horas após o lançamento do OpenAI, Sutskever ouviu palavras ainda mais duras depois que entrou em uma festa no hotel da conferência. A festa foi organizada pelo Facebook, e, antes que a noite terminasse, ele foi abordado por Yann LeCun.

Parado perto do elevador no canto de um espaço aberto no saguão do hotel, LeCun disse a Sutskever que ele estava cometendo um erro e deu mais de dez motivos para tal. Os pesquisadores do OpenAI eram muito jovens. O laboratório não tinha a experiência de alguém como ele. Não tinha o dinheiro de uma empresa como o Google ou o Facebook, e sua estrutura sem fins lucrativos não traria esse dinheiro. Atraiu alguns bons pesquisadores, mas não conseguiria competir por talentos em longo prazo. A ideia de que o laboratório compartilharia abertamente todas suas pesquisas não era o atrativo que parecia ser. O Facebook já estava compartilhando a maior parte de seu trabalho com a comunidade de pesquisa — e o Google estava começando a fazer quase o mesmo. "Você", disse LeCun a Sutskever, "falhará".

10

EXPLOSÃO

"ELE COMANDAVA O ALPHAGO COMO OPPENHEIMER COMANDAVA O PROJETO MANHATTAN."

Em 31 de outubro de 2015, o diretor de tecnologia do Facebook, Mike Schroepfer, se aproximou de uma mesa dentro da sede corporativa *à la* Disneylândia da empresa falando para uma sala cheia de repórteres.[1] Ao lado de uma apresentação de slides exibida em uma tela plana na parede, ele descreveu a série mais recente de projetos de pesquisa do Facebook — experimentos com drones, satélites, realidade virtual e IA. Como costumava acontecer com esses eventos cuidadosamente planejados, a maior parte do que se apresentou já havia sido divulgado. Em seguida, ele mencionou que vários pesquisadores do Facebook, em escritórios em Nova York e na Califórnia, estavam ensinando redes neurais a jogar Go. Ao longo das décadas, as máquinas venceram os melhores jogadores do mundo em damas, xadrez, gamão, Otelo e até mesmo Jeopardy! Mas Go era a competição de inteligência humana que nenhuma máquina havia vencido ainda. Recentemente, a revista *Wired* publicou uma reportagem sobre um cientista da computação francês que passou uma década tentando construir uma IA que pudesse desafiar os melhores jogadores de Go do mundo.[2] Como quase todo o mundo na comunidade internacional de pesquisadores de IA, ele acreditava que levaria mais uma década antes que ele — ou qualquer outra pessoa — alcançasse esse nível. Mas, como Schrep disse àquela sala cheia de repórteres, os pesquisadores do Facebook estavam confiantes de que poderiam dominar o jogo muito mais cedo usando o aprendizado profundo, e se o fizessem, seria um grande salto para a inteligência artificial.[3]

146 CRIADORES DE GÊNIOS

O Go coloca dois jogadores um contra o outro em uma grade de dezenove por dezenove. Eles se revezam colocando pedras nos cruzamentos, tentando envolver partes do tabuleiro e, no processo, capturar as peças uns dos outros. O xadrez imita uma batalha terrestre. O Go se desenrola como a Guerra Fria. Um movimento em um canto do tabuleiro reverbera em todos os outros lugares, mudando a paisagem do jogo de maneiras sutis e muitas vezes surpreendentes. No xadrez, em cada jogada, existem cerca de 35 movimentos possíveis para se escolher. No Go, são 200. É exponencialmente mais complexo do que o xadrez, e em meados da década de 2010, isso significava que nenhuma máquina, por mais poderosa que fosse, poderia calcular o resultado de cada movimento disponível em um período razoável. Mas, como Schroepfer explicou, o aprendizado profundo prometia mudar a equação. Depois de analisar milhões de rostos em milhões de fotos, uma rede neural pode aprender a distingui-lo de seu irmão, bem como distinguir seu colega de quarto de todos seus outros amigos. Da mesma forma, disse ele, os pesquisadores do Facebook poderiam construir uma máquina que imitasse as habilidades de um jogador profissional de Go. Ao alimentar milhões de movimentos de Go em uma rede neural, eles poderiam ensiná-la a reconhecer a aparência de um bom movimento. "Os melhores jogadores acabam olhando para os padrões visuais, olhando para os visuais do tabuleiro para ajudá-los a entender o que são configurações boas e más de uma forma intuitiva", explicou.[4] "Então estamos usando os padrões no quadro — um sistema de gravação visual — para ajustar os movimentos possíveis que o sistema pode fazer."

Por um lado, o Facebook estava simplesmente ensinando as máquinas a jogar, disse ele. Por outro, ao fazer isso, estava indo em direção à IA que poderia refazer o Facebook. O aprendizado profundo estava refinando a forma como os anúncios eram direcionados na rede social da empresa. Estava analisando fotos e gerando legendas para deficientes visuais.[5] Estava impulsionando o Facebook M, o assistente digital de smartphone, em desenvolvimento na empresa.[6] Usando as mesmas técnicas que sustentaram seus experimentos com Go, os pesquisadores do Facebook estavam construindo sistemas que visavam não apenas reconhecer as palavras faladas, mas realmente entender a linguagem natural. Uma equipe havia construído recentemente um sistema que podia ler passagens de *O Senhor dos Anéis* e então responder a perguntas sobre a trilogia de Tolkien — perguntas complexas, Schrep explicou, que en-

EXPLOSÃO 147

volviam relações espaciais entre pessoas, lugares e coisas.[7] Ele disse também que anos se passariam até que a tecnologia da empresa pudesse vencer no Go — e mais ainda até que pudesse realmente entender a linguagem natural —, mas o caminho para esses dois futuros estava preparado. Foi um caminho que os cientistas da computação trabalharam por décadas para construir, com muito barulho e apenas pequenas quantidades de tecnologia prática. Agora, disse ele, o movimento da IA estava finalmente alcançando suas grandes ideias.

O que ele não disse a esses repórteres foi que outros estavam seguindo o mesmo caminho. Dias depois de aparecerem notícias descrevendo os esforços do Facebook para dominar o Go, uma dessas empresas reagiu. Demis Hassabis apareceu em um vídeo online, olhando direto para a câmera, tomando o quadro. Foi uma aparição rara do fundador do DeepMind.[8] O laboratório de Londres falava muito por meio de artigos de pesquisa publicados em periódicos acadêmicos de alto nível, como *Science* e *Nature*, e normalmente falava com o mundo exterior apenas após um grande avanço. No vídeo, Hassabis sugeriu que havia um trabalho ainda em gestação dentro do laboratório, envolvendo o jogo de Go.[9] "Ainda não posso falar sobre isso",[10] disse ele, "mas em alguns meses, acho que haverá uma grande surpresa". A oferta do Facebook para chamar a atenção da imprensa despertou seu maior rival. Algumas semanas depois que Hassabis apareceu naquele vídeo online, um repórter perguntou a Yann LeCun se o DeepMind havia possivelmente construído um sistema que poderia vencer um jogador experiente de Go. "Não", disse ele. E disse isso mais de uma vez, em parte porque achava que a tarefa era muito difícil, mas também porque não havia ouvido nada sobre. A comunidade era muito pequena. "Se o DeepMind tivesse vencido um jogador experiente de Go", disse LeCun, "alguém teria me contado". Ele estava errado.

Dias depois, a *Nature* publicou uma história de capa na qual Hassabis e o DeepMind revelaram que seu sistema de IA, AlphaGo,[11] havia derrotado o tricampeão europeu de Go. Acontecera em uma partida a portas fechadas no outubro anterior. LeCun e o Facebook souberam disso um dia antes de a notícia ser anunciada. Naquela tarde, em uma oferta bizarra e infeliz por relações públicas preventivas conduzida pessoalmente por Zuckerberg, eles alertaram a imprensa sobre as postagens online de Zuckerberg e LeCun se gabando da própria pesquisa de Go no Facebook e do caminho que isso estava construindo para outras formas de IA dentro da empresa. Mas o fato é que o Google e o

148 CRIADORES DE GÊNIOS

DeepMind estavam na frente. Nessa partida a portas fechadas, o AlphaGo venceu todos os cinco jogos contra o campeão europeu, um franco-chinês chamado Fan Hui. Várias semanas depois, em Seul, desafiaria Lee Sedol, o melhor jogador mundial da última década.

SEMANAS depois de o DeepMind ser adquirido pelo Google, Demis Hassabis e vários outros pesquisadores da empresa voaram para o norte da Califórnia para um encontro com os líderes de sua nova empresa matriz e uma demonstração do sucesso do laboratório com o aprendizado profundo e o *Breakout*.[12] Assim que a reunião terminou, eles se dividiram em grupos informais, e Hassabis começou a conversar com Sergey Brin. Enquanto conversavam, eles perceberam que tinham um interesse em comum: Go. Brin disse que quando ele e Page estavam construindo o Google em Stanford, ele jogava tanto Go, que Page temeu que sua empresa nunca acontecesse. Hassabis disse que, se ele e sua equipe quisessem, eles poderiam construir uma inteligência artificial capaz de vencer o campeão mundial. "Achei que isso fosse impossível", disse Brin. Naquele instante, Hassabis resolveu fazer isso.

Geoff Hinton comparou Demis Hassabis a Robert Oppenheimer, o homem cuja administração do Projeto Manhattan durante a Segunda Guerra Mundial levou à primeira bomba atômica. Oppenheimer era um físico de excelência: ele entendia a ciência da enorme tarefa que tinha em mãos. Mas ele também tinha as habilidades necessárias para motivar a vasta equipe de cientistas que trabalhavam com ele, combinando suas forças díspares para alimentar o projeto e para, de alguma forma, também ajustar suas fraquezas. Ele sabia como lidar com homens (e mulheres, incluindo a prima de Geoff Hinton, Joan Hinton). Hinton viu a mesma combinação de habilidades em Hassabis. "Ele comandava o AlphaGo como Oppenheimer comandava o Projeto Manhattan. Se outra pessoa o tivesse executado", diz Hinton, "não o teria feito funcionar tão bem e tão rápido".

David Silver, o pesquisador que conhecia Hassabis desde Cambridge, e um segundo pesquisador do DeepMind, Aja Huang, já estavam trabalhando com Go, e logo juntaram forças com Ilya Sutskever e um estagiário do Google chamado Chris Maddison, que havia iniciado seu próprio projeto na Califórnia do Norte. Os quatro pesquisadores publicaram um artigo sobre seus primeiros trabalhos em meados daquele ano, antes de o projeto se expandir para um esforço muito maior, culminando na vitória sobre Fan Hui, o campeão europeu de Go, no ano seguinte.[13] O resultado chocou tanto a comunidade de Go mundial quanto a comunidade global de pesquisadores de IA, mas AlphaGo *versus* Lee Sedol prometia ser algo muito maior. Quando o supercomputador Deep Blue, da IBM, superou o campeão mundial Garry Kasparov dentro de um arranha-céu no West Side de Manhattan, em 1997, foi um marco para a ciência da computação e foi ampla e entusiasticamente coberto pela imprensa global. Mas foi um evento pequeno, em comparação com a partida em Seul. Na Coreia — sem falar no Japão e na China —, Go era um passatempo nacional. Mais de 200 milhões de pessoas assistiriam AlphaGo contra Lee Sedol, o dobro da audiência do Super Bowl.[14]

Em uma entrevista coletiva na véspera da partida de cinco jogos, Lee se gabou de que venceria com facilidade: quatro jogos a um ou mesmo cinco jogos a zero. A maioria dos jogadores de Go concordou. Embora o AlphaGo tivesse derrotado Fan Hui de uma forma que não deixava dúvidas de que a máquina era o melhor jogador, havia um abismo entre Fan Hui e Lee Sedol. As classificações ELO, uma medida relativa de seus talentos, colocam Lee em um escalão totalmente diferente no jogo.[15] Mas Hassabis acreditava que o resultado seria muito diferente. Quando ele se sentou para almoçar com vários repórteres na tarde seguinte, duas horas antes do primeiro jogo, ele carregava um exemplar do *The Korean Herald*, o jornal cor de pêssego do país, em inglês. Ele e Lee Sedol foram retratados na primeira página, acima da dobra. Ele não esperava tanta atenção. "Eu esperava que fosse algo grandioso", disse o inglês de 40 anos, pequenino como um menino e calvo. "Mas não tanto assim." Ainda assim, durante esse almoço de bolinhos, kimchi e carnes grelhadas — que ele não comeu —, Hassabis disse que estava "cautelosamente confiante". O que os analistas não entenderam, ele explicou, é que o AlphaGo continuou a aprimorar suas habilidades desde a partida em outubro. Ele e sua equipe ensinaram a máquina a jogar Go alimentando 30 milhões de movimentos em uma rede neural profunda.[16] A partir daí, o AlphaGo jogou uma partida atrás da outra contra si mesmo, o tempo todo rastreando cuidadosamente quais movimentos provaram ser bem-sucedidos e quais não — muito parecido com os sistemas que o laboratório construiu para os jogos antigos do Atari. Nos meses desde que derrotou Fan Hui, a máquina havia jogado contra si própria vários milhões de vezes. O AlphaGo continuava a ensinar o jogo a si mesmo, aprendendo a um ritmo mais rápido do que qualquer ser humano seria capaz.

O presidente do Google, Eric Schmidt, sentou-se em frente a Hassabis durante a refeição antes do jogo, no último andar do Four Seasons, expondo os méritos do aprendizado profundo de sua maneira arrogante. A certa altura, alguém o chamou de engenheiro. Ele os corrigiu. "Não sou engenheiro", disse ele. "Eu sou um cientista da computação." Lembrou que, quando se formou como cientista da computação na década de 1970, a IA parecia trazer muitas promessas, mas com a chegada dos anos 1980 e 1990, elas nunca foram totalmente cumpridas. Agora a promessa estava sendo cumprida. "Essa tecnologia", disse ele, "é tentadoramente poderosa". A IA não era apenas uma forma de fazer malabarismos com fotos. Ela representava o futuro dos negócios de US$75 bilhões do Google na internet, bem como inúmeros outros setores, incluindo o da saúde.[17] Mais tarde, quando se reuniram para assistir ao jogo vários andares abaixo, Jeff Dean se juntou a Hassabis e Schmidt. A mera presença de Schmidt e Dean mostrava como a partida era importante para o Google. Três dias depois, Sergey Brin voou para Seul.[18]

Hassabis passou o primeiro jogo movendo-se entre uma sala de exibição privada e a sala de controle do AlphaGo no final do corredor. Essa sala estava cheia de PCs, notebooks e monitores de tela plana, todos conectados a um serviço sendo executado em várias centenas de computadores dentro dos centros de dados do Google, do outro lado do Pacífico.[19] Na semana anterior, uma equipe de engenheiros da empresa havia instalado seu próprio cabo de fibra ótica de ultra-alta velocidade nessa sala de controle para garantir uma conexão confiável com a internet.[20] Como se viu depois, a sala de controle não precisou fornecer muito controle: após vários meses de treinamento, o AlphaGo era capaz de jogar inteiramente por conta própria, sem ajuda humana. Não que Hassabis e sua equipe pudessem ajudar, mesmo que quisessem. Nenhum deles jogava Go no nível de um grande mestre. Tudo que eles podiam fazer era assistir. "Eu não posso lhe dizer o quão tenso é", disse Silver. "É difícil saber no que acreditar. Você está ouvindo os comentaristas de um lado. E você está olhando para a avaliação do AlphaGo do outro. E todos os comentaristas estão discordando entre si."

EXPLOSÃO 151

No primeiro dia da partida, ao lado de Schmidt, Dean e outros VIPs do Google, eles assistiram à vitória da máquina. Na entrevista coletiva após o jogo, sentado na frente de centenas de repórteres e fotógrafos do oriente e do ocidente, Lee Sedol disse ao mundo que estava em choque.[21] "Não pensei que o AlphaGo jogaria de uma maneira tão perfeita", disse o rapaz de 33 anos, por meio de um intérprete. Ao longo de mais de quatro horas de jogo, a máquina provou que poderia se igualar aos talentos do melhor jogador do mundo, algo que nenhuma outra máquina já havia feito. Lee disse que os talentos do AlphaGo o pegaram desprevenido. Ele mudaria sua abordagem no segundo jogo.

Cerca de uma hora após o início do segundo jogo, Lee Sedol se levantou, saiu da sala de jogos e foi fumar em um pátio privado. Enquanto ele estava lá fora, Aja Huang, o pesquisador do DeepMind nascido em Taiwan que se sentou de frente para Lee Sedol na sala de jogos e fez cada movimento físico em nome do AlphaGo, colocou uma pedra preta em um espaço vazio no lado direito do tabuleiro, ao lado e um pouco abaixo de uma única pedra branca. Foi o trigésimo sétimo lance do jogo.[22] Na sala de comentários, Michael Redmond, o único jogador de Go do Ocidente a alcançar o nono dan, a classificação mais alta do jogo, ficou surpreso. "Eu realmente não sei se é uma boa jogada ou não",[23] disse Redmond aos mais de 2 milhões de falantes de inglês após a partida online. Seu cocomentarista, Chris Garlock, editor de longa data de uma revista online dedicada a Go e vice-presidente da American Go Association, disse: "Achei que fosse um erro."[24] Lee retornou após vários minutos e passou vários outros apenas olhando para o quadro. Ao todo, ele levou quase quinze minutos para responder, o que era grande parte das duas horas que ele tinha para jogar na primeira fase do jogo — e ele não recuperou sua posição. Mais de quatro horas depois, ele desistiu. A pontuação estava em dois a zero.

O Movimento Trinta e Sete também surpreendeu Fan Hui, o homem que havia sido totalmente derrotado pela máquina alguns meses antes e que desde então se juntou à equipe do DeepMind para servir como parceiro de treinamento do AlphaGo na preparação para a partida com Lee Sedol. Ele nunca havia conseguido vencer a IA do DeepMind, mas seus encontros com o AlphaGo abriram seus olhos para novas maneiras de jogar. Na verdade, nas semanas após sua derrota, ele teve uma sequência de seis vitórias consecutivas contra competidores (humanos) de excelência. Seu ranking mundial alcançou novas alturas no processo. Agora, do lado de fora da sala de comentários no sétimo andar do Four Seasons, poucos minutos após o Movimento Trinta e Sete, ele percebeu o efeito dessa jogada estranha. "Não é um movimento humano. Nunca vi um ser humano fazer esse movimento", disse ele.[25] "É tão lindo!" E continuou repetindo a palavra: lindo. Lindo. Lindo.[26]

Na manhã seguinte, David Silver escapou para a sala de controle apenas para que pudesse rever as decisões que o AlphaGo tomou ao escolher o Movimento Trinta e Sete. No meio de cada jogo, aproveitando seu treinamento com dezenas de milhões de movimentos humanos, o AlphaGo calculou a probabilidade de que um humano faria uma jogada em particular. Com o Movimento Trinta e Sete, a probabilidade era de uma em dez mil. O AlphaGo sabia que aquele não era um movimento que um jogador profissional de Go faria. Ainda assim, ele fez o movimento de qualquer maneira, aproveitando as milhões de partidas que jogou consigo mesmo — partidas nas quais nenhum humano estava envolvido. Ele percebeu que, embora nenhum humano fizesse o movimento, ainda assim estava correto. "Ele descobriu sozinho", disse Silver, "através do seu próprio processo de introspecção".[27]

Foi um momento agridoce. Mesmo enquanto Fan Hui saudava a beleza da mudança, uma tristeza caiu sobre o Four Seasons e, na verdade, sobre toda a Coreia. A caminho da coletiva de imprensa pós-jogo, um jornalista chinês chamado Fred Zhou encontrou um repórter da revista *Wired* que havia voado dos Estados Unidos até a Coreia. Zhou disse que ficou feliz em conversar com outro escritor que se preocupava com a tecnologia, reclamando que outros jornalistas estavam tratando o evento como um esporte. O que eles deveriam cobrir, disse ele, era a IA. Mas então seu tom mudou. Embora ele tenha ficado eufórico quando o AlphaGo ganhou o primeiro jogo, ele disse que agora sentia um profundo desespero, e bateu no peito para mostrar o que queria dizer. Na tarde seguinte, Oh-hyoung Kwon, um coreano que dirige uma incubadora de *startups* do outro lado de Seul, disse que também sentiu tristeza.[28] Não porque Lee Sedol fosse coreano, mas porque ele era humano. "Havia um ponto de inflexão para todos os seres humanos", disse Kwon, enquanto vários de seus colegas concordavam com a cabeça.[29] "Isso nos fez perceber que a IA está realmente próxima de nós — e perceber os perigos disso também." O clima sombrio só aumentou no fim de semana. Lee Sedol perdeu a terceira partida e, portanto, o jogo.[30] Sentado no palco na coletiva de imprensa pós-jogo, o coreano estava arrependido. "Não sei o que dizer hoje, mas acho que terei que expressar minhas desculpas primeiro", disse ele.[31] "Eu deveria ter mostrado um resultado melhor, uma resolução melhor, uma competição melhor." Minutos depois, após perceber que deveria ser gentil na derrota técnica, Mark Zuckerberg postou uma mensagem no Facebook parabenizando Demis Hassabis e o DeepMind. Yann LeCun fez o mesmo. Mas, sentado ao lado de Lee Sedol, Hassabis esperava que o coreano[32] vencesse pelo menos um dos dois jogos restantes.

No septuagésimo sétimo movimento do quarto jogo, Lee congelou novamente. Era uma repetição da segunda partida, só que desta vez ele demorou ainda mais para encontrar o próximo movimento. O centro do tabuleiro estava cheio de pedras, tanto pretas quanto brancas, e ele ficou quase vinte minutos olhando para elas, agarrando a nuca e se balançando para a frente e para trás. Finalmente, ele colocou sua pedra branca entre duas pedras pretas no meio da grade, cortando o tabuleiro em dois. O AlphaGo entrou em parafuso. À medida que cada jogada progredia, o sistema recalculava perpetuamente suas chances de ganhar, postando uma porcentagem em uma tela plana na sala de controle. Depois da jogada de Lee — o Movimento Setenta e Oito —, a máquina respondeu com uma jogada tão fraca, que suas chances de ganhar caíram imediatamente. "Todo o pensamento que o AlphaGo tinha feito até aquele ponto havia se tornado inútil", disse Hassabis.[33] "Ele teve que recomeçar." Naquele momento, Lee ergueu os olhos do quadro e olhou para Huang, como se ele tivesse levado a melhor sobre ele, e não sobre a máquina. A partir daí, as chances da máquina continuaram caindo, e após quase cinco horas de jogo, ela desistiu.

Dois dias depois, enquanto caminhava pelo saguão do Four Seasons, Hassabis explicou o colapso da máquina. O AlphaGo havia presumido que nenhum humano jamais faria o Movimento Setenta e Oito. Calculava as chances em uma em dez mil — um número muito familiar. Lee Sedol, assim como o AlphaGo antes dele, havia atingido um novo nível, e ele disse isso durante uma reunião privada com Hassabis no último dia da partida. O coreano disse que jogar com a máquina não apenas reacendeu sua paixão pelo Go, mas abriu sua mente, dando-lhe novas ideias. "Já estou melhor", disse ele a Hassabis, um eco do que Fan Hui havia dito vários dias antes.[34] Lee Sedol venceria suas próximas nove partidas contra jogadores humanos de excelência.

154   CRIADORES DE GÊNIOS

A partida entre Lee Sedol e o AlphaGo foi o momento em que o novo movimento da inteligência artificial explodiu na consciência pública. Foi marcante não apenas para pesquisadores de IA e empresas de tecnologia, mas também para as pessoas comuns. Isso aconteceu nos Estados Unidos, e mais ainda na Coreia e na China, simplesmente porque, nesses países, o Go era visto como o auge da realização intelectual. A partida revelou tanto o poder da tecnologia quanto os temores de que um dia ela eclipsaria a humanidade, antes de chegar em um momento de otimismo, ressaltando as maneiras frequentemente surpreendentes pelas quais a tecnologia poderia levar a humanidade a novas alturas. Mesmo quando Elon Musk alertou sobre os perigos, foi um período extremamente promissor para a IA. Depois de ler sobre a partida, Jordi Ensign, um programador de computador de 45 anos da Flórida, saiu e fez duas tatuagens. O Movimento Trinta e Sete do AlphaGo estava tatuado na parte interna do seu braço direito — e o Movimento Setenta e Oito de Lee Sedol estava no esquerdo.

11

EXPANSÃO

"GEORGE DESTRUIU TODA A ÁREA SEM NEM MESMO SABER SEU NOME."

O Hospital Oftalmológico Aravind fica no extremo sul da Índia, no meio de uma cidade antiga e extensa chamada Madurai. A cada dia, mais de 2 mil pessoas entram nesse edifício desgastado pelo tempo, viajando de toda a Índia e às vezes de outras partes do mundo. O hospital oferece atendimento oftalmológico a quem entra pela porta da frente, com ou sem hora marcada, podendo pagar pelo atendimento ou não. Todas as manhãs, dezenas de pessoas se aglomeram nas salas de espera do quarto andar, enquanto muitas outras se alinham nos corredores, todas esperando para entrar em um escritório minúsculo onde técnicos com jaleco capturam imagens da parte de trás de seus olhos. Essa é uma forma de identificar sinais de cegueira diabética. Na Índia, quase 70 milhões de pessoas são diabéticas e todas correm o risco de ficar cegas.[1] A condição é chamada de retinopatia diabética e, se detectada precocemente, pode ser tratada e contida. A cada ano, hospitais como o Aravind analisam milhões de olhos, e em seguida, os médicos examinam cada imagem, em busca de pequenas lesões, hemorragias e descolorações sutis que antecipam a cegueira.

O problema é que a Índia não forma médicos o suficiente. Para cada 1 milhão de pessoas,[2] existem apenas 11 oftalmologistas, e nas áreas rurais a proporção é ainda menor. A maioria das pessoas nunca recebe o exame de que precisa. Mas em 2015, um engenheiro do Google chamado Varun Gulshan esperava mudar esse cenário. Nascido na Índia e educado em Oxford antes de ingressar em uma *startup* do Vale do Silício, que foi adquirida pelo Google, ele trabalhou oficialmente em um *gadget* de realidade virtual chamado Google Cardboard. Mas, em "20% do seu tempo", ele começou a explorar a retinopatia diabética. Sua ideia era construir um sistema de aprendizado profundo que pudesse rastrear automaticamente a condição nas pessoas, sem a ajuda de um médico, e assim identificaria muito mais pessoas que precisavam de cuidados do que os médicos poderiam por conta própria. Ele, portanto, contatou o Hospital Oftalmológico Aravind, que concordou em compartilhar os milhares de exames digitais de olho de que ele precisaria para treinar seu sistema.

Gulshan não entendia como ler essas varreduras sozinho. Ele era um cientista da computação, não um médico. Então ele e seu chefe chamaram uma médica treinada, e engenheira biomédica, chamada Lily Peng, que por acaso estava trabalhando no mecanismo de busca do Google. Outros haviam tentado construir sistemas para leitura automática de tomografias oculares no passado, mas esses esforços nunca corresponderam às habilidades de um médico treinado. A diferença desta vez era a de que Gulshan e Peng estavam usando o aprendizado profundo. Ao alimentar uma rede neural com milhares de imagens de retina do Hospital Aravind, eles a ensinaram a reconhecer sinais de cegueira diabética. O sucesso foi tamanho, que Jeff Dean os puxou para o laboratório do Google Brain, mais ou menos na mesma época em que o Deep-Mind estava lidando com o Go. A piada entre Peng e o restante de sua equipe com formação médica era a de que eles eram um câncer que se metastizou no cérebro. Não era uma piada muito boa, mas não era uma analogia ruim.

TRÊS anos antes, no verão de 2012, a Merck & Co., uma das maiores empresas farmacêuticas do mundo, lançou um concurso em um site chamado *Kaggle*. Era um lugar onde qualquer empresa poderia criar um concurso para cientistas da computação, oferecendo prêmios em dinheiro a qualquer pessoa que pudesse resolver um problema que precisasse de solução. Oferecendo um prêmio de US$40 mil,[3] a Merck forneceu uma vasta coleção de dados descrevendo o comportamento de um determinado conjunto de moléculas e pediu aos competidores que previssem como elas interagiriam com outras moléculas no corpo humano. O objetivo era encontrar formas de acelerar o desenvolvimento de novos medicamentos. Duzentos e trinta e seis equipes participaram da competição, que estava programada para durar dois meses. Quando George Dahl, ex-aluno de Geoff Hinton, descobriu sobre o concurso enquanto viajava em um trem de Seattle para Portland, decidiu se inscrever. Ele não tinha experiência com descoberta de drogas, assim como não tinha experiência com reconhecimento de fala antes de construir um sistema que mudou o futuro de todo o campo. Ele também suspeitou que Hinton não aprovaria sua entrada no concurso. Mas Hinton gostava de dizer que queria que seus alunos trabalhassem em algo que ele não aprovava. "É como o resultado de integridade de Gödel. Se ele permitir que você faça coisas que ele não aprova, é realmente uma desaprovação?", diz Dahl. "Geoff entende os limites de suas próprias habilidades. Ele tem certa humildade intelectual. Ele está aberto a surpresas, a possibilidades."

Quando Dahl voltou para Toronto, ele se encontrou com Hinton, e quando Hinton perguntou "No que você está trabalhando?", Dahl contou a ele sobre a Merck.

"Eu estava no trem indo para Portland e havia acabado de treinar uma rede neural realmente idiota com os dados da Merck e quase não fiz nada, e ela já está em sétimo lugar", disse Dahl.

"Quanto tempo de concurso ainda tem?", perguntou Hinton.

"Duas semanas", disse Dahl.

"Bem", respondeu Hinton, "você tem que ganhar".

Dahl não tinha certeza se conseguiria vencer. Ele não havia pensado muito a respeito do projeto. Mas Hinton foi insistente. Aquele era o momento inebriante entre o sucesso do aprendizado profundo com a tecnologia de reconhecimento de voz e o triunfo com o Go, e Hinton estava ansioso para mostrar o quão adaptáveis as redes neurais podiam ser. Ele agora as chamava de dreadnets (uma brincadeira com os couraçados de batalha do início do século XX chamados *dreadnoughts*), convencido de que varreriam tudo diante delas. Dahl se lembrou de uma velha piada russa que Ilya Sutskever gostava de contar, na qual o exército soviético fica sem munições enquanto atira em seu inimigo capitalista. "Como assim vocês estão sem cartuchos?", pergunta o general soviético ao sargento que o alerta para o problema. "Você é um comunista!" Então o exército continua atirando. Hinton disse que eles tinham que vencer o concurso, sendo assim, Dahl pediu a ajuda de Navdeep Jaitly e alguns outros pesquisadores de aprendizado profundo de seu laboratório em Toronto — e eles venceram.

O concurso explorou uma técnica de descoberta de drogas chamada relação estrutura-atividade quantitativa, ou QSAR, da qual Dahl nunca havia ouvido falar quando começou a trabalhar com dados da Merck. Como disse Hinton: "George destruiu toda a área sem nem mesmo saber seu nome." Logo, a Merck adicionou esse método aos longos e tortuosos processos necessários para descobrir novos medicamentos. "Você pode pensar na IA como um grande problema de matemática no qual ela vê padrões que os humanos não podem ver", diz Eric Schmidt, ex-presidente e chefe-executivo do Google. "Há muitos padrões na ciência e na biologia que os humanos não conseguem ver, e, quando apontados, eles nos permitirão desenvolver medicamentos e soluções melhores."

Na esteira do sucesso de Dahl, inúmeras empresas se voltaram para o campo mais amplo de descoberta de medicamentos. Muitas eram *startups*, incluindo uma empresa de San Francisco fundada por um dos colegas de laboratório de George Dahl na Universidade de Toronto. Outros eram gigantes farmacêuticas como a Merck, que pelo menos fizeram barulho sobre como esse trabalho mudaria fundamentalmente seus negócios. Todos estavam a anos de reformar a área por completo, apenas porque a tarefa de descoberta de drogas é prodigiosamente difícil e demorada. É importante ter em mente que a descoberta de Dahl foi mais um ajuste do que um avanço transformador. Mas o potencial das redes neurais rapidamente gerou pesquisas em todo o campo médico.

Quando Ilya Sutskever publicou o artigo que refez a tradução automática — conhecido como *Sequence to sequence* —, ele disse que não se tratava realmente de tradução. Quando Jeff Dean e Greg Corrado leram, concordaram. Eles decidiram que era uma forma ideal para analisar registros de saúde. Se os pesquisadores inserissem anos de registros médicos antigos no mesmo tipo de rede neural, ela poderia aprender a reconhecer sinais de que a doença estava a caminho, concluíram. "Se você alinhar os dados dos registros médicos, parece uma sequência que você está tentando prever", diz Dean. "Dado um paciente nesse estágio específico, qual a probabilidade de ele desenvolver diabetes nos próximos doze meses? Se eu lhe der alta do hospital, ele voltará em uma semana?" Ele e Corrado logo formaram uma equipe dentro do Google Brain para explorar a ideia.

Foi nesse contexto que o projeto blindless de Lily Peng decolou — a ponto de uma unidade de saúde dedicada ser estabelecida dentro do laboratório. Peng e sua equipe adquiriram cerca de 130 mil exames digitais de olhos do Hospital Oftalmológico Aravind e de várias outras fontes[4] e pediram a cerca de 55 oftalmologistas norte-americanos que os rotulassem — para identificar quais incluíam aquelas pequenas lesões e hemorragias que indicavam que a cegueira diabética estava a caminho. Depois disso, eles alimentaram uma rede neural com essas imagens, e então ela aprendeu a reconhecer sinais reveladores por conta própria. No outono de 2016, com um artigo no *Journal of the American Medical Association*, a equipe revelou um sistema que poderia identificar sinais de cegueira diabética com a mesma precisão de médicos treinados, identificando corretamente a condição em mais de 90% das vezes, e isso excedeu o padrão recomendado do *National Institutes of Health* em pelo menos 80%. Peng e sua equipe reconheceram que a tecnologia teria que superar muitos obstáculos regulatórios e logísticos nos próximos anos, mas estava pronta para testes clínicos.[5]

Eles realizaram um teste no Hospital Oftalmológico Aravind. No curto prazo, o sistema do Google poderia ajudar o hospital a lidar com o fluxo constante de pacientes que passam por suas portas. Mas a esperança era a de que o Aravind também implantasse a tecnologia em toda a rede dos mais de quarenta "centros de visão" que operavam em áreas rurais de todo o país, onde poucos ou nenhum oftalmologista estava disponível. O Aravind foi fundado no final dos anos 1970 por um homem chamado Govindappa Venkataswamy, uma figura icônica conhecida em toda a Índia como "Dr. V.". Ele imaginou uma rede nacional de hospitais e centros de visão que funcionassem como franquias do McDonald's, reproduzindo sistematicamente formas baratas de cuidados oculares para pessoas em todo o país. A tecnologia do Google poderia trabalhar diretamente nessa ideia — se eles conseguissem colocá-la em prática. A implantação dessa tecnologia não foi como implantar um site ou aplicativo para smartphone. A tarefa foi em grande parte uma questão de persuasão, não apenas na Índia, mas nos EUA e no Reino Unido, onde muitos outros estavam explorando tecnologias semelhantes. A preocupação generalizada entre especialistas de saúde e reguladores era a de que uma rede neural era uma "caixa-preta". Ao contrário das tecnologias anteriores, os hospitais não teriam os meios para explicar por que um diagnóstico fora feito. Alguns pesquisadores argumentaram que novas tecnologias poderiam ser construídas para resolver esse problema. O Google criou uma equipe exclusivamente para trabalhar na solução, mas muitos outros disseram que esse era um problema longe de ser trivial. "Não acredite em ninguém que diga que é",[6] disse Geoff Hinton à *New Yorker* em uma reportagem abrangente sobre a ascensão do aprendizado profundo na área da saúde.

Ainda assim, Hinton acreditava que, à medida que o Google continuasse seu trabalho com retinopatia diabética e outros sistemas explorados para leitura de raios X, ressonâncias magnéticas e outros exames médicos, o aprendizado profundo mudaria fundamentalmente o setor. "Eu acho que, se você trabalha como radiologista,[7] você é como o Coyote no desenho animado", disse ele durante uma palestra em um hospital de Toronto. "Você já está na beira do penhasco, mas ainda não olhou para baixo. Não há chão embaixo." Ele argumentou que as redes neurais eclipsariam as habilidades dos médicos treinados porque continuariam a melhorar à medida que os pesquisadores as alimentassem com mais dados, e que o problema da caixa-preta era algo com o qual as pessoas aprenderiam a conviver.[8] O truque era convencer o mundo de que não era um problema, e isso viria por meio de testes — a prova de que, mesmo que você não pudesse ver dentro delas, elas faziam o que deveriam fazer.

Hinton acreditava que as máquinas, trabalhando ao lado dos médicos, forneceriam um nível de saúde até então impossível.[9] No curto prazo, argumentou ele, esses algoritmos leriam raios-X, tomografias e ressonâncias magnéticas.[10] Com o passar do tempo, eles também fariam diagnósticos patológicos,[11] leriam exames de Papanicolau, identificariam sopros cardíacos e preveriam recaídas em condições psiquiátricas. "Há muito mais para aprender aqui",[12] disse Hinton a um repórter, enquanto soltava um pequeno suspiro. "O diagnóstico precoce e preciso não é um problema trivial. Podemos fazer melhor. Por que não deixar as máquinas nos ajudarem?" E disse que isso era particularmente importante para ele, já que sua esposa fora diagnosticada com câncer de pâncreas depois que o câncer avançou além do estágio em que ela poderia ser curada.

Na esteira da vitória do AlphaGo na Coreia, muitos dentro do Google Brain começaram a ter ressentimentos com o DeepMind, e uma divisão fundamental se desenvolveu entre os dois laboratórios. Liderado por Jeff Dean, o Google Brain tinha como objetivo construir tecnologias com impacto prático e imediato: reconhecimento de voz, reconhecimento de imagem, tradução, saúde. A missão declarada do DeepMind era a inteligência artificial geral, e ele estava perseguindo esse horizonte ensinando sistemas a jogar. O Google Brain pertencia ao Google e gerava receita. O DeepMind era um laboratório independente com seu próprio conjunto de regras. Nos novos escritórios do Google perto da estação St. Pancras, em Londres, o DeepMind ficou isolado em sua própria seção do prédio. Seus funcionários podiam entrar na seção do Google com os emblemas de sua empresa, mas os funcionários do Google não podiam entrar nos andares do DeepMind. A separação ficou mais acentuada depois que Larry Page e Sergey Brin desmembraram vários projetos do Google em seus próprios negócios e os transferiram para uma nova empresa chamada Alphabet.[13] O DeepMind estava entre os projetos que se tornaram sua própria entidade. A tensão entre o Google Brain e o DeepMind era tão grande, que os dois laboratórios realizaram uma espécie de conferência a portas fechadas no norte da Califórnia em um esforço para amenizar a situação.

Mustafa Suleyman foi um dos fundadores do DeepMind, mas parecia se encaixar melhor no Google Brain. O homem que todos chamavam de "Moose" queria construir tecnologia para o presente, não para um futuro distante. Ele não era um jogador, um neurocientista ou mesmo um pesquisador de IA. Ele abandonou Oxford, criou uma linha de ajuda para jovens muçulmanos e trabalhou para o prefeito de Londres com direitos humanos. Ele também não era o tipo decididamente nerd e frequentemente introvertido que normalmente trabalhava com IA. Ele era um hipster que se orgulhava de conhecer todos os melhores bares e restaurantes, seja em Londres ou Nova York, e emitia suas opiniões em voz alta, sem vergonha. Quando Elon Musk celebrou seu quadragésimo aniversário a bordo do Expresso do Oriente, Suleyman foi o fundador do DeepMind que se juntou a esse bacanal em movimento. Ele gostava de dizer que, quando ele e Hassabis estavam crescendo juntos no norte de Londres, ele não era o nerd do grupo. Eles não eram amigos íntimos. Mais tarde, Suleyman lembrou que, na juventude, quando ele e Hassabis discutiam como mudariam o mundo, encontraram poucos pontos em comum.[14] Hassabis

162 CRIADORES DE GÊNIOS

propunha simulações complexas do sistema financeiro global que poderiam resolver os maiores problemas sociais do mundo em algum momento no futuro distante, e Suleyman ficava no presente.[15] "Temos que nos envolver com o mundo real hoje", dizia ele.[16] Alguns funcionários do DeepMind achavam que Suleyman tinha ciúmes e ressentimentos profundos quanto a Hassabis e Legg porque eles eram cientistas, e ele não, que ele tinha a intenção de provar que era tão importante para o DeepMind quanto eles. Um colega não conseguia acreditar que todos haviam fundado a mesma empresa.

Como muitos dentro do Google Brain, Suleyman viria a se ressentir com o AlphaGo. Mas, no início, o brilho caloroso da máquina jogadora de Go do DeepMind deu um toque especial ao seu projeto de estimação. Três semanas após o DeepMind revelar que o AlphaGo havia derrotado Fan Hui, o campeão europeu, Suleyman revelou o que chamou de DeepMind Health.[17] Enquanto ele crescia em Londres, perto de Kings Cross, sua mãe trabalhava como enfermeira no *National Health Service*, a instituição governamental de 70 anos que oferecia assistência médica gratuita a todos os residentes britânicos. Agora, seu objetivo era construir uma inteligência artificial que pudesse refazer os provedores de saúde do mundo, começando com o NHS. Cada notícia cobrindo o novo projeto apontou para o AlphaGo como evidência de que o DeepMind sabia o que estava fazendo.

Seu primeiro grande projeto foi um sistema de previsão de lesão renal aguda. A cada ano, uma em cada cinco pessoas internadas em um hospital desenvolve a doença, quando os rins param de funcionar como deveriam e se tornam incapazes de remover adequadamente as toxinas da corrente sanguínea. Às vezes, isso danifica permanentemente os rins. Outras vezes, leva à morte. Mas se a condição for identificada logo, ela pode ser tratada, interrompida e revertida. Com o DeepMind Health, Suleyman pretendia construir um sistema que pudesse prever a doença renal aguda, analisando os registros de saúde de um paciente, incluindo exames de sangue, sinais vitais e histórico médico prévio. Para fazer isso, ele precisava de dados.

EXPANSÃO 163

Antes de revelar o novo projeto, o DeepMind assinou um acordo com a *Royal Free London NHS Foundation Trust*, um fundo do governo que gerenciava vários hospitais britânicos e que forneceu os dados de pacientes que os pesquisadores do DeepMind usariam para alimentar uma rede neural, com o intuito de que pudesse identificar padrões que antecipavam a lesão renal aguda. Depois que o projeto foi revelado, o AlphaGo foi para a Coreia e derrotou Lee Sedol, e o brilho quente da máquina de jogar Go ficou mais forte. Então, apenas algumas semanas depois, a revista *The New Scientist* revelou o acordo entre o DeepMind e a *Royal Free NHS Trust*, mostrando quantos dados estavam sendo compartilhados com o laboratório.[18] O acordo deu à DeepMind acesso aos registros de saúde de 1,6 milhão de pacientes,[19] enquanto transitavam por três hospitais de Londres, bem como registros dos cinco anos anteriores, incluindo informações que descreviam overdoses de medicamentos, abortos, testes de HIV, testes de patologia, exames de radiologia e informações sobre visitas hospitalares particulares. O DeepMind foi obrigado a excluí-los após o término do acordo, mas na Grã-Bretanha, um país que, particularmente, valoriza a privacidade digital, a história levantou um espectro que seguiria o DeepMind Health e Mustafa Suleyman por anos. Em julho do ano seguinte, um regulador britânico determinou que o *Royal Free NHS Trust* havia compartilhado ilegalmente seus dados com o DeepMind.[20]

12

TERRA DOS SONHOS

"NÃO É QUE O PESSOAL DO GOOGLE BEBA DE OUTRA FONTE."

Na primavera de 2016, Qi Lu sentou-se em uma bicicleta e pedalou pelo parque no centro de Bellevue. As torres de vidro da cidade surgiam no alto enquanto ele se balançava pelo calçadão, lutando para manter a bicicleta em pé. Não era uma bicicleta comum. Quando ele virava o guidão para a esquerda, ela se movia para a direita, e quando ele virava para a direita, ela se movia para a esquerda. Ele a chamou de "bicicleta cerebral ao contrário", porque a única maneira de pedalar era pensando ao contrário. A sabedoria convencional dizia "Você nunca se esquece de andar de bicicleta", mas isso é exatamente o que ele esperava fazer. Décadas depois de ter aprendido a andar quando era uma criança crescendo em Xangai, ele pretendia apagar tudo o que havia aprendido e gravar um comportamento totalmente novo em seu cérebro. Isso, acreditava ele, mostraria à sua empresa o caminho a se seguir.

Lu trabalhava para a Microsoft. Depois de ingressar na empresa em 2009, ele supervisionou a criação do Bing, sua resposta multibilionária ao monopólio do mecanismo de busca do Google. Sete anos depois, quando ele e sua bicicleta ao contrário cambaleavam pelo parque no centro de Bellevue, 16 quilômetros a leste de Seattle, na mesma rua da sede da Microsoft, ele era um dos executivos mais poderosos da empresa, liderando seu mais recente impulso em direção à inteligência artificial. O AlphaGo havia acabado de derrotar Lee Sedol na Coreia, e a Microsoft estava tentando se recuperar. O problema, ele sabia muito bem, era que a Microsoft havia passado anos lutando para fazer progressos com novas tecnologias em novos mercados. Por quase dez anos, a empresa lutou por um lugar no mercado de smartphones, redesenhando seu sistema operacional Windows para competir com o iPhone da Apple e um mundo de telefones Google Android, construindo um assistente digital falante que pudesse desafiar as tecnologias de fala emergentes do Google Brain e gastando nada menos que US$7,6 bilhões para adquirir a Nokia,[1] uma empresa com décadas de experiência em projetar e vender telefones celulares. Mas nada disso funcionou. Os telefones da empresa ainda pareciam computadores antiquados e, no fim das contas, eles não conquistaram quase nada do mercado. Lu pensava que o problema da Microsoft era que ela lidava com tarefas novas de maneiras antigas. Ela projetava, implantava e promovia tecnologias para um mercado que não existia mais. Depois de ler uma série de ensaios de um professor da Harvard Business School que desconstruiu as fraquezas das corporações envelhecidas, ele passou a ver a Microsoft como uma empresa ainda impulsionada pela memória processual gravada no cérebro de seus engenheiros, executivos e gerentes intermediários quando eles começaram a aprender sobre o negócio da informática nos anos 1980 e 1990, antes do surgimento da internet, dos smartphones, dos softwares de código aberto e da inteligência artificial. A empresa precisava mudar sua forma de pensar, e com sua bicicleta invertida, Lu esperava mostrar que ela seria capaz.

A bicicleta foi construída por um colega da Microsoft chamado Bill Buxton e sua amiga Jane Courage. Quando Lu pegou essa engenhoca contraintuitiva para seu primeiro teste, eles o acompanharam. Enquanto Lu — um homem minúsculo com cabelo preto curto e óculos de aro metálico, vestido com uma camiseta vermelha e um moletom azul-claro, pedalando por entre as árvores e o espelho d'água e a cachoeira — atravessava o parque no centro de Bellevue, Buxton e Courage ergueram seus iPhones, capturando o passeio em vídeo, um de frente e outro de trás. A ideia era compartilhar a experiência com o resto de sua equipe executiva da Microsoft, provar que era possível e, eventualmente, fazer com que andassem na bicicleta também — todos os 35 — para que pudessem sentir como era mudar seus pensamentos de uma maneira fundamental. Lu sabia que levaria semanas para aprender a andar nessa nova bicicleta — e ele sabia que, assim que o fizesse, não teria mais a memória necessária para andar com uma bicicleta comum. Mas ele esperava que seu exemplo empurrasse a Microsoft para o futuro.

Depois de se esforçar para manter a bicicleta em pé por quase vinte minutos, ele saiu pelo passeio pela última vez. Ao virar o guidão de sua bicicleta para trás, ele caiu e quebrou o quadril.

———————

QUATRO anos antes, no outono de 2012, Li Deng estava sentado à sua mesa no *Edifício 99*, o coração do laboratório de pesquisa da Microsoft, lendo um artigo não publicado que descrevia o amplo sistema de hardware e software que o novo laboratório do Google Brain havia usado para treinar suas redes neurais.[2] Esse era o sistema que o Google chamava de *DistBelief*, e como parte de um pequeno comitê de revisão de documentos para inclusão na próxima conferência do NIPS, Deng estava vendo o modelo do projeto semanas antes do resto do mundo. Depois de trazer Geoff Hinton e seus alunos para o laboratório de pesquisa da Microsoft, onde construíram uma rede neural que podia reconhecer palavras faladas com uma precisão sem precedentes, Deng assistiu de longe enquanto o Google derrotava a Microsoft no mercado com a mesma tecnologia. Agora ele percebeu que essa tecnologia se espalharia para muito além das palavras faladas. "Quando li o artigo", lembra Deng, "percebi o que o Google estava fazendo".

A Microsoft passou mais de vinte anos investindo em inteligência artificial, pagando muito dinheiro para muitos dos principais pesquisadores do mundo — e isso colocou a empresa em desvantagem, pois o aprendizado profundo ganhou destaque. Ao longo das décadas, a comunidade mundial de pesquisadores se dividiu em facções filosóficas distintas. O professor Pedro Domingos, da Universidade de Washigton, as chamou de "tribos" no livro *O algoritmo mestre*, em que traça uma história da inteligência artificial.[3] Cada tribo nutria sua própria filosofia — e muitas vezes menosprezava as filosofias dos outros. Os conexionistas, que acreditavam no aprendizado profundo, eram uma tribo. Os simbolistas, que acreditavam nos métodos simbólicos, defendidos por pessoas como Marvin Minsky, eram outra. Outras tribos acreditavam em ideias que iam desde análises estatísticas a "algoritmos evolutivos" que imitavam a seleção natural. A Microsoft havia investido em IA em uma época em que os conexionistas não eram os principais pesquisadores. Ela contratou pessoas de outras tribos, e isso significava que, mesmo quando o aprendizado profundo começou a ter sucesso de maneiras que outras tecnologias não tiveram, muitos

168 CRIADORES DE GÊNIOS

dos principais pesquisadores da empresa nutriam um profundo preconceito quanto à ideia de uma rede neural. "Para ser honesto, todos os superiores da Microsoft Research não acreditavam nisso", diz Qi Lu. "Esse era o contexto."

Qi Lu não foi o único a se preocupar com a cultura arraigada da Microsoft. Hinton também tinha grandes reservas quanto a isso. Ele não gostava da maneira como os pesquisadores da Microsoft, ao contrário, digamos, daqueles do Google, trabalhavam por conta própria, isolados de qualquer pressão para comercializar. "Quando eu era um acadêmico, achava que isso era ótimo, porque você não precisa sujar as mãos com desenvolvimento", diz Hinton. "Mas em termos de realmente levar a tecnologia a um bilhão de pessoas, o Google é muito mais eficiente." Ele também estava preocupado com um artigo na *Vanity Fair* intitulado "A Década Perdida da Microsoft", que explorou a gestão de dez anos do presidente-executivo Steve Ballmer pelos olhos de executivos antigos e atuais da Microsoft.[4] Uma das grandes revelações da história foi a maneira como a Microsoft de Ballmer usava uma técnica chamada "curva de vitalidade" para revisar o desempenho de seus funcionários e eliminar uma certa proporção deles, independentemente de seu desempenho real e de seu nível de compromisso. Depois que a Microsoft desistiu da oferta pela *startup* de Hinton, ele disse a Deng que nunca poderia ter ingressado em tal empresa. "Não era o dinheiro. Era o sistema de avaliação", disse ele. "Pode ser bom para os vendedores. Mas não para os pesquisadores."

De qualquer forma, muitos na Microsoft estavam céticos quanto ao aprendizado profundo. O vice-presidente de pesquisa da empresa, Peter Lee, havia visto o aprendizado profundo refazer o reconhecimento de voz dentro de seu próprio laboratório depois que Li Deng trouxe Geoff Hinton para Redmond, e ainda assim não se convenceu. Essa descoberta parecia única. Ele não tinha motivos para pensar que a mesma tecnologia teria sucesso com outras áreas de pesquisa. Em seguida, ele voou para Snowbird, em Utah, para uma reunião dos presidentes do departamento de ciência da computação dos EUA. Embora tivesse deixado o cargo de presidente do departamento de ciência da computação da Carnegie Mellon, Lee ainda comparecia a essa confabulação anual como uma forma de se manter atualizado quantos às últimas tendências acadêmicas, e naquele ano, em Utah, ele viu Jeff Dean fazer um discurso sobre o aprendizado profundo. Quando ele voltou, marcou uma reunião com Deng em uma pequena sala de conferências no *Edifício 99* e pediu-lhe que explicasse por que Dean estava tão animado. Deng começou a descrever o artigo sobre o *DistBelief* e o que ele dizia sobre as grandes ambições do Google, explicando que o principal rival da Microsoft estava construindo uma nova infraestrutura para um novo futuro. "Eles estão gastando muito dinheiro", disse ele. Mas Lee o interrompeu, sabendo que, segundo as regras da conferência do NIPS, Deng não tinha permissão para discutir o artigo até que fosse publicado. "Isso é um artigo acadêmico", disse ele a Deng. "Você não pode me mostrar isso." Deng não mencionou o artigo novamente, mas continuou falando sobre o Google e a Microsoft e para onde a tecnologia estava se movendo. No fim das contas, Lee ainda achava que a ambição do Google era equivocada. O reconhecimento de voz era uma coisa, o reconhecimento de imagem era outra, e ambos eram apenas uma pequena parte do que qualquer máquina precisava fazer. "Eu só precisava saber o que estava acontecendo", disse ele. Mas logo convidou Deng para participar de uma reunião entre os principais pensadores do laboratório.

Eles se reuniram em outro prédio do *campus*, em uma sala muito maior. Deng estava no pódio, na frente de duas dúzias de pesquisadores e executivos, seu notebook conectado a uma tela plana fixada na parede atrás dele, pronto para pontuar cada grande pensamento com um gráfico, diagrama ou foto. Mas quando ele começou a explicar a ascensão do aprendizado profundo, desde o trabalho com reconhecimento de fala na Microsoft até sua disseminação pela indústria, foi interrompido por uma voz do outro lado da sala. Era Paul Viola, um dos maiores especialistas da empresa em visão computacional. "As redes neurais nunca funcionaram", disse. Deng observou a reclamação e voltou à sua apresentação. Viola interrompeu novamente, levantando-se de sua cadeira, caminhando até a frente da sala, desligando o notebook de Deng da tela plana na parede e conectando o seu próprio. Na tela, a capa de um livro apareceu, quase toda laranja com espirais roxas e um título de uma palavra só impresso em pequenas letras brancas. Era o *Perceptrons*, de Marvin Minsky. Décadas atrás, disse Viola, Minsky e Papert provaram que as redes neurais eram fundamentalmente defeituosas e nunca alcançariam os grandes objetivos que tantos haviam prometido. Eventualmente, Deng continuou sua apresentação — mas Viola continuou a interrompê-lo. Ele o interrompeu tantas vezes, que uma voz do outro lado da sala logo lhe disse para ficar quieto. "Esta é a apresentação de Li ou a sua?", disse a voz. Era Qi Lu.

170 CRIADORES DE GÊNIOS

Se Qi Lu era um excelente exemplo da natureza cosmopolita da comunidade da IA, sua formação fazia dele um dos membros mais improváveis da comunidade. Criado por seu avô em um campo pobre no auge da Revolução Cultural de Mao Tsé-Tung,[5] ele comia carne apenas uma vez por ano, quando sua família celebrava o festival da primavera, e frequentava uma escola onde um único professor dava aulas para quatrocentos alunos. No entanto, ele superou todas as desvantagens naturais que enfrentou para se formar em ciência da computação na Universidade de Fudan de Xangai e para atrair a atenção, no final dos anos 1980, do cientista da computação estadunidense Edmumd Clarke, que por acaso estava na China em busca de talentos que pudesse levar de volta para Pittsburgh. Clarke fez um discurso em Fudan em um domingo, quando Lu normalmente andava de bicicleta pela cidade para visitar seus pais, mas quando caía uma chuva forte, ele ficava em casa. Naquela tarde, alguém bateu à sua porta, instando-o a ocupar um lugar na palestra de Clarke. Muitos lugares estavam vazios por causa da chuva. Lu viu a palestra e, depois de impressionar Clarke com suas perguntas do outro lado do auditório, foi convidado a se candidatar a uma vaga no Carnegie Mellon. "Foi sorte", lembra ele. "Se não tivesse chovido, eu teria ido ver meus pais."

Quando Lu ingressou no programa de doutorado da Carnegie Mellon, ele sabia muito pouco inglês. Um de seus professores foi Peter Lee, seu futuro colega da Microsoft. Durante o primeiro ano de Lu, Lee aplicou à sua turma um exame: escrever um código para, "quando a natureza chamasse", encontrar o caminho mais curto para o banheiro de qualquer ponto no prédio de ciência da computação da Carnegie Mellon. No meio do exame, Qi Lu se aproximou de Lee e perguntou: "O que é um chamado da natureza? Esse é um procedimento do qual nunca ouvi falar." Apesar da lacuna de linguagem, era óbvio para Lee que ele era um cientista da computação de talento extremo e incomum. Depois da Carnegie Mellon, Lu subiu na hierarquia do Yahoo e depois da Microsoft. No momento em que Li Deng fez sua apresentação no *Edifício 99*, Lu supervisionava o mecanismo de busca Bing e várias outras partes da empresa, trabalhando em estreita colaboração com a Microsoft Research.

Ele se via como um executivo de tecnologia incomum, que entendia a tecnologia além de ser um estrategista e um arquiteto de sistemas, um visionário que lia os artigos de pesquisa emergentes dos principais laboratórios do mundo. Ele tinha uma maneira de apresentar suas ideias em axiomas tecnológicos nítidos, autocontidos e ligeiramente estranhos:

A computação é a manipulação intencional de informações com um propósito.

Os dados estão se tornando o principal meio de produção.

O aprendizado profundo é a computação em um novo substrato.

Mesmo antes da reunião no *Edifício 99*, ele sabia para onde a indústria estava indo. Como Peter Lee, ele havia participado recentemente de uma reunião privada de cientistas da computação em que um dos fundadores do Google Brain alardeava a respeito do surgimento do aprendizado profundo. Na *Foo Camp*, uma reunião anual no Vale do Silício considerada uma "não conferência", em que os participantes definem a agenda conforme ela avança, ele fez parte de um grupo que se reuniu ao redor de Andrew Ng enquanto ele explicava as ideias por trás do Cat Paper. Na Microsoft, Lu estava ciente da nova tecnologia de voz que surgiu depois que Hinton e seus alunos visitaram a empresa, mas foi só quando conheceu Ng que percebeu o que estava acontecendo. Seus engenheiros do Bing construíram meticulosamente, à mão, cada parte do mecanismo de busca da Microsoft. Mas, como Ng explicou, eles agora podiam construir sistemas que aprendiam essas partes por conta própria. Nas semanas que se seguiram, de maneira típica, ele começou a ler a literatura de pesquisa emergente de lugares como a NYU e a Universidade de Toronto. No dia em que Deng fez sua apresentação sobre o surgimento do aprendizado profundo, Lu ouviu e fez as perguntas certas. Então Deng sabia o que fazer quando Geoff Hinton lhe enviou um e-mail algumas semanas depois, revelando a oferta de US$12 milhões da Baidu. Ele encaminhou a nota para Qi Lu, e foi Lu quem pediu aos líderes da Microsoft Research que participassem do leilão por Hinton e seus alunos. Os líderes da Microsoft Research, no entanto, ainda estavam céticos.

QUANDO Qi Lu voltou a trabalhar, vários meses depois de quebrar o quadril no parque Bellevue, ele ainda andava com uma bengala. Enquanto isso, o AlphaGo havia derrotado Lee Sedol, e a indústria de tecnologia foi atingida por uma espécie de febre da IA. Até mesmo empresas menores do Vale do Silício — Nvidia, Twitter, Uber — disputavam posições nessa corrida em direção a uma única ideia. Depois que o Twitter adquiriu a Madbits,[6] a empresa fundada por Clément Farabet, pesquisador da NYU que recusou o Facebook, a Uber comprou uma *startup* chamada Geometric Intelligence,[7] uma coleção de acadêmicos reunida por um psicólogo da NYU chamado Gary Marcus. O aprendizado profundo e seus pesquisadores eram a moeda da vez. Mas a Microsoft estava em desvantagem. Não era uma empresa da internet, uma empresa de smartphones ou uma empresa de automóveis autônomos. Na verdade, não havia construído o que precisava para a próxima grande novidade em inteligência artificial.

Enquanto se recuperava da primeira cirurgia em seu quadril, Lu pediu que o grupo de especialistas da Microsoft abraçasse a ideia de um carro autônomo. Uma miríade de empresas de tecnologia e fabricantes de automóveis teve uma longa vantagem inicial com seus veículos autônomos, e Lu não tinha certeza de como a Microsoft entraria nesse mercado cada vez mais lotado. Mas esse não era o problema. Seu argumento não era o de que a Microsoft deveria vender um carro autônomo, e, sim, que deveria *construir* um. Isso daria à empresa as habilidades, as tecnologias e os insights de que precisava para ter sucesso em várias outras áreas. O Google passou a dominar tantos mercados, acreditava Lu, porque construiu um mecanismo de busca na era em que a internet estava se expandindo como ninguém jamais havia visto. Engenheiros como Jeff Dean foram forçados a desenvolver tecnologias que ninguém havia desenvolvido ainda, e nos anos que se seguiram, essas tecnologias impulsionaram tudo, desde Gmail, YouTube e Android. "Não é que o pessoal do Google beba de outra fonte", disse ele. "O mecanismo de pesquisa exigia que eles resolvessem um conjunto de desafios tecnológicos." Lu acreditava que construir um carro autônomo enriqueceria o futuro da Microsoft da mesma maneira. "Devemos nos colocar em uma posição capaz de enxergar o futuro da computação."

A ideia era absurda, mas não mais absurda do que as ideias que impulsionaram os maiores rivais da Microsoft. O Google pagando US$44 milhões por Hinton e seus alunos era "absurdo". Poucos meses depois, como o resto do mercado estava jogando somas muito mais altas para outras pessoas da área, parecia um bom negócio. Na Coreia, o AlphaGo parecia abrir um novo reino de possibilidades, e agora toda a indústria estava perseguindo a tecnologia como se fosse a resposta para tudo, embora seu futuro em outras áreas além do reconhecimento de voz, imagem e tradução automática permanecesse obscuro. No evento, Lu não convenceu de forma alguma a equipe de confiança da Microsoft a construir um carro autônomo, mas à medida que a febre tomava conta da indústria, ele os convenceu de que deveriam pelo menos fazer alguma coisa.

As figuras mais importantes da revolução do aprendizado profundo já estavam atuando na competição. O Google tinha Hinton, Sutskever e Krizhevsky, bem como Hassabis, Legg e Silver. O Facebook tinha LeCun. A Baidu tinha Andrew Ng. Mas em um mundo onde uma figura como Hinton ou Hassabis era uma mercadoria inestimável — uma maneira de entender as mudanças que viriam, construir novas tecnologias, atrair os melhores talentos e, acima de tudo, promover uma marca corporativa — a Microsoft não tinha nada disso.

Para Qi Lu, a única opção restante era Yoshua Bengio, o terceiro pai fundador do movimento de aprendizado profundo que nutriu um laboratório na Universidade de Montreal enquanto Hinton e LeCun trabalhavam em Toronto e Nova York. Ao contrário de Hinton e LeCun, Bengio se especializou na compreensão da linguagem natural — sistemas que visavam dominar a maneira natural como nós, humanos, colocamos as palavras juntas. Ele e seus alunos estavam no centro da próxima grande descoberta, criando uma nova espécie de tradução automática ao lado do Google e da Baidu. O problema era que, assim como LeCun, para quem já havia trabalhado nos laboratórios Bell, ele acreditava muito na liberdade acadêmica. No verão de 2016, ele já havia rejeitado avanços de todas as grandes empresas de tecnologia estadunidense. Mas Lu acreditava que ainda poderia trazê-lo para a Microsoft — e a empresa estava disposta a pagar a conta. Certa manhã, naquele outono, com a bênção do novo presidente-executivo da empresa, Satya Nadella, Lu embarcou em um avião com Li Deng e outro pesquisador da Microsoft e voou para Montreal.

Eles se encontraram com Bengio em seu escritório na universidade, uma sala minúscula cheia de livros que mal conseguia acomodar os quatro. Bengio imediatamente disse a eles que não se juntaria à Microsoft, independentemente de quanto dinheiro eles oferecessem. Um homem com sobrancelhas grossas e uma cabeça com cabelos grisalhos e encaracolados que falava inglês com apenas um toque de sotaque francês, Bengio carregava uma seriedade que era charmosa e um pouco intimidante. Ele disse que preferia viver em Montreal, onde poderia falar seu francês nativo, e preferia a abertura da pesquisa acadêmica, que ainda era incomparável ao mundo corporativo. Mas os quatro continuaram conversando. Paralelamente ao trabalho na universidade, Bengio apoiava outros empreendimentos, e quando disse que passava parte do tempo assessorando uma nova *startup* canadense chamada Maluuba, especializada em sistemas de conversação, isso deu a Lu um outro encaminhamento. Se a

174 CRIADORES DE GÊNIOS

Microsoft adquirisse a Maluuba, disse ele, Bengio poderia passar a mesma parte de seu tempo aconselhando a Microsoft. Antes do fim da manhã, após uma troca de e-mail com Nadella, ele se ofereceu verbalmente para comprar a *startup*, e Nadella disse que, se eles concordassem com a venda, ele levaria Bengio e os fundadores da Maluuba para Seattle naquela noite para uma conversa séria.

Os dois fundadores se juntaram a eles para almoçar em um café universitário, mas não voaram até Seattle. Eles recusaram a oferta dizendo que sua *startup*, fundada apenas alguns meses antes, ainda precisava de espaço para crescer. Lu continuou a pressionar, mas eles não mudaram de ideia, e nem Bengio. Ele não queria falar de negócios. Ele queria falar sobre IA. A certa altura, enquanto discutiam inteligência artificial e robótica e para onde tudo isso estava indo, ele disse que os robôs do futuro precisariam dormir. Eles precisariam dormir, argumentou ele, porque precisariam sonhar. Seu ponto era que o futuro da pesquisa com IA residia em sistemas que pudessem não apenas reconhecer imagens e palavras faladas, mas também *gerá-las por conta própria*. Sonhar é uma parte vital da maneira como os humanos aprendem. À noite, repetimos o que experimentamos durante o dia, gravando memórias em nosso cérebro. O mesmo aconteceria um dia com os robôs.

Quando o almoço acabou, Lu disse a eles que a oferta ainda estaria de pé quando eles quisessem. Ele então saiu do café mancando, com sua bengala. A Maluuba entrou para a empresa cerca de um ano depois, com Bengio servindo à Microsoft como consultor conspícuo. Mas nesse período, Lu já havia deixado a empresa. A primeira rodada de cirurgia em seu quadril não havia funcionado: deixou sua coluna desalinhada e causou muita dor. Ele não conseguia andar em linha reta, e a dor se espalhou pelo seu corpo. Quando voltou de Montreal e os médicos disseram que ele precisava de outra cirurgia, ele disse a Nadella que não fazia mais sentido para ele ficar na Microsoft. A recuperação demoraria muito, e ele não poderia dedicar o tempo necessário à empresa. A Microsoft anunciou sua saída em setembro de 2016.[8] Cinco meses depois, ele retornou à China e ingressou na Baidu como diretor de operações.[9]

PARTE TRÊS

CRISE

13

FARSA

"NOSSA, VOCÊ PODE REALMENTE CRIAR ROSTOS FOTORREALISTAS."

Ian Goodfellow deu uma entrevista no Facebook no outono de 2013, ouvindo Mark Zuckerberg filosofar sobre o DeepMind enquanto caminhavam pelo pátio do *campus*. Depois, ele recusou Zuckerberg em favor de um emprego no Google Brain. Mas naquele momento, sua vida profissional estava em espera. Ele decidiu ficar em Montreal para ver como se desenvolvia o relacionamento com a mulher que ele havia acabado de começar a namorar. De qualquer forma, ele estava esperando que sua banca de tese de doutorado se reunisse, tendo cometido o erro de pedir a Yann LeCun para se juntar à banca pouco antes de o Facebook revelar seu novo laboratório de IA. Ele também estava escrevendo um livro sobre aprendizado profundo, mas não estava indo muito bem, e ficava a maior parte do tempo desenhando bebês elefantes e postando-os online.

Essa sensação de deriva chegou a um fim abrupto quando um de seus colegas de laboratório conseguiu um emprego no DeepMind, e os pesquisadores do laboratório organizaram uma festa de despedida em um bar próximo a *L'Avenue du Mont-Royal*. O bar chamava-se *Les 3 Brasseurs*, Os 3 Cervejeiros. Era o tipo de lugar em que vinte pessoas podiam aparecer sem avisar, juntar várias mesas, sentar-se e começar a beber grandes quantidades de cerveja artesanal. Goodfellow já estava eufórico quando esses pesquisadores começaram a discutir sobre a melhor maneira de construir uma máquina que pudesse criar suas próprias imagens fotorrealistas — fotos de cachorros, sapos ou rostos que pareciam completamente reais, mas não existiam de verdade. Alguns colegas de laboratório estavam tentando construí-la. Eles sabiam que podiam treinar uma rede neural para reconhecer imagens e depois virá-la de cabeça para baixo para que pudesse *gerá-las* também. Isso é o que o pesquisador do DeepMind Alex Graves fez ao construir um sistema que pudesse escrever à mão. Mas isso funcionava bem apenas para imagens detalhadas e fotográficas. Os resultados eram invariavelmente pouco convincentes.

Os colegas de laboratório de Goodfellow, no entanto, tinham um plano. Eles analisariam estatisticamente cada imagem que emergisse de sua rede neural — identificariam a frequência de certos pixels e seu brilho e a forma como se correlacionavam com outros pixels. Em seguida, eles poderiam comparar essas estatísticas com o que encontraram em fotos reais, e isso mostraria à sua rede neural onde estava o erro. O problema era que eles não tinham ideia de como codificar tudo isso em seu sistema — isso poderia exigir bilhões de estatísticas. Goodfellow disse-lhes que o problema que enfrentavam era insuperável. "Existem muitas estatísticas diferentes para rastrear", disse ele. "Isso não é um problema de programação. É um problema de design de algoritmo."

Ele ofereceu uma solução radicalmente diferente. O que eles deveriam fazer, ele explicou, era construir uma rede neural que aprendesse *com outra rede neural*. A primeira rede neural criaria uma imagem e tentaria fazer com que a segunda pensasse que era real. A segunda apontaria onde a primeira errou. A primeira tentaria novamente. E assim por diante. Se essas redes neurais em combate duelassem por tempo suficiente, disse ele, poderiam construir uma imagem que se parecesse com a coisa real. Os colegas de Goodfellow não se convenceram. Sua ideia, disseram, era ainda pior do que a deles. E se ele não estivesse ligeiramente bêbado, Goodfellow também acharia a mesma coisa. "Já é difícil treinar uma rede neural", diria um Goodfellow sóbrio. "Não dá para treinar uma rede neural dentro do algoritmo de aprendizado de outra." Mas, naquele momento, ele estava convencido de que funcionaria.

Quando ele entrou em seu apartamento de um quarto mais tarde naquela noite, sua namorada já estava na cama. Ela acordou, falou com ele e voltou a dormir. Então ele se sentou a uma mesa ao lado da cama, no escuro, ainda um pouco bêbado[1] e com a tela do notebook brilhando no rosto. "Meus amigos estão errados!",[2] continuou dizendo a si mesmo, enquanto montava suas redes de duelo usando códigos antigos de outros projetos e treinando essa nova engenhoca em várias centenas de fotos ao mesmo tempo em que sua namorada dormia ao lado dele. Algumas horas depois, estava funcionando como ele havia previsto. As imagens eram minúsculas, não maiores do que uma miniatura, e estavam um pouco embaçadas, mas pareciam fotos. Mais tarde ele disse que havia sido um golpe de sorte. "Se não tivesse funcionado, eu poderia ter desistido da ideia."[3] No artigo que publicou sobre a ideia, ele as chamou de "redes adversárias generativas" ou GANs.[4] Em toda a comunidade mundial de pesquisadores de IA, ele se tornou "O GANgster".

Quando Goodfellow entrou para o Google, no verão de 2014, ele estava promovendo GANs como uma forma de acelerar o progresso da inteligência artificial. Ao descrever a ideia, ele costumava apontar para Richard Feynman. Certa vez, o quadro-negro na sala de aula de Feyman tinha a seguinte frase escrita: "O que eu não consigo criar, eu não entendo." Isso foi o que Yoshua Bengio, conselheiro de Goodfellow na Universidade de Montreal, argumentou em um café perto da universidade quando fora atraído pelo contingente viajante da Microsoft. Como Hinton, Bengio e Goodfellow acreditavam que aquilo que a inteligência artificial não pode criar, ela não pode entender. Criar, todos argumentaram, ajudaria as máquinas a entender o mundo ao seu redor. "Se uma IA conseguisse imaginar o mundo em detalhes realistas — aprender a imaginar imagens e sons realistas —, isso a incentivaria a aprender sobre a estrutura do mundo real", diz Goodfellow. "Isso pode ajudar a IA a entender as imagens que vê ou os sons que ouve." Assim como o reconhecimento de voz, de imagens e a tradução, as GANs foram outro avanço para o aprendizado profundo. Ou, pelo menos, era nisso que os pesquisadores do aprendizado profundo acreditavam.

Em um discurso na Carnegie Mellon University em novembro de 2016, Yann LeCun chamou as GANs de "a ideia mais legal em aprendizado profundo dos últimos vinte anos". Quando Geoff Hinton ouviu isso, ele fingiu contar para trás ao longo dos anos, como se para ter certeza de que as GANs não fossem mais legais do que a retropropagação, antes de reconhecer que a afirmação de LeCun não estava longe da verdade. O trabalho de Goodfellow

180 CRIADORES DE GÊNIOS

desencadeou uma longa linha de projetos que refinou, expandiu e desafiou sua grande ideia. Pesquisadores da Universidade de Wyoming construíram um sistema que gerou imagens minúsculas, mas perfeitas, de insetos, igrejas, vulcões, restaurantes, desfiladeiros e salões de banquetes.[5] Uma equipe da Nvidia construiu uma rede neural que podia receber uma foto de um dia de verão e transformá-la no auge do inverno.[6] Um grupo da Universidade da Califórnia-Berkeley projetou um sistema que convertia cavalos em zebras e Monets em Van Goghs.[7] Eles estavam entre os projetos mais atraentes e intrigantes da indústria e da academia. Então o mundo mudou.

EM novembro de 2016 — o mês em que Yann LeCun fez um discurso chamando as GANs de a ideia mais legal em aprendizado profundo dos últimos vinte anos —, Donald Trump derrotou Hillary Clinton. E assim como a vida norte-americana e a política internacional sofreram uma mudança sísmica, o mesmo aconteceu com a IA. Em primeiro lugar, a repressão do governo à imigração gerou preocupações com a movimentação de talentos. À medida que o número de estudantes internacionais que estudavam nos Estados Unidos, já em declínio, caía drasticamente, uma comunidade norte-americana de ciências e matemática que dependia tanto de talentos estrangeiros começou a sofrer.[8] "Estamos atirando em nossa própria cabeça", disse Oren Etzioni, chefe-executivo do *Allen Institute for AI*, um laboratório influente com sede em Seattle. "Não no pé. Na cabeça."

As grandes empresas já estavam expandindo sua atuação no exterior. O Facebook abriu laboratórios de IA em Montreal e Paris, a cidade natal de Yann LeCun. A Microsoft acabou comprando a Maluuba,[9] que se tornou seu próprio laboratório em Montreal (com Yoshua Bengio como consultor estimado). E, em vez de passar seu tempo em Mountain View, Geoff Hinton abriu um laboratório do Google em Toronto. Ele fez isso em parte para poder cuidar de sua esposa, que continuava lutando contra o câncer. Ela costumava viajar para o norte da Califórnia, onde passavam os fins de semana em Big Sur, um de seus lugares favoritos. Mas à medida que sua saúde piorava, ela teve que ficar em casa. Ela insistia que Hinton continuasse com seu trabalho, e à medida que seu trabalho continuava em Toronto, um ecossistema maior floresceu ao seu redor.

Os riscos da política de imigração do governo Trump vieram à tona em abril de 2017, apenas três meses depois de ele assumir o cargo, quando Hinton ajudou a abrir o *Vector Institute for Artificial Intelligence,*[10] uma incubadora de pesquisas em Toronto. Ganhou um apoio de US$130 milhões em financiamento,[11] incluindo dólares de gigantes norte-americanas como o Google e a Nvidia, mas era projetado para gerar novas *startups* canadenses. O primeiro-ministro Justin Trudeau prometeu US$93 milhões em apoio a centros de pesquisa de IA em Toronto e Montreal, bem como em Edmonton.[12] A carreira de uma das principais colaboradoras de Hinton, uma jovem pesquisadora chamada Sara Sabour, exemplificava a natureza internacional da IA e como ela era suscetível a interferências políticas. Em 2013, depois de se formar em ciência da computação na *Sharif University of Technology,* no Irã, Sabour se candidatou à Universidade de Washington, na esperança de estudar visão computacional e outras formas de inteligência artificial, e foi aceita. Mas então o governo dos EUA negou-lhe o visto, aparentemente porque ela cresceu e estudou no Irã e pretendia se especializar em uma área, visão computacional, que potencialmente lidava com tecnologias militares e de segurança. No ano seguinte, ela se matriculou na Universidade de Toronto, onde encontrou seu caminho até Hinton e o Google.

Enquanto isso, o governo Trump continuou a se concentrar em manter as pessoas fora do país. "Neste instante, todo o benefício está na mão das empresas estadunidenses", disse Adam Segal, especialista em tecnologias emergentes e segurança nacional do Conselho de Relações Exteriores. "Mas em longo prazo, a inovação tecnológica e a criação de empregos não estão acontecendo nos Estados Unidos." Andrew Moore, o diretor de ciências da computação na Carnegie Mellon, um dos centros de pesquisa de IA nos Estados Unidos, disse que a situação estava perto de deixá-lo com insônia. Um dos professores de Moore, Garth Gibson, deixou a Carnegie Mellon para assumir as rédeas do *Vector Institute* em Toronto. Sete outros professores partiram para cargos acadêmicos na Suíça, onde governos e universidades estavam oferecendo muito mais para esse tipo de pesquisa do que nos EUA.

Mas o deslocamento de talentos não foi a maior mudança provocada pela chegada de Trump ao Salão Oval. A partir do momento em que a eleição terminou, a mídia nacional começou a questionar o papel da desinformação online no resultado, levantando profundas preocupações sobre o poder das "*fake news*". Mark Zuckerberg inicialmente rejeitou o papel da desinformação online durante uma aparição pública no Vale do Silício, dias após a eleição, dizendo alegremente que era uma "ideia muito maluca" essa de que os eleitores tenham sido influenciados por *fake news*.[13] Um coro de repórteres, legisladores, especialistas e cidadãos, no entanto, gerou uma pressão. A verdade é que o problema havia sido alarmante durante a eleição, especialmente na rede social do Facebook, onde centenas de milhares de pessoas, talvez até milhões, compartilharam histórias de embuste com manchetes como "Agente do FBI suspeito de vazamento de e-mail de Hillary foi encontrado morto em um 'suicídio/assassinato'" e "Papa Francisco choca o mundo e endossa Donald Trump para presidente".[14] Depois que o Facebook revelou que uma empresa russa que tinha relações com o Kremlin comprou mais de US$100 mil em anúncios de 470 contas e páginas falsas no site, espalhando mensagens polarizadoras relacionadas a raça, controle de armas, direitos dos homossexuais e imigração, essas preocupações continuaram crescer.[15] Sendo assim, elas lançaram as GANs e as tecnologias correlatas sob uma nova luz. Essas tecnologias, ao que parecia, eram uma forma de gerar notícias falsas.

Os pesquisadores se envolveram diretamente na história. Uma equipe da Universidade de Washington,[16] incluindo um pesquisador que logo mudou para o Facebook, usou uma rede neural para construir um vídeo que colocava novas palavras na boca de Barack Obama. Em uma *startup* na China, os engenheiros usaram técnicas semelhantes para transformar Donald Trump em um falante de chinês.[17] Não que imagens falsas fossem uma coisa nova. As pessoas têm usado tecnologias para corrigir fotos desde o início da fotografia, e na era do computador, ferramentas como o Photoshop deram a quase qualquer pessoa o poder de editar fotos e vídeos. Mas como os novos métodos de aprendizado profundo podiam aprender a tarefa por conta própria — ou, pelo menos, parte dela —, eles ameaçavam tornar a edição muito mais fácil. Em vez de pagar um bando de pessoas para criar e distribuir imagens e vídeos falsos, campanhas políticas, Estados-nações, ativistas e rebeldes poderiam construir sistemas que faziam o trabalho automaticamente.

Na época da eleição, o potencial total da IA para manipulação de imagens ainda estava a alguns meses de distância. Do jeito que estavam, as GANs podiam gerar apenas miniaturas, e os sistemas que colocam palavras na boca dos políticos ainda exigiam um conhecimento raro, sem mencionar o trabalho extenuante. Mas então, no primeiro aniversário da vitória de Trump, uma equipe de pesquisadores em um laboratório da Nvidia na Finlândia revelou uma nova geração de GANs.[18] Chamadas de "GANs progressivas", essas redes neurais em conflito podiam gerar imagens em tamanho real de plantas, cavalos, ônibus e bicicletas, que pareciam de verdade. Mas foram os rostos que chamaram a atenção. Depois de analisar milhares de fotos de celebridades, o sistema da Nvidia podia gerar um rosto que parecia ser de uma celebridade, embora não fosse — um rosto que lembrava Jennifer Aniston ou Selena Gomez, embora não fosse nenhuma das duas. Esses rostos inventados pareciam rostos reais, com suas rugas, seus poros, suas sombras e seu caráter muito próprio. "A tecnologia avançou tão rapidamente", diz Phillip Isolsa, um professor do MIT que ajudou a desenvolver esse tipo de técnica, " que passou de 'Ok, este é um problema acadêmico realmente interessante, mas você não pode usar isso para criar notícias falsas. Isso vai apenas produzir um pequeno objeto desfocado' para 'nossa, você pode realmente criar rostos fotorrealistas'".

Dias depois de a Nvidia revelar a tecnologia, minutos antes de Ian Goodfellow fazer um discurso em uma pequena conferência em Boston,[19] um repórter perguntou o que tudo isso significava. Ele reconheceu que qualquer pessoa já pode construir imagens falsas com o Photoshop, mas também disse que a tarefa estava ficando mais fácil.[20] "Estamos acelerando coisas que já são possíveis",[21] disse ele. Vestido com uma camisa preta e calça jeans azul, com um cavanhaque na ponta do queixo, o cabelo penteado para a frente na testa, ele de alguma forma parecia e falava como se fosse, ao mesmo tempo, a pessoa mais nerd e mais descolada do recinto. Conforme esses métodos melhorassem, ele explicou, eles encerrariam a era em que as imagens eram a prova de que algo havia acontecido.[22] "É um pouco por acaso, historicamente, que podemos confiar nos vídeos como prova de que algo realmente aconteceu", disse ele.[23] "Costumávamos ter que analisar uma história, pensando sobre quem disse o que e quem tem o incentivo para dizer o que, quem tem credibilidade em qual assunto. E parece que estamos voltando para esse tipo de época." Mas essa seria uma transição difícil de fazer.[24] "Infelizmente, as pessoas hoje em dia não são muito boas em pensamento crítico[25]. E tendem a ter uma ideia muito tribal de quem é confiável e quem não é." Haveria, no mínimo, um período de ajuste. "Há muitas outras áreas em que a IA[26] está abrindo portas que nunca abrimos antes. E não sabemos realmente o que há do outro lado", disse ele. "Nesse caso, é mais como se a IA estivesse fechando algumas das portas que nossa geração costumava ter abertas."

Esse período de ajuste[27] começou quase que imediatamente quando alguém começou a juntar rostos de celebridades em vídeos pornôs e postá-los online, chamando-as de "*deepfakes*"[28]. Depois que esse brincalhão anônimo distribuiu um aplicativo de software que fazia o truque, esses vídeos apareceram em massa em fóruns de discussão, redes sociais e sites de vídeo como o YouTube. Um usava o rosto de Michelle Obama. Vários usavam Nicolas Cage. Serviços como o PornHub, o Reddit[29] e o Twitter logo baniram a prática, mas não antes de a ideia se espalhar pela mídia convencional. "Deepfake" entrou no léxico, sendo um nome para qualquer vídeo adulterado com inteligência artificial e divulgado online.

Mesmo enquanto ajudava a impulsionar a IA, Ian Goodfellow passou a compartilhar da preocupação crescente com seu desenvolvimento acelerado, uma preocupação mais imediata do que os avisos de superinteligência lançados no *zeitgeist* por Elon Musk. As GANs eram apenas parte disso. Quando Goodfellow chegou à Google pela primeira vez, ele começou a explorar uma técnica à parte[30] chamada de "ataques adversários", mostrando que uma rede neural poderia ser induzida a ver ou ouvir coisas que realmente não existiam. Apenas mudando alguns pixels em uma foto de um elefante — uma mudança imperceptível ao olho humano —, ele poderia enganar uma rede neural fazendo-a pensar que o elefante era um carro. Uma rede neural aprendia com uma ampla gama de exemplos, e falhas pequenas e inesperadas podiam surgir em seu treinamento sem que ninguém soubesse. O fenômeno torna-se particularmente preocupante se considerarmos que esses algoritmos estavam sendo utilizados em carros autônomos, ajudando-os a reconhecer pedestres, veículos, placas de rua e outros objetos na estrada. Logo uma equipe de pesquisadores mostrou que, ao colocar algumas notas de *post-it* em um sinal de pare, eles podiam enganar um carro fazendo-o pensar que ele não estava lá.[31] Goodfellow alertou que o mesmo fenômeno poderia prejudicar muitas outras aplicações.[32] Uma empresa financeira, disse ele, poderia aplicar a ideia aos sistemas de negociação, fazendo algumas negociações destinadas a enganar seus concorrentes para que vendessem ações a um preço inferior ao seu valor real, para depois comprá-las por um valor muito menor quando o preço subisse.

Na primavera de 2016, depois de menos de dois anos no Google, Goodfellow deixou a empresa e levou essa pesquisa para o novo laboratório OpenAI, motivado pela sua missão declarada de construir uma inteligência artificial eticamente sólida e compartilhá-la com o mundo em geral. Seu trabalho, incluindo GANs e ataques adversários, se encaixava naturalmente. Seu objetivo era mostrar os efeitos desses fenômenos e como o mundo deveria enfrentá-los. Além disso, como os relatórios fiscais do laboratório mostraram mais tarde, ele recebeu US\$800 mil[33] apenas pelos últimos nove meses do ano (incluindo um bônus de assinatura de US\$600 mil). Mas ele não ficou na OpenAI por muito mais tempo do que esses nove meses. No ano seguinte, ele voltou ao Google, quando Jeff Dean criou um novo grupo dentro do Google Brain dedicado à segurança da IA. Dado o alto perfil de Goodfellow na comunidade de pesquisa e na indústria de tecnologia em geral, a mudança foi dolorida para a OpenAI. Ele também mostrou que as preocupações com o desenvolvimento da IA iam muito além de apenas um laboratório.

14

ARROGÂNCIA

"EU SABIA, QUANDO FIZ O DISCURSO, QUE OS CHINESES ESTAVAM CHEGANDO."

Na primavera de 2017, um ano após a partida na Coreia, o AlphaGo jogou sua segunda partida em Wuzhen, na China, uma antiga cidade aquática a 130 quilômetros ao sul de Xangai, ao longo do rio Yangtze. Com seus lagos de lírios, pontes de pedra e canais estreitos para barcos que serpenteiam entre fileiras de pequenas casas de madeira cobertas por telhados de pedra, Wuzhen é uma vila destinada a ter a aparência de séculos atrás. Mas o efeito é dissipado por um centro de conferências de 18 mil metros quadrados que se ergue entre os arrozais.[1] Compartilha do mesmo tipo de telha que as casas de madeira espalhadas por Wuzhen, mas é do tamanho de um estádio de futebol. Seu telhado tem a extensão de mais de 2,5 trilhões de telhas.[2] Construída para sediar a Conferência Mundial da Internet,[3] um encontro anual em que as autoridades chinesas costumam pregar o surgimento de novas tecnologias da internet e pontuar as formas como elas regulariam e controlariam a disseminação de informações, tornou-se, naquele momento, o cenário para uma partida entre o AlphaGo e o grande mestre chinês Ke Jei, o atual jogador número um de Go no ranking mundial.

Na manhã do primeiro jogo, dentro de uma sala privada em um corredor lateral do auditório cavernoso onde a partida seria disputada, Demis Hassabis estava sentado em uma cadeira de pelúcia cor-de-creme em frente a uma parede pintada como se fosse um fim de tarde.[4] Este será o tema em todo o edifício: céus vespertinos repletos de nuvens. Vestindo um terno azul-escuro com um pequeno alfinete azul-royal redondo na lapela e sem gravata — parecendo subitamente mais velho e mais elegante do que no ano anterior —, Hassabis disse que o AlphaGo agora era muito mais talentoso. Desde a partida na Coreia, o DeepMind passou meses melhorando o design da máquina, e o AlphaGo passou muito mais tempo jogando jogo após jogo contra si mesmo, aprendendo habilidades inteiramente novas por tentativa e erro digital. Hassabis estava confiante de que a máquina agora estava imune ao tipo de colapso repentino que ocorrera durante o quarto jogo na Coreia, quando Lee Sedol, com o Movimento 78, expôs uma lacuna em seu conhecimento do jogo. "Grande parte do que estávamos tentando fazer com a nova arquitetura era eliminar a lacuna de conhecimento", disse Hassabis. A nova arquitetura também era mais eficiente. Ele poderia se treinar em uma fração do tempo e, uma vez treinado, poderia ser executado em um único chip de computador (um TPU do Google, naturalmente). Embora Hassabis não tenha dito exatamente isso, estava claro, mesmo então, antes do primeiro movimento do primeiro jogo, que Ke Jie, de 19 anos, não tinha chance de vencer. Os líderes do Google organizaram a partida como uma rodada de despedida para o AlphaGo — e como uma forma de facilitar o retorno da empresa à China.

Em 2010, o Google havia saído repentina e dramaticamente da China, mudando seu mecanismo de busca em chinês para Hong Kong, após acusar o governo de invadir sua rede corporativa e espionar contas do Gmail de ativistas de direitos humanos.[5] A mensagem, de Larry Page, Sergey Brin e Eric Schmidt, era a de que o Google estava saindo não apenas por causa do hack, mas porque não suportava mais a censura governamental de notícias, sites e mídia social no mecanismo de pesquisa da empresa. Os novos servidores de Hong Kong ficavam fora do que os ocidentais chamavam de "Grande Firewall da China". Várias semanas depois, como o Google sabia que aconteceria, as autoridades em Pequim baixaram a cortina sobre essas máquinas de Hong Kong, impedindo o acesso de qualquer pessoa no continente, e foi assim que permaneceu por sete anos. Mas em 2017, o Google não era como antes. Ao criar a Alphabet, a empresa guarda-chuva que supervisionava o Google, a DeepMind e várias empresas irmãs, Page e Brin haviam se afastado da gigante da tecnologia que haviam construído nas duas décadas anteriores, colocando cada empresa nas mãos de outros executivos e, ao que parecia, avançando em direção a uma aposentadoria precoce. Sob a administração de seu novo CEO,

ARROGÂNCIA 189

Sundar Pichai, o Google estava tendo dúvidas sobre a China. O mercado era grande demais para ser ignorado. Havia mais pessoas usando a internet na China — cerca de 680 milhões de usuários — do que o tamanho da população dos Estados Unidos, e esse número estava crescendo a uma taxa ao qual nenhum outro país poderia se igualar.[6] O Google queria voltar.

A empresa viu o AlphaGo como o meio ideal. Na China, Go era um jogo nacional. Estima-se que 60 milhões de chineses assistiram ao jogo contra Lee Sedol transmitido pela internet.[7] E à medida que o Google olhava para o mercado chinês, um de seus principais objetivos era promover sua expertise em inteligência artificial. Mesmo antes da partida do AlphaGo com Lee Sedol, executivos do Google e do DeepMind haviam discutido a possibilidade de uma segunda partida na China que abriria um caminho de volta ao mercado para o mecanismo de busca do Google e muitos outros serviços online da empresa, e depois de todo o tumulto na Coreia, a ideia cresceu como uma bola de neve. Eles viam isso como uma "diplomacia pingue-pongue", semelhante às partidas de tênis de mesa dos Estados Unidos na China durante a década de 1970 como uma forma de facilitar as relações diplomáticas entre os dois países. O Google passou o ano seguinte planejando a visita do AlphaGo à China, reunindo-se com o ministro nacional do esporte e organizando vários serviços de internet e televisão para transmitir a partida. Sundar Pichai fez três viagens à China antes da partida, encontrando-se pessoalmente com Ke Jie, o novo oponente do AlphaGo. Os dois posaram para uma foto na Grande Muralha. Paralelamente à partida, o Google organizou seu próprio simpósio de inteligência artificial no mesmo centro de conferências, após o primeiro jogo da partida e antes do segundo. Tanto Jeff Dean quanto Eric Schmidt viajaram para a China, e ambos discursariam durante essa miniconferência de um dia. Dezenas de jornalistas chineses foram a Wuzhen para cobrir a partida, e muitos outros vieram do mundo todo o mundo. Quando Demis Hassabis caminhou pelo centro de conferências antes do primeiro jogo, eles o fotografaram como se ele fosse uma estrela pop.

Mais tarde naquela manhã, enquanto Hassabis descrevia a evolução contínua do AlphaGo na sala com o céu vespertino pintado na parede, Ke Jie fez o primeiro movimento do jogo no auditório, a algumas centenas de metros de distância. Em todo o país, milhões estavam prontos para assistir de longe. Mas eles não conseguiriam. Com uma ordem privada enviada a todos os meios de comunicação chineses em Wuzhen, o governo encerrou todas as transmissões de internet e televisão da partida.[8] Na China, a partida seria vista apenas pelas poucas centenas de pessoas com permissão para passar pelos portões de segurança que conduziam a Wuzhen e, em seguida, pelos guardas armados, leitores de crachás eletrônicos e detectores de metal na frente do centro de conferências. Jornais e sites de notícias poderiam cobrir a partida, mas se o fizessem, eram proibidos de usar a palavra "Google". Enquanto os primeiros movimentos da partida aconteciam, Hassabis continuou a descrever o futuro do Google, do DeepMind e de suas tecnologias. Ele não mencionou o blecaute.

O aprendizado profundo não era novidade na China. No início de dezembro de 2009, Li Deng mais uma vez viajou da conferência NIPS em Vancouver para os workshops NIPS em Whistler. Um ano depois de encontrar Geoff Hinton dentro do Hilton, em Whistler, e esbarrar em sua pesquisa com aprendizado profundo e reconhecimento de voz, Deng organizou um novo workshop em torno da ideia no mesmo lugar, nas alturas das montanhas canadenses. Ele e Hinton passariam os próximos dias explicando os pontos mais delicados do "reconhecimento de voz neural" para os outros pesquisadores reunidos em Whistler, conduzindo-os pelo protótipo em andamento no laboratório da Microsoft em Redmond. Enquanto dirigia para o norte, serpenteando pelas estradas da montanha, Deng carregava três desses pesquisadores em seu SUV. Um deles era Kai Yu, o homem que mais tarde convenceria os cabeças da Baidu a fazer um lance alto por Geoff Hinton.

Como Deng, Yu nasceu e foi educado na China antes de trabalhar como pesquisador nos Estados Unidos. Deng trabalhava para a Microsoft fora de Seattle, enquanto Yu fazia parte de um laboratório do Vale do Silício dentro da fabricante de hardware NEC, mas os dois faziam parte da pequena comunidade de pesquisadores que aparecia em reuniões acadêmicas como a de Whistler. Naquele ano, eles também estavam na mesma carona. Yu já conhecia Geoff Hinton, depois que eles organizaram um workshop de aprendizado profundo com Yann LeCun e Yoshua Bengio no verão anterior em Montreal, e agora, enquanto o SUV subia as montanhas, ele se dirigia para um encontro maior dedicado à mesma ideia. À medida que o aprendizado profundo emergia da academia e se movia para a indústria, Kai Yu estava tão perto do momento quanto qualquer um, e quando voltou para a China, no ano seguinte, levou a ideia com ele.

Enquanto Deng, Hinton e seus alunos refizeram o reconhecimento de voz na Microsoft, IBM e Google, Yu fez o mesmo na Baidu. Em poucos meses, seu trabalho chamou a atenção de Robin Li, presidente-executivo da Baidu, que se gabou do poder da tecnologia em uma mensagem de e-mail transmitida por toda a empresa. Foi por isso que a Baidu se dispôs a se juntar à disputa por Hinton e seus alunos em 2012, oferecendo dezenas de milhões de dólares durante o leilão no Lago Tahoe — e era por isso que Kai Yu estava tão otimista com a ideia de que, embora a Baidu tenha perdido na ocasião, permaneceria na corrida pelo aprendizado profundo.

Ele não foi o único sussurrando no ouvido de Robin Li, o presidente-executivo da Baidu. Li também era um velho amigo de Qi Lu, o executivo da Microsoft que mais tarde quebraria o quadril andando de bicicleta ao contrário. Eles se conheciam há mais de duas décadas. Todos os anos, ao lado de vários outros executivos chineses e sino-americanos, incluindo o CEO da Lenovo, gigante da informática de Pequim, eles se reuniam para uma espécie de cúpula internacional no hotel Ritz-Carlton em Half Moon Bay, Califórnia, logo abaixo da costa de São Francisco, passando vários dias discutindo as últimas mudanças no cenário tecnológico. Em sua reunião após o leilão por Hinton e seus alunos, o aprendizado profundo foi o tema da conversa. Dentro do Ritz-Carlton, um resort com vista para o Oceano Pacífico, Qi Lu mapeou uma rede neural convolucional em um quadro branco, dizendo a Li e aos outros que "CNN" (*convolutional neural network*) agora significava algo muito diferente. Naquele mesmo ano, a Baidu abriu seu primeiro posto avançado no Vale do Silício,[9] não muito longe da Half Moon Bay, na esperança de atrair talentos norte-americanos. Era chamado de *Institute of Deep Learning*.[10] Kai Yu disse a um repórter que seu objetivo era simular "a funcionalidade, o poder e a inteligência" do cérebro humano.[11] "Estamos progredindo dia após dia", disse ele.[12]

Na primavera seguinte, a uma curta viagem de carro de distância desse novo laboratório, Yu sentou-se para tomar o café da manhã com Andrew Ng no Palo Alto Sheraton. Eles se encontraram novamente para jantar naquela noite, e Ng assinou contrato com a Baidu depois de voar para a China para uma reunião com Robin Li, o CEO. O homem que fundou o laboratório de aprendizado profundo do Google agora dirigia praticamente o mesmo empreendimento em uma das maiores empresas da China, supervisionando laboratórios no Vale do Silício e em Pequim. No momento em que o Google desceu em Wuzhen na primavera de 2017 para a partida Go, projetada para facilitar seu retorno ao mercado chinês, Yu, Ng e seus pesquisadores já haviam empurrado o aprendizado profundo para o coração do império da Baidu, usando-o, como o Google, para escolher os resultados da pesquisa, segmentar anúncios e traduzir entre os idiomas. Depois de contratar um engenheiro-chave da fabricante de chips Nvidia, a Baidu construiu seu próprio *cluster* gigante de GPUs. E Yu já havia deixado a empresa para lançar uma *startup* chinesa que visava construir um novo tipo de chip de aprendizado profundo nos moldes do TPU do Google.

Quando o presidente do Google, Eric Schmidt, subiu ao palco em Wuzhen, entre os jogos um e dois da partida com o AlphaGo, ele agiu como se nada disso tivesse acontecido. Sentado em uma cadeira ao lado de seu entrevistador chinês,[13] uma perna cruzada sobre a outra, com um dispositivo minúsculo enrolado em sua orelha transmitindo-lhe uma tradução para o inglês de cada pergunta, Schmidt disse que o mundo estava entrando na "era da inteligência", e ele estava falando sobre inteligência artificial. Usando um novo software de criação chamado TensorFlow, disse ele, o Google construiu uma IA que podia reconhecer objetos em fotos, identificar palavras faladas e traduzir entre idiomas. Dirigindo-se ao seu público como sempre fazia — como se soubesse mais do que qualquer pessoa na sala, sobre o passado e o futuro —, ele descreveu esse software como a maior mudança tecnológica de sua vida. Ele se gabou de que poderia reinventar as maiores empresas de internet da China, incluindo Alibaba, Tencent e Baidu, alegando que poderia direcionar seus anúncios online, prever o que seus clientes queriam comprar e decidir quem deveria obter uma linha de crédito. "Todos elas estariam em uma condição melhor", disse Schmidt, "se usassem o TensorFlow".[14]

Idealizado e projetado por Jeff Dean e sua equipe, o TensorFlow foi o sucessor do DistBelief, o sistema de software abrangente que treinou redes neurais profundas em toda a rede global de centros de dados do Google. Mas isso não era tudo. Depois de implantar o software em seus próprios centros de dados, o Google *abriu o código-fonte* dessa criação, compartilhando-o gratuitamente com o mundo. Essa era uma forma de exercer seu poder no cenário tecnológico. Se outras empresas, universidades, agências governamentais e indivíduos usassem o software do Google enquanto também avançassem em relação ao aprendizado profundo, seus esforços alimentariam o progresso do próprio trabalho do Google, acelerando a pesquisa de IA em todo o mundo e permitindo que a empresa desenvolvesse essa pesquisa. Isso geraria uma nova comunidade de pesquisadores e engenheiros que o Google poderia contratar. E isso impulsionaria o negócio que o Google via como seu futuro: a computação em nuvem.

Quando Eric Schmidt passou sua mensagem no palco em Wuzhen, mais de 90% da receita do Google ainda vinha de publicidade online.[15] Mas o Google olhou para o futuro e percebeu que, à medida que a computação em nuvem se tornava uma alternativa mais confiável e lucrativa, oferecendo a qualquer pessoa poder de computação e armazenamento de dados externos, a empresa estava em uma posição ideal para explorar seu potencial de mercado. O Google havia explorado uma quantidade enorme de poder de computação dentro de seus centros de dados, e vender o acesso a esse poder poderia ser prodigiosamente lucrativo. No momento, esse mercado em rápida ascensão era dominado pela Amazon, cuja receita de nuvem chegaria a US$17,45 bilhões em 2017.[16] Mas o TensorFlow ofereceu a esperança de que o Google pudesse enfrentar sua grande rival tecnológica. Se o TensorFlow se tornasse, de fato, o padrão para a construção de inteligência artificial, acreditava o Google, isso poderia atrair o mercado para seus serviços de computação em nuvem. A rede de centro de dados do Google seria, em teoria, o meio mais eficiente de executar o TensorFlow, em parte porque a empresa ofereceu um chip construído apenas para aprendizado profundo. Enquanto Schmidt expunha as virtudes do TensorFlow e instava os gigantes da indústria de tecnologia chinesa a adotá-lo, o Google já havia construído uma segunda encarnação de seu chip TPU, projetado para *treinar redes neurais e operá-las depois de treinadas.* Ele também estava trabalhando para construir um novo laboratório de IA em Pequim que ajudaria, ou assim esperavam, a impulsionar a China em direção ao TensorFlow e ao novo chip e, em última instância, à nuvem do Google. O laboratório seria liderado por uma nova contratada do Google chamado Fei-Fei Li, que nasceu em Pequim antes de imigrar para os Estados Unidos quando era adolescente.[17] Como ela disse: "Havia uma comunidade crescente de talentos em pesquisa de IA na China. O laboratório pode nos permitir explorar esses talentos e difundir o uso do TensorFlow (e do Google Cloud) de forma mais ampla no país."

Sentado no palco em Wuzhen, dizendo ao auditório que o TensorFlow poderia reinventar as principais empresas chinesas, Eric Schmidt não mencionou o laboratório de IA ou mesmo o Google Cloud em seu discurso. Mas sua mensagem foi clara: Alibaba, Tencent e Baidu estariam melhor se usassem o TensorFlow. O que ele não disse é que sabia que o Google se beneficiaria muito mais. O que ele não percebeu foi que sua mensagem aos chineses era terrivelmente ingênua.

Os gigantes da tecnologia da China já haviam adotado o aprendizado profundo. Andrew Ng vinha construindo laboratórios na Baidu há anos e, como o Google, estava construindo uma vasta rede de máquinas especializadas para alimentar novos experimentos. Um trabalho semelhante estava se formando na Tencent. Em qualquer caso, mesmo que precisasse da ajuda do Google, a China não estava disposta a aceitá-la. Afinal, o governo havia apagado a partida em Wuzhen. Embora Schmidt não percebesse como sua mensagem era ingênua, ele logo perceberia. "Eu sabia, quando fiz o discurso, que os chineses estavam chegando. Eu não entendia na época o quão absolutamente eficazes alguns de seus programas seriam", diz ele. "Sinceramente, não entendi. Acho que a maioria dos norte-americanos não entenderia. Não cometerei esse erro no futuro."

A semana em Wuzhen não foi o que o pessoal do Google havia imaginado. Na manhã do primeiro jogo com Ke Jei, sentado em frente ao céu vespertino pintado, Demis Hassabis disse que o AlphaGo logo ficaria ainda mais poderoso. Seus pesquisadores estavam construindo uma versão que poderia dominar o jogo inteiramente por conta própria. Ao contrário da encarnação original do AlphaGo, ele não precisava aprender suas habilidades iniciais analisando movimentos de jogadores profissionais. "Isso remove cada vez mais o conhecimento humano", disse Hassabis. Aprendendo apenas por tentativa e erro, ele poderia dominar não apenas Go, mas outros jogos, como xadrez e Shogi, outro antigo jogo oriental de estratégia. Com esse tipo de sistema — uma forma mais geral de IA que pode aprender uma infinidade de tarefas por conta própria —, o DeepMind transformaria uma gama cada vez mais ampla de tecnologias e setores. Como disse Hassabis, o laboratório pode ajudar a gerenciar recursos dentro de centros de dados e redes de energia, acelerando a pesquisa científica. A mensagem, mais uma vez, era a de que a tecnologia do DeepMind aumentaria o desempenho humano. Isso, disse ele, seria óbvio na partida com Ke Jei. Como o restante dos melhores jogadores de Go do mundo, o grande mestre chinês agora estava imitando o estilo e as habilidades do AlphaGo. Seu jogo estava melhorando porque ele estava aprendendo com a máquina.

Desde o movimento de abertura, Ke Jei realmente jogou como o Alpha-Go, abrindo com o mesmo gambito de "3–3 pontos" que a máquina havia introduzido no jogo. Mas o resultado nunca esteve em dúvida. Vestindo um terno escuro com uma gravata azul brilhante e óculos de aro preto, o Jei de 19 anos tinha o hábito de brincar com os cabelos enquanto pensava em cada novo movimento, prendendo fios curtos entre o polegar e o indicador e depois girando-os em torno de um e depois do outro. Sentado no palco do auditório em Wuzhen, ele enrolou o cabelo por mais de doze horas em três dias diferentes. Depois de perder o primeiro jogo, ele disse que o AlphaGo era "como um Deus jogador de Go".[18] Então ele jogou mais duas partidas, perdendo-as também. Quando Lee Sedol perdeu na Coreia, foi uma celebração tanto da IA quanto da humanidade. Quando Ke Jie perdeu, isso sublinhou o que os escalões superiores do governo chinês não queriam destacar — que o Ocidente estava acelerando na corrida para o futuro. O AlphaGo não apenas venceu facilmente. Venceu um grande mestre chinês na China. E entre os jogos um e dois, Eric Schmidt passou trinta minutos tratando o país e suas maiores empresas de internet com arrogância.

Dois meses depois, o Conselho de Estado chinês revelou seu plano de se tornar o líder mundial em inteligência artificial até 2030, com o objetivo de superar todos os rivais, incluindo os Estados Unidos, ao construir uma indústria doméstica de mais de US\$150 bilhões.[19] A China estava tratando a inteligência artificial como seu próprio programa Apollo. O governo estava se preparando para investir em projetos *moonshot* na indústria, na academia e nas forças armadas. Como dois professores universitários que estavam trabalhando no plano disseram ao *New York Times*, AlphaGo *versus* Lee Sedol foi o momento Sputnik da China.

O plano da China reproduzia um plano que o governo Obama estabeleceu pouco antes de deixar o cargo, muitas vezes usando a mesma linguagem. Uma diferença era que o governo chinês já estava investindo muito dinheiro nesse esforço. Um município prometeu US$6 bilhões.[20] A outra diferença é que o plano chinês não foi descartado por um novo governo, já que o plano de Obama foi abandonado pelo governo Trump. A China estava trabalhando para coordenar o governo, a academia e a indústria em um impulso monolítico em direção à IA, enquanto a nova administração nos EUA estava deixando o impulso apenas para a indústria. O Google era o líder mundial na área, e outras empresas norte-americanas não estavam muito atrás, mas não estava claro o que isso significava para os Estados Unidos como um todo. Afinal, grande parte dos talentos em IA havia se mudado para a indústria, deixando a academia e o governo para trás. "A preocupação para os EUA é que a China colocará mais dinheiro em pesquisa do que eles", disse Geoff Hinton. "Os EUA estão cortando dinheiro para a pesquisa básica, que é como comer a semente, em vez de plantá-la."

O que estava claro era que o Google não faria muito progresso na China. Mais tarde naquele ano, em um evento em Xangai, Fei-Fei Li revelou o que ela chamou de Google AI China Center,[21] e a empresa continuou a impulsionar o TensorFlow, enviando engenheiros para eventos privados onde ensinaram pesquisadores da indústria e da universidade a usar o software. Mas seria necessária a aprovação do governo para lançar novos serviços de internet na China. E a China já tinha seu próprio mecanismo de busca, seus próprios serviços de computação em nuvem, seus próprios laboratórios de IA, até mesmo seu próprio TensorFlow, que, chamado de PaddlePaddle, havia sido construído pela Baidu.

Com seu discurso em Wuzhen, Eric Schmidt subestimou os chineses. As grandes empresas chinesas de tecnologia — e o país como um todo — estavam muito mais adiantados e carregavam muito mais potencial do que ele imaginava. Ele havia errado ao dizer que o país precisava do Google e do TensorFlow, mas percebeu, agora, que a disseminação dessa plataforma tecnológica — uma forma fundamental de construir e operar qualquer serviço de inteligência artificial — era mais importante do que nunca. Era de vital importância não apenas para o Google, mas também para os Estados Unidos e sua crescente batalha econômica com a China. "Uma das coisas que não são compreendidas de forma alguma pelas forças convencionais da sociedade, se quiserem, é que os Estados Unidos se beneficiam enormemente dessas plataformas globais — plataformas globais que são construídas nos EUA, seja a própria internet, e-mail, Android, o iPhone etc.", diz Schmidt. Se uma empresa, ou mesmo um país, controla a plataforma, também controla o que funciona nela. Uma criação como o TensorFlow do Google foi o exemplo mais recente. "É uma competição global de plataformas e é extremamente importante que as plataformas sejam inventadas nos EUA. As plataformas estabelecem uma base para que a inovação ocorra no futuro."

LOGO após a partida em Wuzhen, Qi Lu se juntou à Baidu. Lá, ele fez o que queria fazer na Microsoft: construir um carro autônomo. A empresa lançou seu projeto anos depois do Google, mas Lu tinha certeza de que colocaria os carros nas estradas com muito mais rapidez do que sua rival estadunidense. Não porque a Baidu tinha engenheiros melhores ou uma tecnologia melhor, mas porque ela estava construindo seu carro na China. Na China, o governo estava mais próximo da indústria. Como diretor de operações da Baidu, ele estava trabalhando com cinco municípios chineses para reconstruir suas cidades para que pudessem acomodar os carros autônomos da empresa. "Não tenho dúvidas de que isso será comercializado muito mais cedo na China do que nos Estados Unidos. O governo vê isso como uma chance para a indústria automobilística chinesa dar um salto", disse ele a um repórter durante uma de suas viagens regulares de volta aos EUA. "Estimular o investimento é uma coisa. Trabalhar ativamente com as empresas na elaboração de políticas é outra." Naquele momento, ele explicou em seu inglês axiomático, os sinais de trânsito eram a infraestrutura que permitia aos sensores de um carro navegar na estrada, e os sensores de um carro eram os olhos humanos. Mas tudo isso mudaria, e mudaria muito mais rápido na China. No futuro, disse ele, os sensores de um carro funcionariam com base em laser, radar e câmeras, e haveria novos tipos de sinais de rua projetados apenas para esses sensores.

A outra vantagem da China, disse ele, são os dados. Ele gostava de dizer que em cada era socioeconômica havia um meio de produção primário. Na era agrícola, era a terra. "Não importa quantos empregados você tenha, não importa o quão brilhante você seja, você não pode produzir mais se não tiver

198 CRIADORES DE GÊNIOS

mais terra." Na era industrial, tratavam-se de mão de obra e equipamentos. Na nova era, tratavam-se de dados. "Sem dados você não pode construir um reconhecedor de voz. Não importa quantos empregados você tenha. Você pode ter um milhão de engenheiros brilhantes, mas não será capaz de construir um sistema que entenda a linguagem e possa gerar um diálogo. Você não será capaz de construir um sistema que possa reconhecer imagens da maneira que estou fazendo agora." A China governaria essa era porque teria mais dados. Como sua população era maior, ela produziria mais dados, e como suas atitudes em relação à privacidade eram tão diferentes, ela teria a liberdade de reunir esses dados. "As pessoas são menos sensíveis à privacidade. A necessidade de privacidade é universal, mas o tratamento é muito diferente na China, o regime político é diferente."

Mesmo que as grandes empresas e universidades chinesas estivessem tecnologicamente atrás das estadunidenses no momento — e isso era discutível —, a lacuna não importava tanto. Graças à influência de acadêmicos como Geoff Hinton e Yann LeCun no Ocidente, as grandes empresas dos EUA estavam publicando abertamente a maioria de suas ideias e de seus métodos importantes e até mesmo compartilhando softwares. Suas ideias, seus métodos e softwares estavam disponíveis para qualquer pessoa, incluindo qualquer pessoa na China. Em última análise, a principal diferença entre o Oriente e o Ocidente eram os dados.

Para Qi Lu, tudo isso significava que a China seria a primeira não apenas no mercado de carros autônomos, mas também na cura do câncer. Ele acreditava que isso também era fruto dos dados. "Não tenho dúvidas", disse ele.

15

INTOLERÂNCIA

"GOOGLE FOTOS, VOCÊS TÊM MERDA NA CABEÇA. MINHA AMIGA NÃO É UM GORILA."

Em junho de 2015, certo domingo, Jacky Alcine estava sentado na sala que dividia com seu irmão mais novo, lendo uma longa sequência de tuítes sobre os prêmios da Black Entertainment Television. O apartamento deles no bairro Crown Heights, do Brooklyn, não tinha TV a cabo, então ele não podia assistir aos prêmios, mas podia pelo menos ler os comentários do Twitter em seu notebook. Enquanto ele comia uma tigela de arroz, uma amiga lhe enviou um link online para algumas fotografias que ela havia postado no novo serviço Google Fotos. Alcine, um engenheiro de software de 22 anos, já havia usado o serviço no passado, mas não desde que o Google revelara uma nova versão alguns dias antes. O novo Google Fotos podia analisar suas imagens e classificá-las automaticamente em pastas digitais com base no que foi retratado em cada uma. Uma pasta pode conter "cachorros", outra, "festa de aniversário", uma terceira, "viagem à praia". Era uma forma de navegar pelas imagens e pesquisá-las instantaneamente. Se você digitasse "lápide", o Google localizaria automaticamente todas as fotos que incluíssem uma lápide. Quando Alcine clicou no link e abriu o serviço, ele não pôde deixar de notar que suas próprias fotos já estavam reorganizadas — e que uma das pastas dizia "gorilas". Isso não fazia sentido para ele, então ele abriu a pasta e, quando o fez, encontrou mais de oitenta fotos, que havia tirado quase um ano antes, de uma amiga durante um show no Prospect Park. Sua amiga era afro-americana, e o Google a rotulou como um "gorila".

Ele poderia ter deixado passar se o Google tivesse marcado por engano apenas uma foto, mas eram oitenta fotos. Ele tirou uma captura de tela e postou no Twitter, que ele considerava como "a maior sala de refeitório do mundo", um lugar onde qualquer pessoa poderia aparecer e chamar a atenção de qualquer pessoa sobre qualquer coisa. "Google Fotos, vocês têm merda na cabeça", escreveu ele.[1] "Minha amiga não é um gorila." Um funcionário do Google enviou-lhe uma nota quase imediatamente, pedindo acesso à sua conta, para que a empresa pudesse entender o que deu errado. Na imprensa, o Google passou os dias seguintes se desculpando, dizendo que estava tomando medidas imediatas para garantir que isso nunca mais acontecesse. Ela removeu inteiramente a tag "gorila" do serviço, e esse foi o *status quo* por anos. Cinco anos depois, o serviço ainda impedia qualquer pessoa de pesquisar a palavra "gorila".

O problema é que o Google havia treinado uma rede neural para reconhecer gorilas, alimentando-a com milhares de fotos do animal, sem perceber os efeitos colaterais. As redes neurais podem aprender tarefas que os engenheiros jamais poderiam codificar em uma máquina por conta própria, mas no treinamento desses sistemas, a responsabilidade recai sobre os engenheiros para escolher os dados corretos. Além disso, depois de ter feito o treinamento, mesmo que esses engenheiros fossem cuidadosos com suas escolhas, eles poderiam não entender tudo que a máquina havia aprendido, apenas porque o treinamento aconteceu em uma escala enorme, com muitos dados e muitos cálculos. Como engenheiro de software, Jacky Alcine entendeu o problema. Ele comparou isso a fazer lasanha. "Se você bagunçar os ingredientes da lasanha logo de início, tudo estará arruinado", diz ele. "É a mesma coisa com a IA. Você tem que estar muito consciente a respeito do que coloca nela. Caso contrário, será muito difícil de desfazer."

EM uma foto da equipe do Google Brain tirada logo após o *Cat Paper* ser publicado no verão de 2012,[2] quando Geoff Hinton era oficialmente um estagiário (de 64 anos) no laboratório, ele e Jeff Dean seguraram uma imagem digital gigante de um gato. Cerca de uma dúzia de outros pesquisadores se aglomeraram ao redor deles. Um era Matt Zeiler, um jovem em uma camisa polo preta de mangas curtas e jeans desbotados, com um grande sorriso, cabelos desgrenhados e alguns dias de barba por fazer. Zeiler estudou no laboratório de aprendizado profundo da NYU antes de iniciar seu próprio estágio no Google Brain naquele mesmo verão. Um ano depois, ele ganhou o concurso ImageNet, seguindo os passos de Hinton, Krizhevsky e Sutskever. Muitos o saudaram como uma estrela do rock no que agora era o campo mais quente da indústria. Alan Eustace ligou para oferecer um emprego muito bem remunerado no Google, mas como Zeiler costumava dizer aos repórteres, ele recusou a oferta de Eustace para abrir sua própria empresa.

A empresa se chamava Clarifai. Com sede na cidade de Nova York, em um pequeno escritório na Third Street, não muito longe do laboratório de aprendizado profundo da NYU, ela construiu uma tecnologia que poderia reconhecer automaticamente objetos em imagens digitais, pesquisando fotos de sapatos, vestidos e bolsas em um site de varejo ou identificando rostos em imagens de vídeo transmitidas por uma câmera de segurança. A ideia era duplicar os sistemas de reconhecimento de imagem que o Google e a Microsoft haviam passado construindo em seus próprios laboratórios de IA nos últimos anos — e depois vendê-los para outras empresas, departamentos de polícia e agências governamentais.

Em 2017, quatro anos após a fundação da empresa, Deborah Raji estava sentada a uma mesa dentro dos escritórios da Clarifai em Manhattan. Uma luz fluorescente implacável a cobria, bem como sua mesa, a geladeira de cerveja no canto e todos os outros jovens de vinte e poucos anos usando fones de ouvido enquanto olhavam para telas de computador enormes. Raji estava olhando para uma tela cheia de rostos — imagens que a empresa usou para treinar seu software de reconhecimento facial. Enquanto ela percorria página após página desses rostos, não podia deixar de ver o problema. Raji era uma mulher negra de 21 anos nascida em Ottawa. A maioria das imagens — mais de 80% — eram de pessoas brancas. Quase tão impressionante quanto, mais de 70% dessas pessoas brancas eram do sexo masculino. Quando a empresa treinou seu sistema com esses dados, ele podia fazer um trabalho decente no reconhecimento de pessoas brancas, Raji pensou, mas falharia terrivelmente com pessoas não brancas, e provavelmente com mulheres também.

O problema era endêmico. Matt Zeiler e Clarifai também estavam construindo o que foi chamado de "sistema de moderação de conteúdo", uma ferramenta que podia identificar e remover automaticamente a pornografia do mar de imagens postadas em redes sociais online. A empresa treinou esse sistema em dois conjuntos de dados: milhares de fotos obscenas retiradas de sites pornôs online e milhares de imagens com classificação livre adquiridas de serviços de fotografia. A ideia era a de que seu sistema aprenderia a diferenciar entre o pornográfico e o inofensivo. O problema era que as imagens classificadas como livres eram dominadas por brancos, e a pornografia não. Como Raji logo percebeu, o sistema estava aprendendo a identificar pessoas negras como pornográficas. "Os dados que usamos para treinar esses sistemas importam muito", diz ela. "Não podemos escolher cegamente nossas fontes."

As raízes do problema remontam a anos, pelo menos até o momento em que alguém começou a escolher imagens para os serviços de fotografia que o Clarifai estava alimentando em suas redes neurais. Era o mesmo problema que atormentava toda a mídia popular: era homogêneo demais. Agora o risco era o de que os pesquisadores de IA, ao usarem esses dados, amplificassem o problema ao treinar sistemas automatizados. Isso era óbvio para Raji, mas não para o resto da empresa. As pessoas que escolheram os dados de treinamento — Matt Zeiler e os engenheiros que ele contratou no Clarifai — eram, em sua maioria, homens brancos. E justamente por isso, não perceberam que seus dados eram tendenciosos. A tag gorila do Google deveria ter sido um alerta para a indústria, mas acabou não sendo.

Foi preciso outra mulher negra para tornar público esse problema fundamental. Timnit Gebru, que estava estudando inteligência artificial na Universidade de Stanford com Fei-Fei li, era nascida na Etiópia, filha de um casal da Eritreia que imigrou para os Estados Unidos. Na NIPS, quando entrou no salão principal para a primeira palestra e olhou para as centenas de pessoas sentadas na plateia, fileira após fileira de rostos, ela ficou impressionada com o fato de que, enquanto alguns eram da Ásia Oriental, alguns eram indianos e outros mais eram mulheres, a grande maioria eram homens brancos. Mais de 5.500 pessoas participaram da conferência naquele ano. Ela contou apenas seis negros, todos os quais ela conhecia, todos homens. E aquela não era uma conferência norte-americana ou canadense. Era um encontro internacional em Barcelona. O problema que Deborah Raji reconheceu no Clarifai permeou tanto a indústria quanto a academia.

Quando voltou para Palo Alto, Gebru contou ao marido o que vira e decidiu que isso não poderia passar despercebido. Em sua primeira noite de volta, sentada de pernas cruzadas no sofá com seu notebook, ela lançou o dilema em uma postagem no Facebook:

Não estou preocupada com as máquinas tomando conta do mundo. Estou preocupada com o pensamento coletivo, a insularidade e a arrogância na comunidade de IA. Especialmente com o atual hype e demanda por pessoas da área. Essas coisas já estão causando problemas com os quais devemos nos preocupar agora. O aprendizado de máquina é usado para descobrir quem deve obter taxas de juros mais altas, quem tem mais "probabilidade" de cometer um crime e, portanto, obter uma condenação mais severa, quem deve ser considerado um terrorista etc. Alguns algoritmos de visão computacional que consideramos garantidos funcionam bem apenas em pessoas que têm uma certa aparência. Não precisamos especular sobre grandes destruições que acontecerão no futuro. A IA está trabalhando para um certo segmento muito pequeno da população mundial. E as pessoas que a estão criando são de um segmento ainda menor da população. Certos segmentos da sociedade são ativamente prejudicados por ela. Não apenas porque os algoritmos funcionam contra essas pessoas, mas também porque seus trabalhos são automatizados. Essas pessoas são ativamente excluídas de entrar em uma área de alta remuneração que as está removendo da força de trabalho. Já ouvi muitos falarem sobre diversidade como se fosse algum tipo de caridade. Vejo empresas e até mesmo indivíduos usando-a como um golpe de relações públicas, enquanto falam disso da boca para fora. Por ser a linguagem do dia, "valorizamos a diversidade" é algo que você deve dizer. A IA precisa ser vista como um sistema. E as pessoas que criam essa tecnologia são uma grande parte do sistema. Se muitos forem excluídos ativamente de sua criação, essa tecnologia beneficiará alguns ao mesmo tempo que prejudicará muitos.

Esse minimanifesto se espalhou pela comunidade. Nos meses que se seguiram, Gebru construiu uma nova organização, chamada *Black in AI*. Após terminar o doutorado, foi contratada pelo Google. No ano seguinte, e a cada ano subsequente, a *Black in AI* conduziu seu próprio workshop na NIPS. Nessa época, a NIPS não era mais chamada de NIPS. Depois de muitos pesquisadores protestarem que o nome contribuía para um ambiente hostil às mulheres, os organizadores da conferência a renomearam para NEURips.[3]

204 CRIADORES DE GÊNIOS

Uma das colaboradoras acadêmicas de Gebru foi uma jovem cientista da computação chamada Joy Buolamwini. Estudante de pós-graduação no Instituto de Tecnologia de Massachusetts, em Boston, que havia concluído há pouco uma bolsa de estudos Rhodes na Inglaterra, Buolamwini veio de uma família de acadêmicos. Seu avô se especializou em química medicinal, assim como seu pai. Nascida em Edmonton, Alberta, onde seu pai estava terminando seu doutorado, ela cresceu onde quer que suas pesquisas o levassem, incluindo laboratórios na África e em todo o sul dos Estados Unidos. Em meados dos anos 1990, quando ela visitou seu laboratório, ainda na escola primária, ele mencionou que estava se aventurando em redes neurais para a descoberta de drogas — e ela não fazia ideia do que isso significava. Depois de estudar robótica e visão computacional na graduação, ela gravitou em direção ao reconhecimento facial, e as redes neurais ressurgiram de uma maneira muito diferente. A literatura dizia que, graças ao aprendizado profundo, o reconhecimento facial estava atingindo a maturidade, e, ainda assim, quando ela o usou, sabia que não. Essa se tornou sua tese. "Não se tratava apenas da tecnologia de reconhecimento facial, mas da avaliação da tecnologia de reconhecimento facial", diz ela. "Como estabelecemos o progresso? Quem decide o que significa progresso? O principal problema que eu observava era que os padrões, as medidas pelas quais decidimos como seria o progresso, poderiam ser enganosos, e poderiam ser enganosos devido a uma grave falta de representação de quem eu chamo de maioria abaixo da amostra."

Naquele mês de outubro, uma amiga a convidou para uma noite em Boston com várias outras mulheres, dizendo: "Vamos fazer máscaras." Sua amiga se referia a máscaras de cuidados com a pele em um spa local, mas Buolamwini entendeu que eram máscaras de Halloween. Sendo assim, ela levou uma máscara branca de plástico para seu escritório naquela noite, e ela ainda estava sobre sua mesa alguns dias depois, enquanto ela lutava para terminar um projeto para uma de suas aulas. Ela estava tentando fazer com que um sistema de detecção facial rastreasse seu rosto, e não importa o que ela fizesse, ele não funcionava. Em sua frustração, ela pegou a máscara branca de cima da mesa e a colocou sobre a cabeça. Antes de ser totalmente ativado, o sistema reconheceu seu rosto, ou, pelo menos, reconheceu a máscara. *"Pele negra, máscaras brancas"*, disse, concordando com a crítica de 1952 do psiquiatra Frantz Fanon ao racismo histórico. "A metáfora se torna a realidade. Você tem que se adequar a uma norma, e essa norma não é você."

Buolamwini logo começou a explorar serviços comerciais projetados para analisar rostos e identificar características como idade e gênero. Isso incluía ferramentas da Microsoft e da IBM. Enquanto o Google e o Facebook colocavam suas tecnologias de reconhecimento facial em aplicativos de smartphones, a Microsoft e a IBM se juntaram à Clarifai para oferecer serviços semelhantes para empresas e agências governamentais. Buolamwini descobriu que, quando esses serviços liam fotos de homens de pele mais clara,[4] eles identificavam erroneamente seu gênero apenas cerca de 1% das vezes. Mas quanto mais escura for a pele na foto,[5] maior era a taxa de erro, e ela aumentou particularmente com imagens de mulheres de pele negra. A taxa de erro da Microsoft ficou em torno de 21%.[6] A da IBM era de 35%.[7] Publicado no inverno de 2018, o estudo gerou uma reação maior contra a tecnologia de reconhecimento facial e, particularmente, seu uso na aplicação da lei. O risco era o de que a tecnologia identificasse erroneamente certos grupos como criminosos em potencial. Alguns pesquisadores argumentaram que a tecnologia não poderia ser controlada adequadamente sem regulamentação governamental. Logo, as grandes empresas não tiveram escolha a não ser reconhecer a onda de opiniões. Na esteira do estudo do MIT, o diretor jurídico da Microsoft disse que a empresa recusou vendas para as forças de segurança, uma vez que havia a preocupação de que poderiam infringir os direitos das pessoas de forma irracional, e fez um apelo público a favor da regulamentação governamental. Em fevereiro daquele ano, a Microsoft apoiou um projeto de lei no estado de Washington que exigiria que avisos fossem colocados em locais públicos usando tecnologia de reconhecimento facial e garantiria que agências governamentais obtivessem uma ordem judicial ao procurar pessoas específicas. Notavelmente, a empresa não apoiou outras formas de legislação que forneceriam proteções muito mais fortes. Mas as atitudes estavam, pelo menos, começando a mudar.

Deborah Raji, ainda na Clarifai, contratou Buolamwini após conhecer seu trabalho sobre preconceito racial e de gênero, e elas começaram a colaborar, com Raji finalmente se mudando para o MIT. Entre outros projetos, elas começaram a testar a tecnologia facial de um terceiro gigante da tecnologia norte-americana: a Amazon. A Amazon foi além de suas raízes no varejo online para se tornar o agente dominante na computação em nuvem e um dos principais operadores do aprendizado profundo. Recentemente, a empresa começou a comercializar suas tecnologias de reconhecimento facial para os departamentos de polícia

206 CRIADORES DE GÊNIOS

e agências governamentais sob o nome de Amazon Rekognition,[8] revelando que os primeiros clientes incluíam o Departamento de Polícia de Orlando, na Flórida, e o Gabinete de Xerife do Condado de Washington, em Oregon. Então Buolamwini e Raji publicaram um novo estudo mostrando que um serviço de reconhecimento facial da Amazon também teve problemas para identificar o gênero de rostos femininos e de pele mais escura.[9] De acordo com o estudo, o serviço confundiu mulheres com homens em 19% das vezes e identificou erroneamente mulheres de pele mais escura como homens em 31% das vezes.[10] Para os homens de pele mais clara, a taxa de erro foi zero.

Contudo, a Amazon respondeu de forma diferente da Microsoft e da IBM. Também exigia regulamentação governamental do reconhecimento facial, mas em vez de se envolver com Raji e Buolamwini e seu estudo, as atacou, em e-mails privados e com postagens em blogs públicos. "A resposta às ansiedades a respeito da nova tecnologia não é executar 'testes' inconsistentes com a forma como o serviço foi projetado para ser usado e ampliar as conclusões falsas e enganosas do teste através da mídia de notícias", escreveu o executivo da Amazon Matthew Wood em um blog que contestava o estudo e o artigo do *Times* que o descrevia.[11] Isso era produto da filosofia corporativa arraigada que impulsionava a Amazon. A empresa como um todo insistia para que vozes externas não perturbassem suas próprias crenças e atitudes. Mas ao descartar o estudo, a Amazon também descartou um problema muito real. "O que aprendi é que você não precisa estar do lado da verdade se for uma empresa de US$1 trilhão", diz Buolamwini. "Você é o valentão do quarteirão. O que você diz é o que é."

NAQUELA época, Meg Mitchell havia formado uma equipe dentro do Google dedicada à "IA ética". Mitchell, uma pesquisadora que fez parte dos primeiros esforços de aprendizado profundo na Microsoft, chamou a atenção da comunidade quando deu uma entrevista à *Bloomberg* dizendo que a inteligência artificial sofria de uma "maré de machos",[12] estimando que ela havia trabalhado com centenas de homens ao longo nos últimos cinco anos, e cerca de dez mulheres. "Eu realmente acredito que o gênero tem um efeito sobre os

INTOLERÂNCIA   207

tipos de perguntas que fazemos", disse ela.[13] "Você está se colocando em uma posição de miopia." Mitchell e Timnit Gebru, que se juntou a ela no Google, fizeram parte de um esforço crescente para estabelecer estruturas éticas firmes para as tecnologias de IA apontando para os preconceitos, bem como para a vigilância e o surgimento de armas automatizadas. Outra *Googler*, Meredith Whittaker, que trabalhava no grupo de computação em nuvem, ajudou a lançar uma organização de pesquisa na NYU. Um consórcio de empresas, do Google ao Facebook e à Microsoft, criou uma organização chamada *Partnership on AI*. Organizações como o *Future of Life Institute* (fundado por Max Tegmark no MIT) e o *Future of Humanity Institute* (fundado por Nick Bostrom em Oxford) também se preocuparam com a ética da IA, mas se concentraram nas ameaças existenciais de um futuro distante. A nova onda de eticistas focava questões mais imediatas.

Para Mitchell e Gebru, a questão do preconceito era parte de um problema maior em toda a indústria de tecnologia. As mulheres lutaram para exercer sua influência em todos as áreas tecnológicas, enfrentando preconceitos extremos no local de trabalho e, às vezes, assédio. No campo da inteligência artificial, o problema era mais pronunciado e potencialmente mais perigoso. Foi por isso que escreveram uma carta aberta à Amazon.

Na carta, elas refutaram os argumentos que Matt Wood e a Amazon lançaram contra Buolamwini e Raji.[14] Insistiram para que a empresa repensasse sua abordagem.[15] E falaram sobre a regulamentação governamental.[16] "Não existem leis ou padrões exigidos para garantir que o Rekognition seja usado de uma maneira que não infrinja as liberdades civis", escreveram elas.[17] "Pedimos à Amazon que pare de vender o Rekognition para as autoridades." A carta foi assinada por 25 pesquisadores de inteligência artificial do Google, da DeepMind, da Microsoft e da academia.[18] Um deles foi Yoshua Bengio. "Era assustador quando éramos apenas nós contra essa grande corporação", diz Raji. "Mas foi emocionante quando a comunidade defendeu nosso trabalho. Senti que não era mais eu e Joy contra a Amazon. Era a pesquisa — pesquisa científica e árdua — contra a Amazon."

16

ARMAMENTIZAÇÃO

"VOCÊ PROVAVELMENTE OUVIU ELON MUSK E SEU COMENTÁRIO SOBRE A IA CAUSANDO A TERCEIRA GUERRA MUNDIAL."

Dentro dos escritórios da Clarifai, no centro de Manhattan,[1] em outono de 2017, as janelas de uma sala no canto mais distante estavam cobertas com papel, e uma placa na porta dizia "A Câmara Secreta". Uma referência ao segundo livro da série Harry Potter, as palavras foram escritas à mão, e o sinal estava ligeiramente torto. Atrás da porta, uma equipe de oito engenheiros trabalhava em um projeto que eles não tinham permissão para discutir com o restante da empresa. Mesmo os próprios engenheiros não entendiam muito bem no que estavam trabalhando. Eles sabiam que estavam treinando um sistema para identificar automaticamente pessoas, veículos e edifícios em imagens de vídeo filmadas em algum lugar do deserto, mas não sabiam como essa tecnologia seria usada. Quando perguntaram, o fundador e presidente-executivo Matt Zeiler descreveu como sendo um projeto governamental envolvendo "vigilância". Ele disse que "salvaria vidas".

À medida que a Clarifai se mudava para escritórios maiores e os engenheiros vasculhavam os arquivos digitais armazenados na rede interna de computadores da empresa, encontrando alguns documentos que mencionavam um contrato governamental, seu trabalho foi, aos poucos, se tornando evidente. Eles estavam desenvolvendo tecnologia para o Departamento de Defesa dos EUA como parte de algo chamado Projeto Maven. A ideia, ao que parecia, era construir um sistema que pudesse identificar alvos para ataques de drones. Mas os detalhes ainda não eram claros. Eles não sabiam dizer se a tecnologia seria usada para matar ou se ajudaria a evitar a matança, como disse Zeiler. Não estava claro se essa era uma maneira de automatizar ataques aéreos ou fornecer informações aos operadores humanos antes que eles puxassem o gatilho por conta própria.

Então, em uma tarde no final de 2017, três militares em roupas de civis entraram nos escritórios da Clarifai e se encontraram com alguns dos engenheiros em outra sala, a portas fechadas. Eles queriam saber o quão precisa a tecnologia poderia ser. Primeiro, eles perguntaram se ele poderia identificar um edifício específico, como uma mesquita. As mesquitas, disseram, muitas vezes eram convertidas em quartéis-generais militares por terroristas e insurgentes. Em seguida, eles perguntaram se isso poderia diferenciar homens de mulheres. "O que você quer dizer?", perguntou um dos engenheiros. Em campo, explicaram os militares, geralmente era possível distinguir os homens (que usavam calças) das mulheres (que usavam vestidos até o tornozelo) por causa da distância entre as pernas dos homens. Eles foram autorizados a atirar nos homens, disseram, mas não nas mulheres. "Às vezes, os homens tentam nos enganar usando vestidos, mas isso não importa", disse um deles. "Ainda assim, vamos matar todos aqueles filhos da puta."

NA sexta-feira, 11 de agosto de 2017,[2] o secretário de defesa James Mattis sentou-se à mesa da diretoria na sede do Google em Mountain View. Buquês de gardênias brancas vicejavam no meio da mesa, e quatro bules de café estavam em um aparador colado a uma parede verde-esmeralda, ao lado de várias bandejas de doces. O novo presidente-executivo do Google, Sundar Pichai, sentou-se do outro lado da mesa. E assim também fizeram Sergey Brin, o conselheiro geral Kent Walker e o chefe de inteligência artificial John "J.G." Giannandrea, o homem que conseguiu 40 mil placas de GPU para os centros de dados do Google com o intuito de acelerar as pesquisas com IA da empresa. Vários outros se alinharam na sala, incluindo vários funcionários do Departamento de Defesa e executivos do grupo de computação em nuvem do Google. A maioria dos funcionários do Departamento de Defesa usava terno e gravata. A maioria dos *googlers* usava terno, sem gravata. Sergey Brin vestia uma camiseta branca.

Mattis estava em uma excursão pela Costa Oeste, visitando várias grandes empresas de tecnologia no Vale do Silício e em Seattle enquanto o Pentágono explorava suas opções para o Projeto Maven. Lançado pelo Departamento de Defesa quatro meses antes,[3] o Projeto Maven foi um esforço para acelerar o uso de "big data e aprendizado de máquina" pelo Departamento. Também foi chamado de "equipe multifuncional de guerra algorítmica".[4] O projeto dependia do apoio de empresas como o Google, que passaram os últimos anos reunindo a experiência e a infraestrutura necessárias para construir sistemas de aprendizado profundo. Era assim que o Departamento de Defesa costumava construir novas tecnologias — junto com a indústria privada —, mas a dinâmica era diferente de como costumava ser. O Google e as outras empresas que controlavam os talentos em IA do país não eram contratantes tradicionais de militares. Eram empresas de tecnologia para consumo que estavam apenas começando a abraçar o trabalho militar. Além disso, agora que Donald Trump estava na Casa Branca, os trabalhadores dessas empresas estavam cada vez mais cautelosos com os projetos do governo. O Google era particularmente sensível a essas tensões, já que sua cultura corporativa única permitia — ou até mesmo encorajava — aos funcionários falar o que pensavam, bem como fazer o que gostavam de fazer e, geralmente, se comportar no trabalho como se comportavam em casa. Foi assim desde os primeiros dias da empresa liderada por Sergey Brin e Larry Page, ambos educados em escolas montessorianas que promoviam o pensamento livre em seus anos de formação.[5]

A tensão sobre o Projeto Maven era potencialmente ainda maior. Muitos dos cientistas que supervisionavam a pesquisa de aprendizado profundo do Google eram fundamentalmente contra as armas autônomas, incluindo Geoff Hinton e os fundadores do DeepMind. Dito isso, muitos dos executivos nos escalões mais altos da hierarquia do Google desejavam muito trabalhar com o Departamento de Defesa. Eric Schmidt, presidente do conselho da empresa, também foi presidente do *Defense Innovation Board*, uma organização civil criada pelo governo Obama com o objetivo de acelerar o movimento de novas tecnologias do Vale do Silício para o Pentágono. Em uma reunião recente do conselho, Schmidt havia dito que havia "claramente uma grande lacuna" entre o Vale do Silício e o Pentágono e que a principal missão do conselho era fechar essa lacuna.[6] A chefia do Google também via o trabalho militar como uma forma de alavancar os negócios em nuvem da empresa. Bem, nos bastidores, a empresa já estava trabalhando com o Departamento de Defesa. Em maio do ano anterior, cerca de um mês após o lançamento do Projeto Maven, uma equipe de *googlers* se reuniu com funcionários do Pentágono, e no dia seguinte a empresa solicitou as certificações governamentais necessárias para armazenar dados militares em seus próprios servidores de computador. Mas enquanto Mattis discutia essas tecnologias dentro do QG do Google três meses depois, ele sabia que lidar com esse relacionamento exigiria alguma delicadeza.

Mattis disse que já havia visto o poder da tecnologia da empresa no campo de batalha. Afinal, os adversários estavam usando o Google Earth, um mapa digital interativo do globo costurado a partir de imagens de satélite, para identificar alvos de morteiros. Mas ele queria que os EUA subissem o nível do jogo. Agora, com o Projeto Maven, o Departamento de Defesa queria desenvolver uma IA que pudesse não apenas ler imagens de satélite, mas também analisar vídeos capturados por drones muito mais próximos do campo de batalha. Mattis elogiou o Google por sua "tecnologia líder do setor", bem como por sua "reputação de responsabilidade corporativa". Isso, disse ele, era parte do motivo pelo qual ele estava ali. Ele se preocupava com a ética da inteligência artificial. Ele disse que a empresa deveria fazer o Departamento de Defesa "se sentir desconfortável" — contrariando suas atitudes tradicionais. "Suas ideias são bem-vindas no Departamento", disse ele.

Do outro lado da mesa, Pichai disse que o Google costumava pensar sobre a ética da IA. Cada vez mais, agentes ruins estavam usando esse tipo de tecnologia, disse ele, por isso era importante que os bons agentes estivessem à frente. Em seguida, Mattis perguntou se o Google poderia codificar algum tipo de regra moral ou ética nesses sistemas — algo que os *googlers* sabiam que estava longe de ser uma opção realista. Giannandrea, que supervisionou o trabalho de IA do Google, enfatizou que esses sistemas eram, em última análise, dependentes da qualidade dos dados de treinamento. Mas Kent Walker, o consultor jurídico geral do Google, se posicionou de outra forma. Essas tecnologias, disse ele, têm um potencial enorme para salvar vidas.

No final de setembro, pouco mais de um mês depois de Mattis visitar a sede do Google, a empresa assinou um contrato de três anos de trabalho no Projeto Maven. Valia entre US$25 milhões e US$30 milhões, com US$15 milhões previstos para serem entregues nos primeiros dezoito meses. Para o Google, essa era uma quantia pequena, e parte dela teria de ser compartilhada com outras pessoas envolvidas no contrato, mas a empresa estava em busca de algo maior. Naquele mesmo mês, o Pentágono convidou empresas norte-americanas a licitarem o que chamou de JEDI, abreviação de *Joint Enterprise Defense Infrastructure*, um contrato de dez anos e US$10 bilhões para fornecer ao Departamento de Defesa os serviços de computação em nuvem necessários para executar suas tecnologias principais. A questão era se o Google divulgaria seu envolvimento no Projeto Maven enquanto almejava o JEDI e, futuramente, outros contratos governamentais.

Três semanas depois que Mattis visitou a sede do Google, *o Future of Life Institute* divulgou uma carta aberta pedindo às Nações Unidas que banissem o que chamou de "robôs assassinos". Essa era outra maneira de dizer "armas autônomas".[7] "Como empresas que desenvolvem tecnologias com base em Inteligência Artificial e Robótica que podem ser reaproveitadas para desenvolver armas autônomas, nos sentimos especialmente responsáveis por dar esse aviso", dizia a carta.[8] "As armas autônomas letais ameaçam se tornar a terceira revolução na guerra. Uma vez desenvolvidas, elas permitirão que o conflito armado seja travado em uma escala maior do que nunca, e em escalas de tempo mais rápidas do que os humanos podem compreender." Foi assinado por mais de cem pessoas na área. Incluindo Elon Musk, que tantas vezes alertou contra a ameaça da superinteligência, bem como Geoff Hinton, Demis Hassabis e Mustafa Suleyman. Para Suleyman, essas tecnologias exigiam um novo tipo de supervisão. "Quem está tomando as decisões que um dia afetarão bilhões de pessoas em nosso planeta? E quem está envolvido nesse processo de julgamento?", pergunta ele. "Precisamos diversificar significativamente a gama de contribuintes para esse processo de tomada de decisão, e isso significa envolver os reguladores muito mais cedo no processo — formuladores de políticas, ativistas da sociedade civil e as pessoas que buscamos servir com nossas tecnologias — envolvendo-os profundamente na criação de nossos produtos e na compreensão de nossos algoritmos."

Em setembro daquele ano, enquanto o Google se preparava para assinar seu contrato para o Projeto Maven, a equipe de vendas que supervisionava o acordo trocou e-mails perguntando se a empresa deveria divulgá-lo. "Anunciamos? Podemos falar sobre a recompensa? Que instruções damos ao governo?", um *googler* escreveu. "Se ficarmos em silêncio, não poderemos controlar a mensagem. Isso não vai cair bem para a nossa marca." Ele acabou argumentando que o Google deveria divulgar a notícia ao público, e outros concordaram. "Ela acabará vazando", disse outro *googler*. "Não seria melhor divulgá-la em nossos próprios termos?" A discussão continuou por vários dias, e, ao longo do caminho, alguém envolveu Fei-Fei Li.

Li elogiou o contrato. "É tão emocionante que estamos perto de obter o MAVEN! Seria uma grande vitória", escreveu ela. "Que esforço incrível você tem liderado! Obrigada!" Mas ela também pediu extrema cautela ao promovê-lo. "Acho que deveríamos fazer uma boa RP sobre a história da colaboração do Departamento de Defesa com o GCP do ponto de vista da tecnologia de nuvem básica", escreveu ela, referindo-se ao Google Cloud Platform. "Mas evite a TODO CUSTO qualquer menção ou implicação de IA." Ela sabia que a imprensa questionaria a ética do projeto, apenas porque Elon Musk havia preparado a bomba:

> *IA armada é provavelmente um dos tópicos mais sensíveis quanto à IA — se não o mais. Isso dá muita corda para a mídia encontrar todas as maneiras de prejudicar o Google. Você provavelmente ouviu Elon Musk e seu comentário sobre a IA causando a Terceira Guerra Mundial. Também há muita atenção da mídia sobre armas com IA, competição internacional e o potencial de tensão geopolítica em relação à IA. O Google já está lutando contra questões de privacidade quando se trata de IA e dados. Não sei o que aconteceria se a mídia pegasse o tema de que o Google está construindo armas com IA ou tecnologias de IA para habilitar armas para a indústria de defesa. O Google Cloud está construindo nossa base para democratizar a IA em 2017. E Diane e eu temos conversado sobre uma IA Humanística para a empresa. Eu teria muito cuidado em proteger essas imagens mais positivas.*

O Google não anunciou o projeto e pediu que o Departamento de Defesa se abstivesse de anunciá-lo também. Mesmo os funcionários da empresa teriam que aprender sobre o Projeto Maven por conta própria.

ARMAMENTIZAÇÃO 215

PAIRANDO sobre a Highway 101 — a via pública de oito pistas que corta o coração do Vale do Silício —, o *Hangar One* é uma das maiores vãos livres construídos da Terra. Erigido na década de 1930 para abrigar dirigíveis voadores para a Marinha dos EUA, esse celeiro de aço gigantesco tem quase 60 metros de altura e cobre mais de 3 hectares de terra, espaço suficiente para seis campos de futebol. Pertence ao Moffett Field, uma base aérea militar de 100 anos situada entre as cidades de Mountain View e Sunnyvale. Moffett é propriedade da NASA, que dirige um centro de pesquisa à sombra do *Hangar One*, mas a agência espacial aluga a maior parte da base aérea para o Google. A empresa usa os velhos hangares de aço para testar balões que poderiam, um dia, fornecer acesso à internet diretamente dos céus, e por anos seus executivos, incluindo Larry Page, Sergey Brin e Eric Schmidt, voaram em seus aviões particulares dentro e fora do Vale do Silício usando essas pistas de pouso privadas.

A nova sede do Google Cloud ficava no extremo sul de Moffett Field, um trio de edifícios circundando um pátio gramado repleto de mesas e cadeiras, onde os *googlers* almoçavam todas as tardes. Um dos edifícios abrigava o que o Google chamava de *Advanced Solutions Lab*, onde a empresa explorava tecnologias personalizadas para seus maiores clientes. Nos dias 17 e 18 de outubro, dentro desse prédio, os funcionários da empresa se reuniram com o subsecretário de Defesa Patrick Shanahan e sua equipe para avaliar o papel do Google no Projeto Maven. Como muitos outros nos escalões mais altos do Departamento de Defesa, Shanahan via o projeto como um primeiro passo em direção a algo maior. Em determinado momento, ele disse: "Nada no Departamento de Defesa deve ser colocado em campo daqui para a frente sem um recurso integrado de IA." Pelo menos para os *googlers* que firmaram o contrato, parecia que a empresa seria uma parte vital dessa longa jornada.

Mas primeiro o Google teve que construir um software para o que foi chamado de sistema de "air gap" — trata-se de um computador (ou rede de computadores) que, literalmente, é cercado por espaço vazio e, sendo assim, não está conectado a nenhuma outra rede. A única maneira de inserir dados em tal sistema é por meio de algum tipo de dispositivo físico, como um pen drive. Aparentemente, o Pentágono carregaria sua filmagem do drone nesse sistema, e o Google precisava de uma maneira de acessar esses dados e alimentá-los em uma rede neural. O acordo significava que o Google não teria controle

216 CRIADORES DE GÊNIOS

sobre o sistema ou mesmo uma boa imagem de como o sistema seria usado. Em novembro, uma equipe de nove engenheiros do Google foi designada para construir o software para esse sistema, mas nunca o fizeram. Percebendo logo para o que servia, eles se recusaram a se envolver de qualquer maneira.

Depois do Ano-Novo, quando a notícia do projeto começou a se espalhar pela empresa, outros expressaram preocupações de que o Google estava ajudando o Pentágono a fazer ataques com drones. Em fevereiro, os nove engenheiros contaram sua história em uma postagem enviada para toda a empresa em sua rede social interna, o Google+. Funcionários com ideias semelhantes apoiaram a postura e saudaram esses engenheiros como a Gangue dos Nove. No último dia do mês, Meredith Whittaker,[9] gerente de produto do grupo do Cloud e fundadora do AI Now Institute da NYU, uma das organizações de ponta dedicada à ética da IA, redigiu uma petição. Exigiu que Pichai cancelasse o contrato do Projeto Maven. "O Google", dizia, "não deveria estar no ramo da guerra".

Durante uma reunião de assembleia do Google no dia seguinte, os executivos disseram aos funcionários que o contrato da Maven havia atingido o valor máximo de apenas US\$9 milhões e que o Google estava desenvolvendo tecnologia apenas para fins "não ofensivos". Mas a agitação continuou a crescer. Na noite da assembleia,[10] outras 500 pessoas assinaram a petição de Whittaker. Mais mil assinaram no dia seguinte. No início de abril, depois que mais de 3.100 funcionários haviam assinado, o *New York Times* publicou uma reportagem revelando o que estava acontecendo, e, dias depois, o chefe do grupo da tecnologia de nuvem convidou Whittaker para participar de uma banca de discussão sobre o contrato Maven durante uma reunião de assembleia da empresa.[11] Ela e dois outros *googlers*, ambos pró-Maven, debateram o assunto em três momentos diferentes, para que pudesse ser transmitido ao vivo para três fusos horários diferentes ao redor do globo.

Em Londres, dentro do DeepMind, mais da metade dos funcionários assinou a petição de Whittaker, com Mustafa Suleyman desempenhando um papel particularmente importante no protesto. O contrato do Projeto Maven do Google foi um ataque às suas crenças fundamentais. Ele viu os protestos dentro do Google como uma prova de que uma sensibilidade europeia estava se espalhando nos EUA, mudando a direção até mesmo das maiores empresas de tecnologia. Uma onda de violência na Europa gerou o GDPR, uma lei que forçou essas empresas a respeitar a privacidade de dados. Agora, uma onda crescente dentro do Google estava forçando a empresa a repensar seu envolvimento com trabalho militar. Enquanto a controvérsia crescia, Suleyman instou Pichai, o presidente-executivo, e Kent Walker, o conselheiro geral, a estabelecer as diretrizes éticas que definiriam formalmente o que o Google construiria ou não.

EM meados de maio, um grupo de acadêmicos independentes enviou uma carta aberta a Larry Page, Sundar Pichai, Fei-Fei Li e ao chefe do empreendimento do Google Cloud.[12] "Como professores, acadêmicos e pesquisadores que estudam, ensinam e desenvolvem tecnologia da informação,[13] escrevemos em solidariedade aos mais de 3.100 funcionários do Google, junto com outros profissionais de tecnologia, que se opõem à participação da empresa no Projeto Maven", dizia a carta. "Apoiamos de todo o coração a exigência deles de que o Google rescinda seu contrato com o Departamento de Defesa e que o Google e sua empresa-mãe, Alphabet, se comprometam a não desenvolver tecnologias militares e não usar os dados pessoais que coletam para fins militares." Foi assinado por mais de mil acadêmicos, incluindo Yoshua Bengio e vários colegas de Li em Stanford.

Li ficou presa entre o que seus chefes queriam na indústria e o que seus colegas queriam na academia. Sua situação era indicativa de um conflito maior entre os dois mundos que colidiram nesses anos. Uma tecnologia que os acadêmicos haviam manuseado por décadas era agora uma engrenagem fundamental em algumas das maiores e mais poderosas empresas do mundo. Seu futuro era impulsionado pela caça ao dinheiro, mais do que qualquer outra coisa. Muitos agora se sentiam tão profundamente envolvidos com a questão, que até mesmo se voltaram contra Hinton por não ser suficientemente vociferante sobre suas preocupações. "Perdi muito respeito por ele", disse Jack Poulson, um ex-professor de Stanford que trabalhava no escritório do Google em Toronto, alguns andares abaixo de Hinton. "Ele nunca disse nada." Mas, nos bastidores, Hinton pediu pessoalmente a Sergey Brin que cancelasse o contrato.

Depois que a carta aberta foi publicada,[14] Fei-Fei Li, que aparentemente recebeu ameaças de morte em fóruns chineses, disse a muitas pessoas que temia por sua segurança e insistiu que ingressar no Projeto Maven não era obra dela. "Eu não estive envolvida na decisão de solicitar o contrato Maven ou de aceitá-lo", disse ela mais tarde, antes de se referir ao seu e-mail sobre Elon Musk e a Terceira Guerra Mundial. "Meu aviso para a equipe de vendas foi preciso." Em 30 de maio, o *Times* publicou uma matéria de primeira página sobre a polêmica gerada pelo seu e-mail, e o protesto dentro da empresa aumentou. Poucos dias depois, executivos do Google disseram aos funcionários que não renovariam o contrato.

A decisão final do Google foi parte de uma resistência maior contra os contratos governamentais. Os funcionários da Clarifai também questionaram seu trabalho no Projeto Maven. Um dos engenheiros desistiu do projeto imediatamente após a visita dos três oficiais uniformizados, e outros deixaram a empresa nas semanas e meses seguintes. Na Microsoft e na Amazon, os funcionários protestaram contra os contratos militares e de vigilância.[15] Mas esses protestos não foram tão eficazes. E mesmo no Google, a onda crescente acabou desaparecendo. A empresa se separou da maioria dos que haviam enfrentado o Projeto Maven, incluindo Meredith Whittaker e Jack Poulson. Fei-Fei Li voltou para Stanford. Embora o Google tivesse cancelado o contrato, ainda estava caminhando na mesma direção. Um ano depois, Kent Walker subiu ao palco em um evento em Washington ao lado do General Shanahan e disse que o contrato da Maven não era indicativo dos objetivos mais amplos da empresa.[16] "Essa foi uma decisão focada em um contrato discreto", disse ele, "não é uma declaração mais ampla sobre nossa disposição ou histórico de trabalho com o Departamento de Defesa".

17

IMPOTÊNCIA

"HÁ PESSOAS NA RÚSSIA CUJO TRABALHO É TENTAR EXPLORAR NOSSOS SISTEMAS. ENTÃO ISTO É UMA CORRIDA ARMAMENTISTA, CERTO?"

Mark Zuckerberg usava a mesma roupa todos os dias: uma camiseta de algodão cinza-pombo com um par de jeans. Ele sentia que isso lhe dava mais energia para administrar o Facebook, que gostava de chamar de "uma comunidade", não uma empresa ou rede social. "Eu realmente quero limpar minha vida para que eu tenha que tomar o mínimo de decisões possível sobre qualquer coisa, exceto quanto a servir melhor esta comunidade", disse ele uma vez.[1] "Na verdade, existe um monte de teorias psicológicas de que até mesmo tomar pequenas decisões sobre o que vestir, ou o que comer no café da manhã, ou coisas assim, meio que te deixam cansado e consomem sua energia." Mas quando ele testemunhou perante o Congresso em abril de 2018,[2] ele usava um terno azul-marinho e uma gravata azul do Facebook. Alguns falaram que era seu terno "de desculpas".[3] Outros disseram que seu corte de cabelo, estranhamente alto na testa, o fazia parecer um monge penitente.[4]

Um mês antes, jornais dos Estados Unidos e da Grã-Bretanha relataram que a *startup* britânica Cambridge Analytica havia coletado informações privadas dos perfis do Facebook de mais de 50 milhões de pessoas e utilizara esses dados para atingir eleitores em nome da campanha de Trump na corrida pré-eleitoral de 2016.[5] A revelação lançou uma avalanche de repreensão da mídia, de defensores públicos e de legisladores, que se juntou às críticas já dirigidas a Zuckerberg e ao Facebook nos últimos meses. Chamado ao Capitólio, Zuckerberg suportou dez horas de testemunho durante dois dias.[6] Ele

220 CRIADORES DE GÊNIOS

respondeu a mais de seiscentas perguntas de quase uma centena de legisladores sobre questões novas e antigas, incluindo a violação de dados da Cambridge Analytica, a interferência russa nas eleições, as *fake news* e o discurso de ódio que se espalha frequentemente pelo Facebook, incitando a violência em lugares como Mianmar e Sri Lanka.[7] Zuckerberg se desculpou várias vezes, embora nem sempre parecesse se desculpar. Tanto em particular quanto em público, ele tinha um comportamento quase robótico, piscando os olhos com frequência incomum e, de vez em quando, fazendo um som de clique inconsciente no fundo da garganta que parecia algum tipo de falha na máquina.

No meio do primeiro dia do depoimento de Zuckerberg no Senado, o republicano John Thune, senador da Dakota do Sul, questionou o efeito das desculpas de Zuckerberg,[8] dizendo que o fundador do Facebook passou quatorze anos se desculpando publicamente por um erro flagrante após o outro. Zuckerberg reconheceu isso, mas disse que o Facebook agora está percebendo que deve operar de uma nova maneira, que precisa não apenas oferecer um software para compartilhar informações online, mas também trabalhar para policiar ativamente o que é compartilhado. "O que acho que aprendemos agora com uma série de questões — não apenas privacidade de dados, mas também notícias falsas e interferência estrangeira nas eleições — é que precisamos ter um papel mais proativo e uma visão mais ampla da nossa responsabilidade", disse ele.[9] "Não é suficiente apenas construir ferramentas. Precisamos ter certeza de que elas são usadas para o bem." Thune disse que estava feliz por Zuckerberg ter entendido a mensagem, mas ele queria saber exatamente como o Facebook resolveria o que era um problema ridiculamente difícil. Seu exemplo foi o discurso de ódio, que parecia simples, mas não era. Muitas vezes, esse tipo de discurso é linguisticamente difícil de definir e, às vezes, bastante sutil, exibindo características diferentes em países diferentes.

Em resposta, Zuckerberg retrocedeu aos primeiros dias do Facebook, apresentando alguns dos clichês que ele e sua equipe haviam preparado nos dias anteriores ao seu depoimento. Quando ele lançou o Facebook, em seu dormitório, em 2004, ele disse, as pessoas podiam compartilhar o que quisessem na rede social. Então, se alguém sinalizasse o que foi compartilhado como impróprio, a empresa dava uma olhada e decidia se deveria ser retirado. Ao longo das décadas, ele reconheceu, isso se tornou sua própria operação clandestina em expansão, com mais de 20 mil prestadores de serviço trabalhando para revisar o conteúdo sinalizado em uma rede social que manipulava informações de mais de 2 bilhões de pessoas. Mas, ele disse, a inteligência artificial estava mudando o que era possível.

Enquanto pesquisadores como Ian Goodfellow viam o aprendizado profundo como algo que poderia agravar o problema das *fake news*, Zuckerberg o pintou como a solução. Os sistemas de IA, disse ele ao senador Thune, já estavam identificando a propaganda terrorista com uma precisão quase perfeita. "Hoje, enquanto estamos sentados aqui, 99% do conteúdo do ISIS e da Al Qaeda que retiramos do Facebook são sinalizados pelos nossos sistemas de IA antes que qualquer ser humano veja", disse ele.[10] Ele reconheceu que outros tipos de conteúdo tóxico são mais difíceis de identificar, incluindo discurso de ódio, mas estava confiante de que a inteligência artificial poderia resolver o problema. Em cinco a dez anos, disse, ela poderia até reconhecer as nuances do discurso de ódio. O que ele não disse foi que mesmo os humanos não conseguiam concordar sobre o que é ou não discurso de ódio.

DOIS anos antes, no verão de 2016, depois que o AlphaGo derrotou Lee Sedol e antes de Donald Trump derrotar Hillary Clinton, Zuckerberg sentou-se à uma mesa de conferência dentro do *Building 20*, o novo núcleo do *campus* da empresa em Menlo Park. Projetado por Frank Gehry, era uma construção longa e plana sobre palafitas de aço que media mais de 40 mil metros quadrados, quase do tamanho de um campo de futebol. O telhado era seu próprio Central Park, com quase quatro hectares de grama, árvores e passagens de cascalho onde os *facebookers* se sentavam ou passeavam quando quisessem. Por dentro, era um grande espaço aberto com mais de 2,8 mil funcionários e cheio de mesas, cadeiras e notebooks. Se você parasse no lugar certo, podia ver de uma ponta a outra do espaço.

Zuckerberg estava realizando uma revisão no meio do ano. Os líderes de cada divisão entravam na sala em que ele estava sentado, discutiam seu progresso nos primeiros seis meses do ano e depois saíam. Naquela tarde, o grupo que supervisionava a pesquisa de IA da empresa entrou ao lado de Mike Schroepfer, o diretor de tecnologia, e Yann LeCun fez a apresentação, detalhando seu trabalho com reconhecimento de imagem, tradução e compreensão

222 CRIADORES DE GÊNIOS

da linguagem natural. Zuckerberg não disse muito enquanto ouvia. Nem Schroepfer. Então, quando a apresentação terminou, o grupo saiu da sala, e Schroepfer atacou LeCun dizendo a ele que nada do que ele disse significava alguma coisa. "Precisamos apenas de algo que mostre que estamos fazendo melhor do que as outras empresas", disse ele à LeCun. "Eu não me importo em relação a como você faz isso. Só precisamos vencer um concurso. Basta iniciar um concurso no qual sabemos que podemos vencer."

"Vídeo. Podemos ganhar um concurso de vídeo", disse um dos colegas atrás deles.

"Viu?", rosnou Schroepfer para LeCun. "Você poderia aprender alguma coisa."

Zuckerberg queria que o mundo visse o Facebook como uma empresa inovadora — como um rival do Google. Isso ajudaria a empresa a atrair talentos. E à medida que o espectro do antitruste pairava sobre o Vale do Silício, isso forneceria um argumento contra a quebra da empresa em pedaços — ou pelo menos era isso que muitos na empresa acreditavam. A ideia era a de que o Facebook pudesse mostrar aos reguladores que não era apenas uma rede social, que era mais do que apenas uma conexão entre as pessoas, que era uma empresa construindo novas tecnologias vitais para o futuro da humanidade. Por tudo isso, Schroepfer disse a uma sala cheia de repórteres que o Facebook estava construindo uma IA que poderia vencer o jogo de Go, e que as grandes ideias por trás do projeto se espalhariam por toda a empresa. Foi também por isso que Zuckerberg tentou esvaziar o marco do DeepMind várias semanas depois. Eles estavam determinados a mostrar que a empresa era líder em inteligência artificial. Mas LeCun, o chefe do laboratório do Facebook, não era alguém que perseguia momentos *moonshot*. Ele não era Demis Hassabis ou Elon Musk. Tendo trabalhado na área por décadas, ele via a pesquisa em IA como um esforço muito mais longo e lento.

No fim das contas, as grandes ideias que Schroepfer descreveu para aquela sala cheia de repórteres foram de importância vital para o futuro da empresa. Mas o futuro não seria tão brilhante quanto ele imaginava, as ideias não eram tão brilhantes quanto pareciam e se espalharam pela empresa de uma forma que ele nunca poderia ter previsto.

Depois de contratar dezenas de pesquisadores importantes para o laboratório de IA do Facebook, que abrangia escritórios em Nova York e no Vale do Silício, Schroepfer construiu uma segunda organização encarregada de colocar as tecnologias do laboratório em prática. Isso foi chamado de Equipe de Aprendizado de Máquina Aplicado. No início, trouxe, para a maior rede social do mundo, coisas como reconhecimento facial, tradução de idiomas e legendagem automática. Mas então sua missão começou a mudar. No final de 2015, quando militantes islâmicos mataram 130 pessoas e feriram quase 500 durante ataques coordenados em Paris e arredores, Mark Zuckerberg enviou um e-mail perguntando à equipe o que poderia fazer para combater o terrorismo no Facebook. Nos meses seguintes, eles analisaram milhares de postagens na rede social envolvendo organizações como o Estado Islâmico e a Al Qaeda, que violavam suas políticas, e criaram um sistema que poderia sinalizar automaticamente novas propagandas terroristas por conta própria. Em seguida, os prestadores de serviço humanos revisariam o que o sistema havia destacado e, por fim, decidiriam se deveria ser removido. Era a essa tecnologia que Zuckerberg estava se referindo quando disse ao Senado que a inteligência artificial do Facebook poderia identificar automaticamente conteúdo do ISIS e da Al Qaeda. Outros, no entanto, questionaram o quão sofisticada e matizada essa tecnologia poderia ser.

Em novembro de 2016, quando Zuckerberg ainda negava o papel do Facebook na divulgação de notícias falsas, Dean Pomerleau lançou um desafio. Trinta anos depois de construir um carro autônomo na Carnegie Mellon com a ajuda de uma rede neural, ele tuitou o que chamou de *"Fake News Challenge"*[11](Desafio das Fake News, em tradução livre), apostando US$1 mil que nenhum pesquisador conseguiria construir um sistema automatizado que pudesse separar o real do falso. "Darei a qualquer um chances de 20:1 (até US$200 por entrada; US$1 mil no total) de que eles não conseguirão desenvolver um algoritmo automatizado que possa distinguir as reivindicações reais das falsas na internet", escreveu ele.[12] Ele sabia que a tecnologia atual não estava à altura da tarefa, que exigia um julgamento humano muito sutil. Qualquer tecnologia de IA que pudesse identificar com segurança notícias falsas teria ultrapassado um marco muito maior. "Isso significaria que a IA atingiu a inteligência de nível humano", disse ele.[13] Ele também sabia que as *fake news* estavam nos olhos de quem as lia. Separar o real do falso era uma questão de opinião.

Se os humanos não conseguiam concordar sobre o que era e o que não era uma notícia falsa, como poderiam treinar máquinas para reconhecê-las? Notícias eram, inerentemente, uma tensão entre observação objetiva e julgamento subjetivo. "Em muitos casos", disse Pomerleau, "não existe uma resposta certa".[14] Inicialmente, houve uma onda de atividade em resposta ao seu desafio. E acabou não dando em nada.

Um dia depois de Pomerleau lançar seu desafio, enquanto o Facebook continuava a negar que havia um problema, a empresa realizou uma mesa redonda com a imprensa em sua sede corporativa em Menlo Park. Yann LeCun estava lá, e um repórter perguntou a ele se a IA poderia detectar notícias falsas e outros conteúdos tóxicos que se espalhavam tão rapidamente pela rede social, incluindo violência ao vivo em vídeo.[15] Dois meses antes, um homem em Bangkok se enforcou enquanto transmitia um vídeo ao vivo no Facebook. LeCun respondeu com um enigma ético. "Qual é o compromisso entre a filtragem e a censura? Liberdade de experiência e decência?", disse ele.[16] "A tecnologia existe ou pode ser desenvolvida. Mas então a questão é: qual o sentido de implementá-la? E esse não é o meu departamento."

À medida que a pressão de fora da empresa crescia, Schroepfer começou a transferir recursos de dentro de sua Equipe de Aprendizado de Máquina Aplicado em um esforço para limpar a atividade tóxica em toda a rede social, de pornografia a contas falsas. Em meados de 2017, a detecção de conteúdo indesejado foi responsável por mais trabalho da equipe do que qualquer outra tarefa. Schroepfer chamou isso de "prioridade no 1 evidente". Ao mesmo tempo, a empresa continuou a expandir o número de prestadores de serviço humanos que revisavam o conteúdo. A IA não era o suficiente.

Então, quando Zuckerberg testemunhou perante o Congresso após o vazamento de dados da Cambridge Analytica,[17] ele teve que reconhecer que os sistemas de monitoramento do Facebook ainda exigiam assistência humana.[18] Eles podiam sinalizar certos tipos de imagens e texto, como uma foto nua ou uma peça de propaganda terrorista, mas após isso, curadores humanos — fazendas enormes de prestadores de serviço trabalhando principalmente no exterior — tiveram que revisar cada postagem e decidir se devia ser retirada. Por mais precisas que as ferramentas de IA possam ser em situações muito específicas, elas ainda careciam da flexibilidade do julgamento humano. Elas tinham muita dificuldade, por exemplo, para distinguir uma imagem pornográfica de uma foto de uma mãe amamentando um bebê. E eles não estavam lidando com uma situação estática: conforme o Facebook construía sistemas que podiam identificar uma variedade cada vez mais diversificada de conteúdo tóxico, novos tipos de material os quais esses sistemas não foram treinados para identificar apareciam na rede social. Quando Diane Feinstein, senadora democrata californiana, perguntou a Zuckerberg como ele impediria que agentes estrangeiros interferissem nas eleições dos EUA, ele novamente apontou para a IA. Mas ele reconheceu que a situação era complicada. "Implementamos novas ferramentas de IA que fazem um trabalho melhor na identificação de contas falsas que estariam tentando interferir nas eleições ou espalhando informações incorretas. A natureza desses ataques, porém, é que, você sabe, há pessoas na Rússia cujo trabalho é tentar explorar nossos sistemas", disse ele.[19] "Então isso é uma corrida armamentista, certo?"

EM março de 2019, um ano depois de Zuckerberg testemunhar no Capitólio, um atirador matou 51 pessoas em duas mesquitas em Christchurch, na Nova Zelândia, enquanto fazia uma transmissão ao vivo do ataque no Facebook. A empresa levou uma hora para remover o vídeo de sua rede social, e nesse tempo, ele se espalhou pela internet. Dias depois, Mike Schroepfer sentou-se com dois repórteres em uma sala na sede do Facebook para discutir os esforços da empresa para identificar e remover conteúdo indesejado com a ajuda da inteligência artificial.[20] Durante meia hora, enquanto desenhava diagramas em um quadro branco com um marcador colorido, ele mostrou como a empresa estava identificando automaticamente os anúncios de maconha e ecstasy. Em seguida, os repórteres perguntaram sobre os tiroteios em Christchurch. Ele parou por quase sessenta segundos antes de seus olhos se encherem de lágrimas. "Estamos trabalhando nisso agora", disse ele. "Não vai ser consertado amanhã. Mas não quero ter essa conversa novamente daqui a seis meses. Podemos fazer um trabalho muito, muito melhor em detectar isso."

Ao longo de várias entrevistas, ele caiu no choro muitas vezes enquanto discutia a escala e a dificuldade da tarefa do Facebook, bem como as responsabilidades que vinham com ela. Ao longo disso tudo, ele insistiu que a IA era a resposta, que com o passar do tempo reduziria as dificuldades da empresa e, eventualmente, transformaria uma tarefa de Sísifo em uma situação administrável. Mas quando pressionado, ele reconheceu que o problema nunca desapareceria por completo. "Eu acho que há um fim de jogo aqui", disse ele. Mas "eu não acho que 'tudo esteja resolvido', e todos nós faremos as malas e iremos para casa".

Nesse entremeio, construir essa inteligência artificial era um esforço muito humano. Quando o vídeo de Christchurch apareceu no Facebook, os sistemas da empresa não o sinalizaram porque não se parecia com nada que esses sistemas tivessem sido treinados para reconhecer. Parecia um jogo de computador, de um ponto de vista de primeira pessoa. O Facebook treinou sistemas para identificar violência gráfica em seu site usando imagens de cães atacando pessoas, pessoas chutando gatos, pessoas batendo em outras pessoas com tacos de beisebol. Mas o vídeo da Nova Zelândia era diferente. "Nenhum deles se parece muito com esse vídeo", disse Schroepfer. Como outros em sua equipe, ele assistiu ao vídeo várias vezes em um esforço para entender como eles poderiam construir um sistema que pudesse identificá-lo automaticamente. "Eu gostaria de não ter visto isso", disse ele.

À medida que os anúncios de maconha apareciam na rede social, Schroepfer e sua equipe construíam sistemas que podiam identificá-los. Então, atividades novas e diferentes foram aparecendo, e eles construíram novas maneiras de identificar esse novo conteúdo, conforme o ciclo continuava. Em meio a tudo isso, os pesquisadores estavam construindo sistemas que poderiam gerar desinformação por conta própria. Isso incluía as GANs e outras técnicas relacionadas de geração de imagens. Também incluía uma tecnologia desenvolvida no DeepMind chamada Wavenet, que poderia gerar sons realistas e até mesmo duplicar a voz de alguém, como Donald Trump ou Nancy Pelosi.

IMPOTÊNCIA 227

Isso estava evoluindo para uma guerra entre IAs. À medida que outra eleição se aproximava, Schroepfer lançou um concurso que instava pesquisadores de toda a indústria e da academia a construir sistemas de IA que pudessem identificar *deepfakes*, imagens falsas geradas por outros sistemas de IA. A questão era: qual lado venceria? Para pesquisadores como Ian Goodfellow, a resposta era óbvia. A desinformação venceria. Afinal, as GANs foram projetadas como uma forma de gerar algo que pudesse enganar qualquer detector. Elas venceriam antes mesmo de o jogo ser jogado.

Poucas semanas depois que o Facebook revelou seu concurso, outro repórter perguntou a Yann LeCun, mais uma vez, se a inteligência artificial poderia impedir notícias falsas. "Não tenho certeza se alguém tem a tecnologia para acessar a veracidade de uma notícia", disse ele. "A veracidade, especialmente quando se trata de questões políticas, depende muito de quem vê." Mesmo se você fosse capaz de construir uma máquina que pudesse fazer um trabalho razoável nisso, ele acrescentou, muitas pessoas diriam que os tecnólogos que a construíram eram tendenciosos e reclamariam que os dados usados para o treinamento foram tendenciosos e simplesmente não a aceitariam. "Mesmo se a tecnologia existisse", disse ele, "poderia não ser uma boa ideia implementá-la de fato".

PARTE QUATRO

OS SERES HUMANOS SÃO SUBESTIMADOS

18

DEBATE

"INDEPENDENTE DE QUANTO TEMPO
ESSE PROGRESSO ACELERADO AINDA DURAR,
GARY CONTINUARÁ DIZENDO QUE ESTÁ
PRESTES A TERMINAR."

O evento anual mais importante do Google é uma conferência chamada I/O. Seu nome vem de um antigo acrônimo de computador que significa Input/Output. Todo mês de maio, milhares de pessoas fazem a peregrinação até Mountain View para essa extravagância corporativa, viajando de todo o Vale do Silício e de partes mais distantes da indústria de tecnologia apenas para poderem passar a maior parte dos três dias aprendendo sobre os mais novos produtos e serviços da empresa. O Google realiza sua apresentação da conferência anual no *Shoreline Amphitheatre*, uma sala de concertos de 22 mil lugares cujas torres semelhantes a uma tenda de circo se erguem acima das colinas gramadas do outro lado da rua da sede da empresa. Ao longo das décadas, todos, desde Grateful Dead, U2 e Backstreet Boys, tocaram no Shoreline. Agora é onde Sundar Pichai sobe ao palco para contar a milhares de desenvolvedores de software sobre a miríade de tecnologias emergentes de sua empresa pública cada vez mais diversificada. No dia de abertura da conferência na primavera de 2018, vestindo uma lã verde-floresta com zíper sobre uma camiseta branca brilhante, Pichai disse à multidão que o assistente digital falante da empresa podia fazer suas próprias ligações.[1]

CRIADORES DE GÊNIOS

Graças aos métodos pioneiros de Geoff Hinton e seus alunos em Toronto, o Google Assistente podia reconhecer as palavras faladas quase tão bem quanto as pessoas. Graças ao Wavenet, a tecnologia de geração de voz desenvolvida no DeepMind, *soava* mais humana também. Então, subindo no palco do Shoreline, Pichai revelou um novo refinamento. O Google Assistente, disse ele ao público, agora pode ligar para um restaurante e fazer uma reserva. Ele fazia isso em segundo plano, por meio da rede de computadores do Google. Você pode pedir ao Assistente para reservar uma mesa para o jantar e, em seguida, enquanto você faz algo totalmente diferente, como levar o lixo para fora ou regar a grama, o Assistente aciona uma chamada automática para o restaurante de sua escolha em algum lugar dentro de um centro de dados do Google. Pichai reproduziu uma gravação de áudio de uma dessas ligações, um bate-papo entre o Assistente e uma mulher que atendeu o telefone em um restaurante sem nome.

"Olá, posso ajudá-lo?", disse a mulher, com um forte sotaque chinês.

"Olá, gostaria de reservar uma mesa para quarta-feira, dia sete", disse o Google Assistente.

"Para sete pessoas?", perguntou a mulher, enquanto risos ressoavam pelo anfiteatro.

"Hum, é para quatro pessoas", disse o Google Assistente.

"Quatro pessoas. Quando? Hoje? Esta noite?", disse a mulher do restaurante, enquanto as risadas aumentavam.

"Hum, na próxima quarta-feira às 18h."

"Na verdade, reservamos apenas para mais de cinco pessoas. Para quatro pessoas, você pode vir sem reservar."

"Quanto tempo é a espera geralmente para, hum, sentar."

"Para quando? Amanhã? Ou fim de semana?"

"Para a próxima quarta-feira, hum, dia sete."

"Oh, não, não está muito ocupado. Você pode vir com quatro pessoas, ok?"

"Ah, entendi. Obrigado."

"Sim. Tchau, tchau", disse a mulher, enquanto aplausos e gritos irrompiam da plateia.

Como Pichai explicou, essa nova tecnologia se chamava Duplex e era o resultado de vários anos de progresso em uma ampla gama de tecnologias de IA, incluindo reconhecimento e geração de voz, bem como compreensão da linguagem natural — a capacidade de não apenas reconhecer e gerar palavras faladas, mas de realmente compreender a forma como a linguagem é usada. Para aqueles na plateia, a demonstração de Pichai foi chocantemente poderosa. Em seguida, ele mostrou para eles um segundo exemplo em que o sistema marcou uma hora para cortar o cabelo em um salão local. Os aplausos vieram quando a mulher no spa disse "Dê-me um segundo" e Duplex respondeu com um "Mmm-huhum". O Duplex não apenas respondia com as palavras certas, mas com os ruídos certos — as pistas verbais certas. Nos dias que se seguiram, muitos especialistas reclamaram que o Google Duplex era tão poderoso, que chegava a ser antiético. Estava enganando ativamente as pessoas fazendo-as pensar que era humano. O Google concordou em ajustar o sistema para que sempre revelasse que era um bot.[2] Em seguida, a empresa lançou a ferramenta em várias partes dos Estados Unidos.[3]

Mas para Gary Marcus, essa tecnologia não era o que parecia.

Dias depois de Pichai fazer sua demonstração no Shoreline Amphitheatre, Marcus, um professor de psicologia da NYU, publicou um editorial no *New York Times* que visava colocar o Google Duplex em seu devido lugar.[4] "Supondo que a demonstração seja legítima, é uma realização impressionante (embora um tanto assustadora). Mas o Google Duplex não é o avanço significativo em direção à IA que muitas pessoas acham que é."[5] O truque, disse ele, era que esse sistema operava em um domínio minúsculo: reservas em restaurantes e agendamentos em cabeleireiros. Ao manter um escopo pequeno — limitando as respostas possíveis em cada lado da conversa —, o Google podia levar as pessoas a acreditar que uma máquina era um ser humano. Isso era muito diferente de um sistema que poderia sair desses limites. "Agendar um horário no cabeleireiro?[6] O sonho da inteligência artificial deveria ser maior do que isso para ajudar a revolucionar a medicina, digamos, ou para produzir robôs ajudantes confiáveis para o lar", escreveu ele. "O motivo pelo qual o Google

234   CRIADORES DE GÊNIOS

Duplex é tão estreito não é por representar um primeiro, mas importante, passo em direção a essas metas. A razão é que a área da IA ainda não tem ideia de como fazer algo melhor que isso."

GARY Marcus vem de uma longa linhagem de pensadores que acreditam na importância da natureza, não apenas do aprendizado. Eles são chamados de inatistas e argumentam que uma parte significativa de todo o conhecimento humano está conectado ao cérebro, e não que seja aprendido com a experiência. Esse é um argumento que abrange séculos de filosofia e psicologia, indo de Platão a Immanuel Kant, de Noam Chomsky a Steven Pinker. Os inatistas se opõem aos empiristas, que acreditam que o conhecimento humano vem principalmente do aprendizado. Gary Marcus estudou com Pinker, psicólogo, linguista e escritor popular na área das ciências, antes de construir sua própria carreira em torno da mesma atitude fundamental. Agora ele estava empunhando seu inatismo no mundo da inteligência artificial. Foi o maior crítico mundial das redes neurais, um Marvin Minsky da era do aprendizado profundo.

Assim como ele acreditava que o conhecimento estava conectado ao cérebro humano, também acreditava que os pesquisadores e engenheiros não tinham escolha a não ser abastecer a IA com conhecimento. Ele tinha certeza de que as máquinas não aprenderiam tudo. No início da década de 1990, ele e Pinker publicaram um artigo mostrando que as redes neurais não podiam nem mesmo aprender as habilidades de linguagem que as crianças aprendem, como reconhecer verbos do cotidiano no passado. Vinte anos depois, na esteira do AlexNet, quando o *New York Times* publicou uma matéria de primeira página sobre o surgimento do aprendizado profundo, ele respondeu com uma coluna para a *New Yorker*, argumentando que a mudança não era tão grande quanto parecia.[7] As técnicas adotadas por Geoff Hinton, disse ele, não eram poderosas o suficiente para entender os fundamentos da linguagem natural, muito menos duplicar o pensamento humano. "Para parafrasear uma velha parábola,[8] Hinton construiu uma escada melhor", escreveu ele. "Mas uma escada melhor não necessariamente o levará à Lua."

A ironia é que, não muito depois, Marcus lucrou com o *hype* do aprendizado profundo. Nos primeiros dias de 2014, ouvindo que o DeepMind havia se vendido à Google por US$650 milhões, e pensando "posso fazer isso", ele ligou para um velho amigo chamado Zoubin Ghahramani. Eles se conheceram mais de vinte anos antes, quando ambos eram alunos de graduação no MIT. Marcus estava lá para estudar ciências cognitivas, e Ghahramani fazia parte de um programa que preenchia a lacuna entre a ciência da computação e a neurociência. Eles se tornaram amigos porque faziam aniversário no mesmo dia, chegando a comemorar seu vigésimo primeiro aniversário no apartamento de Marcus na Magazine Street, em Cambridge. Depois de terminar seu doutorado, Ghahramani seguiu um caminho não muito diferente de muitos dos pesquisadores de IA que agora trabalhavam para o Google, Facebook e DeepMind. Ele fez um pós-doutorado com Geoff Hinton em Toronto, depois o seguiu para a Unidade Gatsby, na University College London. Mas Ghahramani estava entre aqueles que acabaram se afastando da pesquisa com redes neurais, adotando ideias que considerava mais elegantes, mais poderosas e mais úteis. Então, depois que o DeepMind se vendeu para o Google, Marcus convenceu Ghahramani de que eles deveriam criar sua própria *startup* com base na ideia de que o mundo de precisava mais do que apenas aprendizado profundo. Eles a chamaram de inteligência geométrica.

Eles contrataram cerca de uma dúzia de pesquisadores de inteligência artificial de universidades dos EUA. Alguns se especializaram em aprendizado profundo. Outros, incluindo Ghahramani, se especializaram em outras tecnologias. Marcus não ignorava os poderes da tecnologia e certamente entendia o *hype* que a envolvia. Depois de fundar sua *startup* no verão de 2015, ele e Ghahramani instalaram sua equipe de acadêmicos em um pequeno escritório no centro de Manhattan onde a NYU incubava *startups*. Marcus se juntou a eles, enquanto Ghahramani ficou no Reino Unido. Pouco mais de um ano depois, após conversas com muitas das maiores empresas de tecnologia, da Apple à Amazon, eles venderam sua *startup* para a Uber,[9] a empresa de crescimento rápido que aspirava a construir carros autônomos. A dúzia de pesquisadores da *startup* mudou-se prontamente para São Francisco, tornando-se a Uber AI Labs. Marcus mudou-se junto do laboratório, enquanto Ghahramani ficou no Reino Unido. Então, quatro meses depois, sem muitas explicações, Marcus deixou a empresa e voltou para Nova York, reassumindo seu papel como o maior crítico mundial do aprendizado profundo. Ele não era um pesquisador de IA. Ele era alguém dedicado ao seu próprio conjunto de ideias intelectuais. Um colega o chamou de "narcisista adorável". De volta a Nova York, ele começou a escrever um livro argumentando, mais uma vez, que as máquinas só podiam aprender por conta própria até certo ponto, e começou a construir uma segunda empresa com base na mesma premissa. Ele também desafiou gente como Hinton para um debate público sobre o futuro da inteligência artificial. Hinton não aceitou.

Mas no outono de 2017, Marcus debateu com LeCun na NYU. Organizado pelo *Center for Mind, Brain and Consciousness* (Centro de Mente, Cérebro e Consciência), da NYU — um programa que combinava psicologia, linguística, neurociência, ciência da computação e muito mais —, o debate confrontava natureza e aprendizado, inatismo e empirismo, "maquinaria inata" e "aprendizado de máquina".[10] Marcus foi o primeiro a falar, argumentando que o aprendizado profundo não era capaz de muito mais do que tarefas simples de percepção, como reconhecer objetos em imagens ou identificar palavras faladas. "Se as redes neurais nos ensinaram alguma coisa, é que o empirismo puro tem seus limites", disse ele.[11] No longo caminho para a inteligência artificial, ele explicou, o aprendizado profundo deu apenas alguns pequenos passos. Além de tarefas de percepção (como reconhecimento de imagem e voz) e geração de mídia (como as GANs), sua maior conquista fora vencer no Go, e o Go era apenas um jogo, um universo contido, com um conjunto de regras cuidadosamente definido. O mundo real era quase infinitamente mais complexo. Marcus gostava de dizer que um sistema treinado para jogar Go seria inútil em qualquer outra situação. Não era inteligente porque não conseguia se adaptar a situações inteiramente novas. E certamente não poderia lidar com um dos principais produtos da inteligência humana: a linguagem. "Meras estatísticas ascendentes não nos levaram muito longe[12] em uma série de problemas importantes — como linguagem, raciocínio, planejamento e bom senso — mesmo depois de sessenta anos de pesquisa com redes neurais, mesmo depois de termos uma computação muito melhor, muito mais memória, dados muito melhores", disse ele ao público.

O problema, ele explicou, é que as redes neurais não aprendem da maneira como o cérebro humano aprende. Mesmo dominando tarefas que as redes neurais não podem dominar, o cérebro não requer as enormes quantidades de dados que o aprendizado profundo exige. As crianças, incluindo bebês recém-nascidos, podem aprender com pequenas quantidades de informações, às vezes apenas um ou dois bons exemplos. Mesmo as crianças que crescem em lares onde seus pais não demonstram interesse em seu desenvolvimento e educação aprendem as nuances da linguagem falada apenas ouvindo o que está acontecendo ao seu redor. Uma rede neural, argumentou ele, não precisa apenas de milhares de exemplos. Precisa de alguém para etiquetar cuidadosamente cada um deles. O que isso mostrou foi que a inteligência artificial não aconteceria sem mais daquilo que os inatistas chamam de "maquinário inato": a enorme quantidade de conhecimento que eles acreditam estar embutida no cérebro humano. "Aprender só é possível porque nossos ancestrais desenvolveram máquinas para representar coisas como espaço, tempo e objetos duradouros", disse Marcus.[13] "Minha previsão — e é apenas uma previsão, não serei capaz de prová-la — é a de que a IA funcionará muito melhor quando aprendermos a incorporar informações semelhantes a essas no sistema." Em outras palavras, ele acreditava que havia muitas coisas que a IA jamais conseguiria aprender por conta própria. Essas coisas teriam que ser codificadas manualmente por engenheiros.

Como um inatista convicto, Marcus tinha uma agenda ideológica. Trabalhando para construir uma nova empresa de IA em torno da ideia de um maquinário inato, ele também tinha uma agenda econômica. O debate com Yann LeCun na NYU foi o início de uma campanha planejada para mostrar à comunidade mundial de pesquisadores de IA, à indústria de tecnologia e ao público em geral que o aprendizado profundo era muito mais limitado do que parecia. Nos primeiros meses de 2018, ele publicou o que chamou de uma trilogia de artigos criticando o aprendizado profundo e, em particular, os feitos do AlphaGo.[14] Em seguida, ele lançou sua crítica na imprensa popular, com uma reportagem aparecendo na capa da revista *Wired*. Tudo isso levaria à produção de um livro que ele intitulou *Rebooting AI* — e uma nova *startup* que visava explorar o que ele via como um vácuo no esforço global para construir inteligência artificial.[15]

LeCun ficou perplexo com tudo isso. Como disse ao público na NYU, ele concordou que o aprendizado profundo por si só não poderia atingir a inteligência verdadeira, e ele nunca disse que conseguiria.[16] Ele concordou que a IA exigiria um mecanismo inato. Afinal, uma rede neural já era um mecanismo inato. Algo ali precisaria ter a capacidade de aprender. Ele foi comedido e

238 CRIADORES DE GÊNIOS

até educado durante o debate. Mas seu tom mudou online. Quando Marcus publicou seu primeiro artigo questionando o futuro do aprendizado profundo, LeCun respondeu com um tuíte: "O número de recomendações valiosas já feitas por Gary Marcus é exatamente zero."

Marcus não estava sozinho. Muitos agora estavam resistindo à onda interminável de *hype* que emergia da indústria e da imprensa em torno das palavras "inteligência artificial". O Facebook estava na vanguarda da revolução do aprendizado profundo e apresentou a tecnologia como uma resposta para seus problemas mais urgentes. Era cada vez mais óbvio, porém, que essa era, na melhor das hipóteses, uma solução parcial. Durante anos, empresas como Google e Uber prometeram que os carros autônomos logo estariam nas estradas, transportando pessoas comuns pelas cidades ao redor do mundo. Mas mesmo a imprensa popular começou a perceber que essas afirmações eram grosseiramente exageradas. Embora o aprendizado profundo tenha melhorado significativamente sua capacidade de reconhecer pessoas, objetos e sinais na estrada — e acelerado sua capacidade de prever eventos na estrada e planejar rotas —, os carros autônomos ainda estavam longe de lidar com o caos do deslocamento diário com a mesma agilidade das pessoas. Embora o Google tivesse prometido um serviço de carona em Phoenix, Arizona, até o final de 2018, isso não aconteceu. O aprendizado profundo para a descoberta de drogas, uma área que parecia promissora depois que George Dahl e seus colaboradores de Toronto venceram a competição da Merck, acabou sendo uma proposta muito mais complicada do que parecia. Pouco depois de ir para o Google, Dahl se afastou da ideia. "O problema é que a parte do processo de descoberta de medicamentos que mais podemos ajudar não é a parte mais importante do processo", diz ele. "Não é a parte que faz custar US$2 bilhões para levar uma molécula ao mercado." Oren Etzioni, um ex-pesquisador da Universidade de Washington que supervisionou um laboratório de Seattle chamado *Allen Institute for Artificial Intelligence*, costumava dizer que, apesar de todo o entusiasmo em torno do aprendizado profundo, a IA não poderia nem passar em uma prova de ciências da oitava série.

Quando Yann LeCun revelou o novo laboratório parisiense do Facebook em junho de 2015, ele disse: "O próximo grande passo para o aprendizado profundo é o entendimento da linguagem natural, que visa dar às máquinas o poder de entender não apenas palavras individuais, mas frases e parágrafos inteiros." Esse era o objetivo da comunidade em geral — o próximo grande passo para além do reconhecimento de imagem e voz. Uma máquina que pudesse entender a maneira natural como as pessoas escrevem e falam — e até mesmo conversam — havia sido o grande objetivo da pesquisa em IA desde os anos 1950. Mas no final de 2018, muitos sentiram que essa confiança havia se perdido.

Perto do fim do debate, enquanto Marcus e LeCun respondiam às perguntas de sua audiência, uma mulher em uma blusa amarela se levantou e perguntou a LeCun por que o progresso em relação à linguagem natural havia estagnado.

"Nada tão revolucionário quanto o reconhecimento de objetos foi feito", disse ela.[17]

"Não concordo inteiramente com a sua premissa", disse LeCun. "Tem..."

Então ela o interrompeu, dizendo: "Qual é o seu exemplo?"

"Tradução", disse ele.

"Tradução automática", disse ela, "não é necessariamente compreensão da linguagem".

NA mesma época desse debate, pesquisadores do *Allen Institute for Artificial Intelligence* revelaram um novo tipo de teste de inglês para sistemas de computador.[18] Ele testava se as máquinas podiam terminar frases como esta:

> *No palco, uma mulher se senta ao piano. Ela*
>
> *a. senta-se em um banco enquanto sua irmã brinca com a boneca.*
>
> *b. sorri com alguém enquanto a música toca.*
>
> *c. está no meio da multidão, observando os dançarinos.*
>
> *d. coloca, nervosamente, os dedos nas teclas.*

As máquinas não se saíram muito bem. Enquanto os humanos responderam corretamente a mais de 88% das perguntas do teste, um sistema construído pelo *Allen Institute* acertou cerca de 60%. Outras máquinas se saíram consideravelmente pior. Então, cerca de dois meses depois, uma equipe de pesqui-

240 CRIADORES DE GÊNIOS

sadores do Google, liderada por um homem chamado Jacob Devlin, revelou um sistema que eles chamaram de BERT.[19] Quando o BERT fez o teste, ele conseguiu acertar tantas perguntas quanto um ser humano. E não havia sido projetado para fazer o teste.

O BERT era o que os pesquisadores chamam de "modelo de linguagem universal". Vários outros laboratórios, incluindo o Allen Institute e o OpenAI, estavam trabalhando em sistemas semelhantes. Os modelos de linguagem universal são redes neurais gigantes que aprendem as nuances da linguagem analisando milhões de frases escritas por humanos. O sistema desenvolvido pela OpenAI analisou milhares de livros autopublicados, incluindo romance, ficção científica e mistério. BERT analisou a mesma biblioteca vasta, assim como todos os artigos da Wikipedia, passando dias estudando todos esses textos com a ajuda de centenas de chips GPU.

Cada sistema aprendeu uma habilidade muito específica ao analisar todos esses textos. O sistema da OpenAI aprendeu a adivinhar a próxima palavra em uma frase. BERT aprendeu a adivinhar palavras que faltam em qualquer parte de uma frase (como "O homem _____ o carro porque era barato"). Mas ao dominar essas tarefas específicas, cada sistema também aprendeu sobre a maneira geral como a linguagem é reunida, as relações fundamentais entre milhares de palavras. Então os pesquisadores poderiam aplicar facilmente esse conhecimento a uma ampla gama de outras tarefas. Se eles alimentassem o BERT com milhares de perguntas e respostas, ele aprenderia a responder a outras perguntas por conta própria. Se eles introduzissem resmas de diálogos corridos no sistema da OpenAI, ele poderia aprender a manter uma conversa. Se o alimentassem com milhares de manchetes negativas, ele aprenderia a reconhecê-las.

O BERT mostrou que essa grande ideia poderia funcionar. Ele poderia lidar com o teste de "bom senso" do Instituto Allen. Ele também conseguia lidar com um teste de compreensão de leitura, onde respondia a perguntas sobre artigos de enciclopédia. O que é carbono? Quem é Jimmy Hoffa? Em outro teste, ele podia julgar o sentimento de uma crítica de filme — se era positiva ou negativa. Não era perfeito nessas situações, mas mudou instantaneamente o curso da pesquisa de linguagem natural, acelerando o progresso em todo o campo de uma forma que nunca havia sido possível antes. Jeff Dean e o Google abriram o código-fonte do BERT e logo o treinaram em mais de cem idiomas. Outros engenheiros construíram modelos ainda maiores, treinando-os em quantidades cada vez maiores de dados. Como uma espécie de piada interna entre os pesquisadores, esses sistemas costumavam receber nomes de personagens da Vila Sésamo: ELMO, ERNIE, BERT (abreviação de *Bidirectional Encoder Representations from Transformers*). Mas isso ocultava sua importância. Vários meses depois, usando o BERT, Oren Etzioni e o Allen Institute construíram um sistema de IA que poderia passar em um teste de ciências da oitava série — bem como em um teste do terceiro ano do ensino médio.

Na esteira do lançamento do BERT, o *New York Times* publicou uma reportagem sobre a ascensão dos modelos de linguagem universal, explicando como esses sistemas poderiam melhorar uma ampla gama de produtos e serviços, incluindo tudo, desde assistentes digitais como a Alexa e o Google Assistente a softwares que analisam automaticamente documentos em escritórios de advocacia, hospitais, bancos e outras empresas. E explicou a preocupação de que esses modelos de linguagem possam levar a versões mais poderosas do Google Duplex, bots projetados para convencer o mundo de que são humanos. A reportagem também citou Gary Marcus dizendo que o público deveria ser cético em relação à promessa de que essas tecnologias continuarão a melhorar tão rapidamente, uma vez que os pesquisadores tendem a se concentrar nas tarefas nas quais conseguem progredir e evitar aquelas em que não conseguem. "Esses sistemas ainda estão muito longe de compreender verdadeiramente a prosa corrente", disse ele.[20] Quando Geoff Hinton leu isso, ele se divertiu. A citação de Gary Marcus era útil, disse ele, porque podia se encaixar em qualquer reportagem escrita a respeito de IA e linguagem natural nos próximos anos. "Não tem conteúdo técnico, então nunca ficará desatualizada", disse Hinton. "E, independente de quanto tempo esse progresso acelerado ainda durar, Gary continuará dizendo que está prestes a terminar."

19

AUTOMAÇÃO

"SE A SALA PARECIA UMA LOUCURA, ERA PORQUE ESTÁVAMOS NO CAMINHO CERTO."

Dentro da OpenAI, no último andar de um prédio de três andares no Mission District de São Francisco, um braço havia sido posicionado perto da janela, com a mão estendida. Parecia muito com um braço humano, exceto que era feito de metal, plástico rígido e tinha uma conexão elétrica. Ao lado do braço, uma mulher embaralhou um cubo mágico e o colocou na palma da mão mecânica. A mão então começou a se mover, girando suavemente os ladrilhos coloridos com o polegar e os quatro dedos. A cada volta, o cubo balançava na ponta dos dedos, quase caindo no chão. Mas não caia. Conforme os segundos passavam, as cores começaram a se alinhar, vermelho ao lado do vermelho, amarelo ao lado do amarelo, azul ao lado do azul. Cerca de quatro minutos depois, a mão torceu o cubo uma última vez, desembaralhando-o. Uma pequena multidão de pesquisadores presentes soltou um grito de aplauso.

Liderado por Wojciech Zaremba, o pesquisador polonês que saiu do Facebook quando a OpenAI foi fundada, eles passaram mais de dois anos trabalhando para alcançar esse feito surpreendente. No passado, muitos outros construíram robôs que poderiam resolver um cubo mágico. Alguns dispositivos podem resolver o problema em menos de um segundo. Mas esse era um novo truque. Tratava-se de uma mão robótica que se movia como uma mão humana, não um hardware especializado construído exclusivamente para resolver cubos mágicos. Normalmente, os engenheiros programavam, com uma precisão meticulosa, o comportamento em robôs, passando meses definindo regras elaboradas para cada pequeno movimento. Mas levaria décadas, talvez até séculos, para que os engenheiros definissem individualmente cada pedaço de comportamento que uma mão de cinco dedos precisaria fazer para resolver um cubo mágico. Zaremba e sua equipe construíram um sistema que poderia aprender esse comportamento por conta própria. Eles faziam parte de uma nova comunidade de pesquisadores que acreditavam que os robôs podiam aprender praticamente qualquer habilidade dentro da realidade virtual antes de aplicá-la ao mundo real.

Eles começaram o projeto criando uma simulação digital tanto da mão quanto do cubo. Dentro dessa simulação, a mão aprendeu por meio de tentativa e erro constantes, gastando o equivalente a 10 mil anos girando os ladrilhos de um lado para outro, descobrindo quais movimentos minúsculos funcionavam e quais não. O refinamento adicional vinha do que fato de que, ao longo desses 10 mil anos virtuais, a simulação mudava constantemente. Zaremba e sua equipe mudaram repetidamente o tamanho dos dedos, as cores no cubo, a quantidade de atrito entre as peças e até mesmo as cores no espaço vazio atrás do cubo. Isso significava que, ao transferir toda essa experiência virtual para a mão real no mundo real, ela conseguiria lidar com o inesperado. Poderia lidar com a incerteza do mundo físico que os humanos conseguem manejar com facilidade, mas que as máquinas, com frequência, não conseguem. No outono de 2019, a mão robótica da OpenAI conseguia resolver um cubo mágico com dois dedos amarrados, enquanto usava uma luva de borracha ou mesmo com alguém empurrando o cubo para fora do lugar com o nariz de uma girafa de pelúcia.

DE 2015 a 2017, a Amazon realizou um concurso anual para roboticistas. Em sua última edição, 75 laboratórios acadêmicos participaram dessa competição internacional, cada um trabalhando para construir um sistema robótico que pudesse resolver o problema que a Amazon precisava resolver dentro de sua rede global de depósitos: *a separação de produtos*. Enquanto latas cheias de pilhas de produtos de varejo moviam-se pelos armazéns gigantes da Amazon, trabalhadores humanos vasculhavam as pilhas e separavam os produtos nas caixas de papelão certas antes de serem enviados para todo o país. A Amazon queria robôs para fazer o trabalho. Em última análise, se a tarefa pudesse ser

automatizada, seria menos dispendiosa. Mas os robôs não estavam prepara-
dos para isso. Assim, a Amazon fez um concurso, oferecendo US$80 mil aos
acadêmicos que pudessem chegar mais perto de solucionar o problema.

Em julho de 2017, 16 finalistas de dez países viajaram para Nagoya, no
Japão, para a última rodada da competição. Cada equipe, que passou um ano se
preparando para o concurso, foi presenteada com uma caixa cheia de 32 itens
diferentes, 16 dos quais eram conhecidos com antecedência, e 16 não — havia
de tudo: garrafas de Windex, bandejas de gelo, latas de bolas de tênis, caixas de
marcadores mágicos, rolos de fita isolante e bandejas de gelo vazias. O desafio
era separar pelo menos 10 itens em 15 minutos. O braço robótico vencedor
pertencia a uma equipe de um laboratório na Austrália — o *Australian Centre
for Robotic Vision*. Mas é preciso dizer que seu desempenho não impressionou
do ponto de vista dos padrões humanos. Ele escolhia o item errado em cerca
de 10% das vezes e só conseguia lidar com cerca de 120 produtos por hora,
pouco mais de um quarto do que os humanos podem fazer.

Se o concurso revelou alguma coisa, foi a dificuldade da tarefa até para o
mais ágil dos robôs. Mas o interesse que isso despertou sugeria o quão lucrativo
um avanço nessa área poderia ser: a Amazon — e empresas como a Amazon
— estava desesperada por uma tecnologia que funcionasse. A solução, como
se viu, já estava fermentando tanto no Google quanto na OpenAI.

Depois de formar uma equipe médica dentro do Google Brain, Jeff Dean
também formou uma equipe de robótica. Uma de suas primeiras contratações
foi um jovem pesquisador da Universidade da Califórnia-Berkeley chamado
Sergey Levine. Levine cresceu em Moscou, onde seus pais trabalharam como
engenheiros no projeto Buran, a versão soviética do ônibus espacial. Ele se
mudou para os Estados Unidos ainda no ensino fundamental e, quando começou seu doutorado, não era um pesquisador de IA. Ele se especializou em
computação gráfica, explorando maneiras de construir um tipo de animação
mais realista — pessoas virtuais que se comportavam mais como pessoas reais.
Então o aprendizado profundo atingiu a maioridade, e sua pesquisa se acelerou.
Por meio do mesmo tipo de técnicas que os pesquisadores do DeepMind usaram
na construção de sistemas que aprenderam a jogar jogos antigos do Atari, as
figuras animadas de Levine podiam aprender a se mover como pessoas. Então
veio uma nova revelação. Ao assistir esses humanoides animados aprenderem

a se mover como ele se movia, Levine percebeu que os humanoides físicos também poderiam aprender os movimentos dessa maneira. Se ele aplicasse essas técnicas de aprendizado de máquina aos robôs, eles poderiam dominar habilidades inteiramente novas por conta própria.

Quando ingressou no Google em 2015, Levine já conhecia Ilya Sutskever, outro emigrado russo, e Sutskever o apresentou a Alex Krizhevsky, que começou a trabalhar em estreita colaboração com o novo grupo de robótica. Toda vez que dava de frente com um problema, Levine pedia ajuda a Krizhevsky, e o conselho de Krizhevsky era sempre o mesmo: colete mais dados. "Se você tiver os dados e for o tipo certo de dados", diria Krizhevsky, "basta obter mais deles". Então Levine e sua equipe construíram o que chamaram de Fazenda de Braços.

Em uma grande sala aberta em um prédio na mesma rua do laboratório do Brain, eles instalaram uma dúzia de braços robóticos — seis braços numa parede, seis na outra. Eles eram mais simples do que o braço que mais tarde resolveria o cubo mágico dentro da OpenAI. As mãos nesses braços não eram exatamente mãos. Elas eram "garras" que podiam agarrar e levantar os objetos entre dois dedos semelhantes a um torno. Naquele outono, Levine e sua equipe empoleiraram cada braço sobre uma lata com coisas aleatórias — blocos de brinquedo, apagadores de quadro-negro, tubos de batom — e os treinaram para pegar o que quer que estivesse lá. Os braços aprenderam por meio de tentativa e erro repetidamente, tentando e falhando em pegar o que estava à sua frente, até descobrirem o que funcionava e o que não funcionava. Era muito parecido com a maneira como os sistemas do DeepMind aprenderam a jogar *Space Invaders* e *Breakout*, exceto que isso aconteceu no mundo real, com objetos físicos.

No início, isso gerou um caos. "Foi uma bagunça", diz Levine, "uma bagunça realmente horrível". Seguindo o conselho de Krizhevsky, eles mantiveram os robôs funcionando 24 horas por dia, e embora tivessem instalado uma câmera que os permitiam espiar o quarto à noite e nos fins de semana, às vezes o caos tomava conta. Eles entravam no laboratório na segunda-feira de manhã e encontravam o chão cheio de coisas, como uma sala de jogos infantil. Uma manhã, eles entraram e uma lata estava coberta com o que parecia ser sangue respingado. A tampa de um batom havia saído e o braço passou a noite tentando pegá-lo, sem sucesso. Mas isso era exatamente o que Levine queria ver. "Foi maravilhoso", diz ele. "Se a sala parecia uma loucura, era porque estávamos no caminho certo." Com o passar das semanas, esses braços aprenderam a pegar, com um toque quase suave, o que quer que estivesse à sua frente.

Isso marcou o início de um esforço amplo para aplicar o aprendizado profundo à robótica, abrangendo laboratórios em muitas universidades importantes, bem como no Google e na OpenAI. No ano seguinte, usando o mesmo tipo de aprendizado por reforço, Levine e sua equipe treinaram outros braços para abrir portas por conta própria (desde que as maçanetas pudessem ser agarradas com dois dedos). No início de 2019, o laboratório revelou um braço robótico que aprendeu a pegar objetos aleatórios e, em seguida, jogá-los suavemente em uma pequena caixa a vários metros de distância.[1] O treinamento durou apenas quatorze horas, e o braço aprendeu a jogar itens na caixa certa em cerca de 85% das vezes. Quando os próprios pesquisadores tentaram a mesma tarefa, chegaram a 80%. Mas, à medida que esse trabalho progredia, a OpenAI tomou uma direção diferente.

ELON Musk e os outros fundadores da OpenAI viram seu laboratório como uma resposta à DeepMind. Desde o início, seu foco era alcançar objetivos extremamente elevados que fossem fáceis de medir, fáceis de entender e com garantia de chamar a atenção, mesmo que eles não fizessem nada prático. Depois de montar seu laboratório acima de uma pequena fábrica de chocolate no Mission District, em São Francisco, pesquisadores como Zaremba passaram semanas caminhando por esse antigo bairro hispânico que rapidamente se enobreceu, debatendo a respeito de qual objetivo elevado deveriam perseguir. Eles finalmente se fixaram em dois: uma máquina que pudesse vencer os melhores jogadores do mundo em um videogame tridimensional chamado Dota, e uma mão robótica de cinco dedos que pudesse resolver o cubo mágico. Para a mão robótica, Wojciech Zaremba e sua equipe usaram a mesma técnica algorítmica que seus equivalentes no Google. Mas eles mudaram o treinamento para a realidade virtual, construindo um sistema que aprendeu a resolver o Cubo de

Rubik por meio de séculos de tentativa e erro no mundo digital. Eles acreditavam que os sistemas de treinamento no mundo físico seriam muito caros e demorados à medida que as tarefas se tornassem mais complexas.

Assim como o esforço do laboratório para dominar o Dota, o projeto do cubo mágico exigiria um grande salto tecnológico. Ambos seriam acrobacias conspícuas, uma forma de a OpenAI se promover ao buscar atrair o dinheiro e o talento necessários para levar adiante suas pesquisas. As técnicas em desenvolvimento em laboratórios como a OpenAI eram caras — tanto em equipamentos quanto em pessoal —, o que significava que as demonstrações atraentes eram sua força vital.

Esse era o principal produto de Musk: chamar a atenção para si mesmo e para o que estava fazendo. Por um tempo, também funcionou com a OpenAI, já que o laboratório contratou alguns dos maiores nomes da área. Isso incluía o ex-conselheiro de Sergey Levine na UC Berkeley, um roboticista belga e careca de quase dois metros e meio chamado Pieter Abbeel. O bônus de contrato da OpenAI para Abbeel foi de US$100 mil, e seu salário apenas nos últimos seis meses de 2016 era de US$330 mil.[2] Três dos ex-alunos de Abbeel também se juntaram à OpenAI, pois ela havia acelerado os esforços para desafiar o Google Brain e o Facebook e, particularmente, o DeepMind. Mas então a realidade alcançou Musk e seu novo laboratório.

Ian Goodfellow, o GANgster, saiu e voltou para o Google. Em seguida, o próprio Musk recrutou um pesquisador renomado do laboratório, retirando da OpenAI um especialista em visão computacional chamado Andrej Karpathy e instalando-o como chefe de inteligência artificial na Tesla para que pudesse liderar o avanço da empresa em carros autônomos. Depois disso, Abbeel e dois de seus alunos partiram para criar sua própria *startup* de robótica. E em fevereiro de 2018, Musk também saiu.[3] Ele disse que saiu para evitar conflitos de interesse — o que significa que seus outros negócios agora estavam competindo pelos mesmos talentos que a OpenAI —, mas também estava enfrentando uma crise na Tesla, já que desacelerações paralisantes dentro de suas fábricas ameaçavam colocar a montadora fora do mercado. A ironia era que, como Musk reclamou mais tarde naquele ano, as máquinas robóticas

AUTOMAÇÃO   249

que ajudaram a fabricar os carros elétricos dentro de suas fábricas da Tesla não eram tão ágeis quanto pareciam. "A automação excessiva na Tesla foi um erro", disse ele.[4] "Os seres humanos são subestimados."

Quando Sam Altman assumiu as rédeas da OpenAI, o laboratório precisava atrair novos talentos — e precisava de dinheiro. Embora os investidores tivessem comprometido US$1 bilhão com a organização sem fins lucrativos quando ela foi fundada, apenas uma fração desse dinheiro realmente chegou, e o laboratório agora precisava de muito mais, não apenas para atrair talentos, mas também para pagar pelas enormes quantidades de poder computacional necessárias para treinar seus sistemas. Então Altman transformou o laboratório em uma empresa com fins lucrativos e foi atrás de novos investidores.[5] A visão idealista de um laboratório livre de pressões corporativas que ele e Musk pregaram ao inaugurá-lo em 2015 não durou nem quatro anos. Tudo isso era parte do motivo pelo qual o projeto do cubo mágico era tão importante para o seu futuro. Foi uma forma de a OpenAI se promover. O problema era que esse tipo de projeto incrivelmente difícil, e, em última instância, não prático, não era o que Abbeel e outros queriam fazer. Ele não estava interessado em gerar *hype*. Ele queria construir uma tecnologia útil. Foi por isso que ele e dois de seus ex-alunos de Berkeley, Peter Chen e Rocky Duan, deixaram o laboratório para fundar uma *startup* chamada Covariant. A nova empresa estava comprometida com as mesmas técnicas que a OpenAI estava explorando, exceto que o objetivo era aplicá-las no mundo real.

Em 2019, quando pesquisadores e empreendedores reconheceram a carência da Amazon e do restante dos varejistas mundiais em seus estoques, o mercado foi inundado por *startups* de coleta robótica, que empregavam os métodos de aprendizado profundo em desenvolvimento no Google Brain e no OpenAI. A empresa de Pieter Abbeel, Covariant, não era necessariamente uma delas. Ele estava projetando um sistema para uma gama muito mais ampla de tarefas. Mas então, dois anos após o Amazon Robotics Challenge, o fabricante internacional de robótica ABB organizou seu próprio concurso, a portas fechadas. A Covariant decidiu participar.

250 CRIADORES DE GÊNIOS

Quase 20 empresas participaram desse novo concurso, que envolveu a escolha de cerca de 25 produtos diferentes, sendo que as empresas foram avisadas com antecedência sobre alguns deles, e sobre outros, não. Os itens da mistura incluíam sacos de balas e garrafas transparentes cheias de sabão ou gel, que eram particularmente difíceis para os robôs pegarem porque refletiam a luz de muitas maneiras inesperadas. A maioria das empresas falhou totalmente no teste. Alguns executaram a maioria das tarefas, mas falharam nos cenários mais difíceis, como ter que pegar CDs de áudio antigos que refletiam a luz de cima e às vezes ficavam em pé, encostados na lateral do recipiente.

Abbeel e seus colegas inicialmente se perguntaram se deveriam participar, uma vez que não haviam realmente construído seu sistema para a seleção de produtos. Mas seu novo sistema podia aprender. Durante vários dias, eles o treinaram em uma ampla gama de novos dados, chegando a um ponto, quando a ABB visitou seu laboratório em Berkeley, em que seu braço robótico realizou todas as tarefas tão bem ou até melhor do que um humano.[6] Seu único erro foi deixar cair acidentalmente uma sacola de balas. "Estávamos tentando encontrar pontos fracos", disse Marc Segura, diretor-gerente de robótica de serviço da ABB.[7] "É fácil chegar a um certo nível nesses testes, mas é muito difícil não mostrar nenhuma fraqueza."

À medida que a empresa desenvolvia essa tecnologia, mais financiamento era necessário, então Abbeel decidiu que perguntaria aos maiores nomes da IA. Yann LeCun visitou o laboratório em Berkeley e concordou em investir depois de colocar algumas dúzias de garrafas de plástico vazias em um recipiente e observar o braço pegá-las sem problemas. Yoshua Bengio se recusou a investir. Embora tivesse trabalhado apenas meio expediente com as grandes empresas de tecnologia, ele disse que tinha mais dinheiro do que poderia gastar e que preferia se concentrar em suas próprias pesquisas. Mas Geoff Hinton investiu. Ele acreditava em Abbeel. "Ele é bom", diz Hinton. "E isso é muito surpreendente. Afinal, ele é belga."

AUTOMAÇÃO 251

Naquele outono, uma empresa varejista de eletrônicos alemã enviou a tecnologia de Abbeel para um depósito nos arredores de Berlim, onde começou a selecionar e separar interruptores, tomadas e outras peças elétricas enquanto estas desciam, dentro de caixas azuis, por uma esteira transportadora.[8] O robô da Covariant podia selecionar e classificar mais de 10 mil itens diferentes com mais de 99% de precisão. "Trabalho no setor de logística há mais de 16 anos e nunca vi nada assim", disse Peter Puchwein, vice-presidente da Knapp, uma empresa austríaca que há muito fornece tecnologia de automação para armazéns e ajudou a desenvolver e instalar a tecnologia da Covariant em Berlim.[9] Ele mostrou que a automação robótica continuaria a se espalhar por todo o setor de varejo e logística nos próximos anos, e talvez por fábricas também. Isso também levantou novas preocupações sobre os funcionários do depósito perderem seus empregos para sistemas automatizados. No armazém alemão, o trabalho de três humanos era feito por um robô.

Contudo, os economistas não achavam, na época, que esse tipo de tecnologia diminuiria o número geral de empregos de logística tão cedo. O negócio de varejo online estava crescendo rápido demais, e a maioria das empresas levaria anos, ou mesmo décadas, para instalar a nova geração de automação. Mas Abbeel reconheceu que, em algum momento no futuro distante, a situação mudaria. Ele também estava otimista a respeito desse resultado em relação aos seres humanos. "Se isso acontecer daqui a cinquenta anos",[10] disse ele, "há bastante tempo para o sistema educacional se atualizar".

20

RELIGIÃO

"MEU OBJETIVO É CRIAR UMA AGI AMPLAMENTE BENÉFICA. TAMBÉM ENTENDO QUE ISSO PAREÇA RIDÍCULO."

No outono de 2016, três dias antes da estreia de *Westworld* — a série de televisão da HBO em que androides de parque de diversões se voltam contra seus criadores depois de cruzar lentamente o limiar para a consciência artificial —, muitos do elenco e da equipe assistiram a uma exibição privada no Vale do Silício. O evento não foi realizado no cinema local, e sim na casa de Yuri Milner, um empresário e capitalista de risco israelense-russo de 55 anos que era um investidor no Facebook, Twitter, Spotify e Airbnb, além de ser assíduo no jantar anual dos bilionários da Edge Foundation. Uma mansão de calcário de 25.500 pés quadrados empoleirada nas colinas de Los Altos, com vista para a baía de São Francisco, sua casa chamava-se *Chateau Loire*. Comprada cinco anos antes por mais de US$100 milhões, era uma das residências unifamiliares mais caras do país, abrangendo piscinas internas e externas, salão de festas, quadra de tênis, adega, biblioteca, sala de jogos, um spa, uma academia e seu próprio cinema privativo.

Quando os convidados chegaram para a exibição, foram recebidos no portão por manobristas carregando iPads. Os manobristas verificaram seus convites, marcaram seus nomes nos iPads, estacionaram seus carros, levaram-nos morro acima em carrinhos de golfe e os deixaram em frente ao cinema, um prédio independente aos pés do *faux-château*. Um tapete vermelho os conduziu até a porta. Sergey Brin estava entre aqueles que percorreram o tapete vermelho, vestindo o que parecia ser um manto nativo norte-americano estendido sobre

254 CRIADORES DE GÊNIOS

os ombros como um xale. Muitos dos outros convidados eram os fundadores milionários de *startups* que haviam surgido há pouco do Y Combinator, o acelerador de *startups* supervisionado por Sam Altman. Alguns estavam entre os fundadores que responderam a um convite misterioso cinco anos antes, entraram em uma sala de conferências dentro dos escritórios do Y Combinator em São Francisco e olharam surpresos quando um robô entrou na sala com um iPad onde sua cabeça deveria estar, um close-up ao vivo de Yuri Milner apareceu no iPad e ele, de súbito, anunciou que estava investindo US$150 mil em cada uma de suas novas empresas.

Yuri Milner apresentou a exibição do *Westworld* ao lado de Sam Altman. "Sam Altman e Yuri Milner convidam você para uma exibição de pré-lançamento do episódio de abertura de *Westworld*, uma nova série da HBO que explora a aurora da consciência e da inteligência artificial", dizia o convite. Após a exibição, o elenco e a equipe do show, incluindo o criador e diretor Jonathan Nolan e as estrelas Evan Rachel Wood e Thandie Newton, subiram ao palco e se sentaram em banquinhos altos alinhados em frente à tela do cinema. Eles passaram a próxima hora discutindo o episódio, no qual vários dos androides de *Westworld* começam a dar erro e passam a se comportar mal depois que uma atualização de software lhes dá acesso a memórias do passado. Então Altman subiu ao palco ao lado de Ed Boyton, um professor da Universidade de Princeton que se especializou em tecnologias nascentes para enviar informações entre o cérebro humano e as máquinas. Boyton havia ganhado recentemente o Prêmio Revelação, uma bolsa de pesquisa de US$3 milhões criada por Yuri Milner, Sergey Brin, Mark Zuckerberg e outras figuras do Vale do Silício.[1] Ao lado de Altman, ele disse à sua audiência privada que os cientistas estavam se aproximando do ponto em que poderiam criar um mapa completo do cérebro e depois simulá-lo em uma máquina. A questão era se a máquina, além de agir como um humano, realmente sentiria o que é ser humano. Essa, eles disseram, foi a mesma questão explorada em *Westworld*.

DEPOIS que Marvin Minsky, John McCarthy e os outros pais fundadores do movimento da IA se reuniram em Dartmouth no verão de 1956, alguns disseram que em uma década uma máquina seria inteligente o suficiente para vencer o campeão mundial de xadrez ou provar seu próprio teorema matemático.[2] Uma década depois, isso não aconteceu. Um dos pais fundadores, o professor Herbert Simon, da Carnegie Mellon, disse então que a área entregaria máquinas capazes de "fazer qualquer trabalho que um humano possa fazer" nos próximos vinte anos.[3] Mas quase imediatamente, o primeiro inverno da IA começou. Quando o degelo chegou, na década de 1980, outros juraram recriar a inteligência humana, incluindo Doug Lenat, que começou a reconstruir o senso comum por meio do projeto que ele chamou de Cyc. Mas nos anos 1990, quando Cyc dava poucos sinais de progresso real, a ideia de reconstruir a inteligência humana não era algo sobre o qual os principais pesquisadores, pelo menos não em público, e isso permaneceu verdadeiro nas duas décadas seguintes. Em 2008, Shane Legg disse isso em sua tese de doutorado. "Entre os pesquisadores, o tema é quase um tabu: pertence à ficção científica. O computador mais inteligente do mundo, garantem ao público, talvez seja tão inteligente quanto uma formiga, e isso em um bom dia. A verdadeira inteligência de máquina, se algum dia for desenvolvida, está em um futuro distante", escreveu ele.[4] "Talvez nos próximos anos essas ideias se tornem mais populares, mas por enquanto elas estão à margem. A maioria dos pesquisadores permanece muito cética a respeito da ideia de máquinas verdadeiramente inteligentes durante seus períodos de vida."

Nos anos seguintes, essas ideias se tornaram mais populares, isso em grande parte graças a Shane Legg, que começou a construir o DeepMind ao lado de Demis Hassabis e que, com Hassabis, convenceu três figuras significativas (Peter Thiel, Elon Musk e Larry Page) de que valia a pena investir na pesquisa. Depois que o Google adquiriu o DeepMind, Legg continuou a argumentar em particular que a superinteligência estava próxima, mas raramente falava sobre isso em público, em parte porque pessoas como Musk tinham a intenção de alimentar a preocupação de que máquinas inteligentes poderiam destruir o mundo. Mas, apesar de sua reticência, suas ideias continuaram a se espalhar.

Quando Ilya Sutskever foi entrevistado por Hassabis e Legg enquanto ainda era estudante de graduação na Universidade de Toronto e os dois fundadores do DeepMind disseram que estavam construindo inteligência artificial geral, pensou que eles haviam perdido o contato com a realidade. Mas depois de seu sucesso pessoal com reconhecimento de imagem e tradução automática no Google — e depois de passar várias semanas no DeepMind —, passou a abraçar a tese de Legg como "insanamente visionária". Muitos outros também. Cinco dos primeiros nove pesquisadores da OpenAI passaram um tempo dentro do laboratório de Londres, onde a possibilidade da AGI foi fortemente abraçada, e os dois laboratórios compartilhavam dois investidores: Thiel e Musk. No outono de 2015, enquanto Sutskever discutia o laboratório que se tornaria a OpenAI, ele sentiu que havia encontrado um grupo de pessoas que pensavam como ele — que tinham as mesmas crenças e ambições —, mas temia que suas conversas voltassem a assombrá-lo. Se outros ouvissem que ele estava discutindo a ascensão da inteligência artificial geral, ele seria considerado um pária em toda a comunidade mais ampla de pesquisadores. Quando a OpenAI foi revelada, o anúncio oficial não mencionava a AGI. Apenas sugeria a ideia como uma possibilidade distante. "Os sistemas de IA de hoje têm habilidades impressionantes, mas ainda são limitados", dizia o anúncio.[5] "Parece que continuaremos reduzindo suas restrições, e em casos extremos, elas atingirão o desempenho humano em praticamente todas as tarefas intelectuais." Mas, conforme o laboratório crescia, Sutskever se desfez de seus medos. Quando a OpenAI contratou Ian Goodfellow em 2016, um ano após seu lançamento, o laboratório o acolheu com drinques em um bar de São Francisco, e Sutskever fez o brinde erguendo um copo. "Para a AGI, daqui a três anos!", disse ele. Enquanto o fazia, Goodfellow se perguntou se era tarde demais para dizer ao laboratório que, no fim das contas, não queria o trabalho.

A crença na AGI exigia um salto de fé, mas impulsionou alguns pesquisadores de uma forma muito real. Era algo como uma religião. "Como cientistas, muitas vezes sentimos a necessidade de justificar nosso trabalho em termos muito pragmáticos. Queremos explicar às pessoas por que o que estamos fazendo é valioso hoje. Mas, muitas vezes, o que realmente leva os cientistas a fazer o que fazem é algo maior", disse o roboticista Sergey Levine. "O que os move é mais emocional. É mais visceral do que fundamental. É por isso que as pessoas estavam interessadas na AGI. É um grupo maior do que pode parecer." Como disse Alex Krizhevsky: "Acreditamos naquilo que estamos emocionalmente inclinados a acreditar."

A crença na AGI tinha um jeito de se espalhar de pessoa para pessoa. Alguns ficavam com medo de acreditar até que muitas pessoas ao seu redor também acreditassem. E, no entanto, ninguém acreditava exatamente da mesma maneira que todo o mundo. Cada um via a tecnologia e seu futuro com suas próprias lentes. Então a crença chegou até o Vale do Silício e foi ampliada.

O Vale imbuiu essa ideia com mais dinheiro, mais exibicionismo e mais fé. Embora pesquisadores como Sutskever tenham sido inicialmente reticentes em expressar suas opiniões, Elon Musk não se conteve. Nem o outro presidente do laboratório: Sam Altman.

Nos primeiros dias de 2017, o Future of Life Institute realizou outro encontro,[6] desta vez em uma pequena cidade na costa central da Califórnia chamada Pacific Grove. Pacific Grove era o lar de Asilomar, o extenso hotel rústico entre as sempre-vivas onde os principais geneticistas do mundo se reuniram no inverno de 1975 para discutir se seu trabalho na edição de genes acabaria destruindo o mundo. Agora, os pesquisadores de IA se reuniam no mesmo bosque à beira-mar para discutir, mais uma vez, se a IA representava o mesmo risco existencial. Altman estava lá. Assim como Musk e a maioria dos outros grandes jogadores da OpenAI e do DeepMind. No segundo dia do retiro, Musk subiu ao palco como parte de uma mesa de nove pessoas dedicadas à ideia de superinteligência.[7] Perguntou-se a cada membro da mesa se isso era possível, e conforme eles passavam o microfone adiante, cada um disse "Sim", até que o microfone chegou em Musk. "Não", disse ele, enquanto as risadas cascateavam pelo pequeno auditório.[8] Todos eles sabiam no que ele acreditava. "Ou estamos caminhando em direção à superinteligência ou em direção ao fim da civilização", disse ele depois que as risadas cessaram.[9] Enquanto a discussão continuava, Max Tegmark perguntou como os humanos poderiam viver ao lado da superinteligência uma vez que ela surgisse, e Musk disse que isso exigiria uma conexão direta entre cérebros e máquinas.[10] "Todos nós já somos ciborgues", disse ele.[11] "Você tem uma extensão de si mesmo em seu celular, em seu computador e em todos seus aplicativos. Você já é sobre-humano." A limitação, explicou ele, era que as pessoas não podiam usar seus aplicativos rápido o suficiente.[12] Não havia "largura de banda" suficiente entre o cérebro e a máquina. As pessoas ainda usavam "varetas de carne" — dedos — para digitar coisas em seus telefones. "Temos que resolver essa restrição com uma conexão de largura de banda alta com o córtex neural."[13]

A certa altura, Oren Etzioni, chefe do Allen Institute for Artificial Intelligence, subiu ao palco e tentou moderar a conversa.[14] "Ouço muitas pessoas dizendo muitas coisas sem uma base sólida de dados", disse ele.[15] "Encorajo as pessoas a perguntarem: 'Isso é baseado em dados ou em especulação pesada?'" Mas outros na sala tomaram o partido de Musk. Foi uma discussão que se tornou cada vez mais comum em eventos por toda a comunidade — e não era uma discussão que qualquer um pudesse vencer. Era uma discussão sobre o que aconteceria no futuro, e isso significava que qualquer um poderia reivindicar qualquer coisa sem que provasse estar errado. Contudo, mais do que a maioria, Musk sabia como usar isso a seu favor. Poucos meses depois, ele revelou uma nova *startup*, chamada Neuralink, sustentada por US$100 milhões, que visava criar um "laço neural" — uma interface entre o computador e o cérebro — e foi parar nos mesmos escritórios da OpenAI.[16]

Embora Musk logo tenha deixado a OpenAI, as ambições do laboratório cresceram com Altman. Sam Altman era um arquétipo do Vale do Silício: fundou uma empresa de rede social em 2005, quando tinha 19 anos, e estava em seu segundo ano de universidade.[17] A empresa se chamava Loopt e acabou levantando US$30 milhões em capital de risco, incluindo um dos primeiros investimentos feitos pela Y Combinator e seu fundador, Paul Graham. Sete anos depois, o serviço de rede social da Loopt foi encerrado após ser vendido com prejuízo para seus investidores. Mas essa foi uma saída de sucesso para Altman, um homem magro e compacto com olhos verdes penetrantes e um talento especial para arrecadar dinheiro. Graham logo anunciou que estava deixando o cargo de presidente da Y Combinator e nomeou Altman como seu substituto, uma nomeação que surpreendeu muitos na família de empresas da Y Combinator. Isso fez de Altman um consultor para um fluxo interminável de *startups*. Em troca de consultoria e capital, a Y Combinator recebeu uma participação em cada empresa, e Altman pessoalmente investiu em algumas empresas também, tornando-as rapidamente muito ricas. Ele achava que qualquer macaco poderia comandar a YC, mas também achava que, ao co-mandá-la, desenvolvia um talento geralmente aguçado para avaliar as pessoas, sem mencionar a habilidade e a oportunidade necessárias para levantar grandes quantias de capital. Durante sua rápida ascensão, ele foi motivado primeiro pelo dinheiro, depois pelo poder sobre as pessoas e as empresas em sua órbita, e depois, pela satisfação que vinha das empresas em construção que tiveram um impacto real no mundo como um todo. Com a OpenAI, ele pretendia causar um impacto muito maior. A busca pela AGI era mais importante — e mais interessante — do que qualquer outra coisa que ele pudesse perseguir. Ele acreditava que deixar a Y Combinator pela OpenAI era um caminho inevitável.

Como Musk, ele era um empresário, não um cientista, embora às vezes fizesse questão de dizer que estudou IA em Stanford antes de abandonar o segundo ano. Ao contrário de Musk, ele não estava em busca constante por atenção e polêmica na imprensa e nas redes sociais, mas também era alguém que vivia como se o futuro já tivesse chegado. Essa era a norma entre a elite do Vale do Silício, que sabia, consciente ou inconscientemente, que era a melhor maneira de atrair atenção, financiamento e talento, quer estivessem dentro de uma grande empresa ou no início de uma pequena *startup*. As ideias podem falhar. As previsões podem não ser cumpridas. Mas a próxima ideia não teria sucesso a menos que eles, e todos ao seu redor, acreditassem que sim. "A autoconfiança é imensamente poderosa. As pessoas mais bem-sucedidas que conheço acreditam em si mesmas quase ao ponto da ilusão", escreveu ele.[18] "Se você não acredita em si mesmo, é difícil se permitir ter ideias contrárias sobre o futuro. Mas é aqui que a maior parte do valor é criada." Ele gosta de se lembrar da época em que Musk o levou para um passeio pela fábrica da SpaceX, onde foi afetado menos pelos foguetes projetados para uma viagem a Marte do que pela expressão de certeza no rosto de Musk. "Huh", pensou consigo mesmo, "então é assim que alguém com convicção se parece".

Altman sabia que aquilo em que ele acreditava nem sempre aconteceria. Mas ele também sabia que a maioria das pessoas subestimava o que o tempo e a expansão rápida poderiam trazer a ideias aparentemente pequenas. No Vale, isso era chamado de "escala". Quando Altman decidia que uma ideia subiria de escala, ele não tinha medo de apostar alto em seu progresso. Ele pode errar uma vez ou outra, mas quando está certo, gosta de estar incrivelmente certo. Para ele, essa atitude é resumida por uma citação muito repetida de Maquiavel: "Cometa erros de ambição, e não erros de preguiça." Ele lamentou que, na esteira da eleição de 2016, o público não havia defendido os objetivos do Vale do Silício da mesma forma que apoiara, digamos, o programa Apollo nos anos 1960 — as pessoas viam suas ambições não como algo inspirador ou legal, mas como autoindulgente ou mesmo prejudicial.

Na época em que a OpenAI foi anunciada, Altman não era tão tímido quanto Sutskever sobre a ideia de reconstruir a inteligência. "Conforme o tempo passa e nos aproximamos de algo que ultrapasse a inteligência humana, há algumas dúvidas sobre o quanto o Google vai compartilhar", disse ele.[19] Quando lhe perguntaram se a OpenAI construiria a mesma tecnologia, ele

260 CRIADORES DE GÊNIOS

disse que esperava que sim, mas também disse que a OpenAI compartilharia o que construísse. "Será apenas de código aberto e utilizável por todos, em vez de, digamos, apenas pelo Google."[20] A inteligência artificial era uma ideia maior do que qualquer outra que Altman havia abraçado, mas ele passou a vê-la da mesma forma que via as outras coisas.

Em abril de 2018, Altman e seus pesquisadores lançaram um novo regulamento para o laboratório,[21] descrevendo uma missão muito diferente daquela que a OpenAI traçou quando foi fundada. Quando inaugurou o laboratório originalmente, Altman disse que compartilharia abertamente sua pesquisa. É por isso que foi chamado de OpenAI. Mas depois de ver a turbulência criada pelo surgimento de modelos generativos, reconhecimento facial e a ameaça de armas autônomas e vigilância extrema, o laboratório disse agora que, com o passar do tempo, conteria algumas tecnologias enquanto avaliava seu efeito no mundo como um todo. Essa era uma realidade para a qual muitas organizações estavam acordando. "Se você decidir desde o início que é uma plataforma aberta que todos podem usar como quiserem, as consequências serão significativas", diz Mustafa Suleyman. "É preciso pensar com muito mais sensibilidade sobre como a tecnologia será mal utilizada antes de ser criada e como você pode colocar em prática um processo que crie alguma supervisão." A ironia é que a OpenAI levou essa atitude ao extremo. Nos meses que se seguiram, tornou-se uma nova maneira de o laboratório se vender. Depois de construir um novo modelo de linguagem nos moldes do Google BERT, a OpenAI fez questão de dizer, por meio da imprensa, que a tecnologia era muito perigosa para ser divulgada, pois permitiria que as máquinas gerassem automaticamente notícias falsas e outras informações enganosas. Fora do laboratório, muitos pesquisadores zombaram da afirmação, dizendo que a tecnologia não era nem perto de perigosa. E, eventualmente, ela foi liberada.

Ao mesmo tempo, a nova carta da OpenAI dizia — de forma explícita e direta — que o laboratório estava construindo uma AGI. Altman e Sutskever viram as limitações e os perigos das tecnologias atuais, mas seu objetivo era uma máquina que pudesse fazer qualquer coisa que o cérebro humano também pudesse. "A missão da OpenAI é garantir que a inteligência geral artificial (AGI) — sistemas altamente autônomos que superam os humanos em trabalhos economicamente valiosos — beneficie toda a humanidade.[22]

Tentaremos construir diretamente uma AGI segura e benéfica, mas também consideraremos nossa missão cumprida se nosso trabalho ajudar outras pessoas a alcançarem esse resultado", diz a carta. O que Altman e Sutskever disseram agora é que construiriam uma inteligência artificial geral da mesma forma que o DeepMind construiu sistemas que dominavam Go e os outros jogos. Eles disseram que era apenas uma questão de reunir dados suficientes, construir poder de computação suficiente e melhorar os algoritmos que analisavam os dados. Eles sabiam que outros eram céticos e acreditavam que a tecnologia poderia ser perigosa, mas nada disso os incomodou. "Meu objetivo é criar uma AGI amplamente benéfica", diz Altman. "Também entendo que isso pareça ridículo."

Mais tarde naquele ano, o DeepMind treinou uma máquina para jogar pique-bandeira.[23] Trata-se de um esporte de equipe praticado por crianças em acampamentos de verão, na floresta ou em campos abertos, mas também era praticado por jogadores de videogame profissionais em jogos tridimensionais como *Overwatch* e *Quake III*. Os pesquisadores do DeepMind treinaram sua máquina dentro do *Quake III*, onde as duas bandeiras, uma vermelha e uma azul, estavam em extremidades opostas de um labirinto de paredes altas. Cada equipe guardou sua própria bandeira enquanto tentava capturar a bandeira do oponente e trazê-la de volta para a base. É um jogo que requer trabalho em equipe — uma coordenação cuidadosa entre defesa e ataque —, e os pesquisadores do DeepMind mostraram que as máquinas podem aprender esse tipo de comportamento colaborativo, ou pelo menos aprender a imitá-lo. Seu sistema aprendeu jogando cerca de 450 mil rodadas de pique-bandeira no *Quake III* — mais de quatro anos de jogo compactados em poucas semanas de treinamento. No fim das contas, ele conseguia jogar ao lado de outros sistemas autônomos ou com jogadores humanos, adaptando seu comportamento a cada companheiro de equipe. Em alguns casos, ele exibiu as mesmas habilidades colaborativas de qualquer outro jogador experiente. Quando um companheiro de equipe estava prestes a capturar a bandeira, ela corria para a base do adversário. Como os jogadores humanos sabiam, uma vez que uma bandeira fosse capturada, outra apareceria na base do oponente e, assim que aparecesse, poderia ser tomada. "Como se define o trabalho em equipe não é algo que eu queira abordar", disse Max Jaderberg, um dos pesquisadores do DeepMind que trabalhou no projeto. "Mas um agente ficará sentado na base do adversário, esperando a bandeira aparecer, e isso só é possível se ele estiver contando com seus companheiros de equipe."

Era assim que o DeepMind e a OpenAI esperavam imitar a inteligência humana. Os sistemas autônomos aprenderiam em ambientes cada vez mais complexos. Primeiro Atari. Depois, Go. Em seguida, jogos multiplayer tridimensionais como *Quake III*, que envolviam não apenas habilidades individuais, mas também trabalho em equipe. E assim por diante. Sete meses depois, o DeepMind revelou um sistema que venceu os melhores profissionais do mundo em *StarCraft*, um jogo tridimensional ambientado no espaço.[24] Então a OpenAI construiu um sistema que dominou o *Dota 2*,[25] um jogo que funciona como uma versão mais complexa do pique-bandeira, exigindo colaboração entre equipes inteiras de agentes autônomos. Naquela primavera, um time de cinco agentes autônomos derrotou um time com os melhores jogadores humanos do mundo. A crença era a de que o sucesso na arena virtual acabaria gerando sistemas automatizados que poderiam dominar o mundo real. Isso foi o que a OpenAI fez com sua mão robótica, treinando uma recriação virtual da mão para resolver um cubo mágico virtual antes de transpor essa habilidade para o mundo real. Esses laboratórios acreditavam que, se pudessem construir uma simulação grande o suficiente do que os humanos encontram na vida diária, eles poderiam construir uma AGI.

Outros viram esse trabalho de forma diferente. Por mais que esses feitos fossem impressionantes dentro de jogos como *Quake*, *StarCraft* e *Dota*, muitos questionaram o quão bem eles seriam traduzidos para o mundo real. "Ambientes 3-D são projetados para tornar a navegação mais fácil", disse o professor Mark Riedl, da Georgia Tech, quando o DeepMind publicou um artigo descrevendo seus agentes de pique-bandeira. "Estratégia e coordenação dentro do *Quake* são coisas simples." Embora esses agentes parecessem colaborar, disse ele, não estavam fazendo isso. Eles estavam apenas respondendo ao que estava acontecendo no jogo, em vez de realmente se comunicarem uns com os outros, como os jogadores humanos fariam. Cada um tinha um conhecimento sobre-humano do jogo, mas não eram, de forma alguma, inteligentes. Isso significava que eles teriam dificuldades no mundo real.

O aprendizado por reforço era ideal para jogos. Os videogames somam pontos. Mas no mundo real, ninguém estava marcando pontos. Os pesquisadores tiveram que encontrar maneiras de definir o sucesso de outras formas,

RELIGIÃO 263

e isso estava longe de ser trivial. Um cubo mágico era algo bem real, mas também era um jogo. O objetivo era facilmente definido. E ainda assim, não foi um problema completamente resolvido. No mundo real, a mão robótica da OpenAI era equipada com LEDs minúsculos que permitiam que sensores em outras partes da sala rastreassem exatamente onde cada dedo estava em qualquer momento. Sem esses LEDs e sensores, ela não conseguiria resolver o cubo. E mesmo com eles, como as letras miúdas diziam no artigo de pesquisa da OpenAI, ela derrubava o cubo em 8 de 10 vezes. Para atingir essa taxa de sucesso de 20%, a mão robótica da OpenAI precisou de 10 mil anos de tentativa e erro digital. Uma inteligência de verdade exigiria um nível de experiência digital que faria com que isso parecesse minúsculo. O DeepMind poderia se basear na rede de centros de dados do Google, uma das maiores redes privadas da Terra, mas isso não era o suficiente.

A esperança era a de que os pesquisadores pudessem mudar a equação com novos tipos de chips de computador — chips que pudessem levar essa pesquisa a níveis além das GPUs da Nvdia e das TPUs do Google. Dezenas de empresas, incluindo Google, Nvidia e Intel, bem como uma longa linha de *startups*, estavam construindo novos chips apenas para treinar redes neurais, para que sistemas construídos por laboratórios como o DeepMind e a OpenAI pudessem aprender muito mais com muito menos tempo. "Eu vejo o que está por vir em termos de novos recursos de computação e traço isso em relação aos resultados atuais, e a curva continua aumentando", diz Altman.

De olho nessa nova geração de hardware, Altman fechou um acordo com a Microsoft e seu novo CEO, Satya Nadella, que ainda tentava mostrar ao mundo que continuava sendo líder em inteligência artificial. Em apenas alguns anos, Nadella deu uma reviravolta na empresa, adotando o software de código aberto e disparando à frente do Google no mercado de computação em nuvem. Mas em um mundo onde muitos acreditavam que o futuro do mercado de computação em nuvem seria a inteligência artificial, poucos viam a Microsoft como uma das principais empresas nessa área. Nadella e a empresa concordaram em investir US$1 bilhão na OpenAI, e a OpenAI concordou em enviar muito desse dinheiro de volta para a Microsoft, enquanto a gigante da tecnologia construía uma nova infraestrutura de hardware apenas para treinar os sistemas do laboratório. "Quer se trate de nossa busca por computação quântica ou pela AGI, acho que você precisa dessas Estrelas do Norte altamente ambiciosas", disse Nadella. Para Altman, isso era menos uma questão de meio do que de fim. "Meu objetivo ao administrar a OpenAI é criar com sucesso uma AGI amplamente benéfica", disse ele. "Esta parceria é o marco mais importante até agora em direção a esse caminho."

Dois laboratórios disseram que estavam construindo uma AGI, e duas das maiores empresas do mundo disseram que forneceriam o dinheiro e o hardware de que precisariam ao longo do caminho, pelo menos por um tempo. Altman acreditava que ele e a OpenAI precisariam de outros U\$25 bilhões a US\$50 bilhões para alcançar seu objetivo.

UMA tarde, Ilya Sutskever se sentou em uma cafeteria a alguns quarteirões dos escritórios da OpenAI em São Francisco. Enquanto bebia em uma caneca de cerâmica, ele falou sobre muitas coisas, uma delas era a AGI. Ele descreveu isso como uma tecnologia que ele sabia que estava chegando, mesmo que não pudesse explicar os detalhes. "Eu sei que vai ser enorme. Acho isso com certeza", disse ele. "É muito difícil articular exatamente como será, mas acho que é importante pensar sobre essas questões e ver o futuro o máximo possível." Ele disse que seria um "tsunami da computação", uma avalanche de inteligência artificial. "É quase um fenômeno natural", explicou. "É uma força incontrolável. É útil demais para não existir. O que podemos fazer? Podemos direcioná-la, movê-la para um lado ou para outro."

Isso não era algo que mudaria apenas o mundo digital. Mudaria o mundo físico também. "Acho que alguém poderia argumentar que a IA de nível verdadeiramente humano, podendo ir além disso, terá um impacto avassalador e transformador na sociedade de maneiras que são difíceis de prever e imaginar", disse Sutskever. "Acho que isso desconstruirá praticamente todos os sistemas humanos. E acho que é bastante provável que não demore muito para que toda a superfície da Terra fique coberta com centros de dados e usinas de energia. Uma vez que se tenha um centro de dados que execute várias IAs que sejam muito mais inteligentes do que os seres humanos, será um objeto muito útil. Poderá gerar muito valor. A primeira coisa que você pediria seria: você poderia pegar e fazer outra IA?"

RELIGIÃO 265

Questionado se quis dizer isso literalmente, Sutskever disse que sim, apontando pela janela para o prédio laranja brilhante do outro lado da rua do café. Imagine, disse ele, se o prédio estivesse cheio de chips de computador e que esses chips estivessem executando um software que reproduzisse as habilidades do diretor executivo de uma empresa como o Google, bem como do diretor financeiro e de todos os seus engenheiros. Se você tivesse toda o Google funcionando dentro desse prédio, explicou ele, seria extremamente valioso. Seria tão valioso, que seria necessário erguer outro prédio como ele. E outro. E outro. Haveria uma pressão enorme, disse ele, para continuar construindo mais.

Do outro lado do Atlântico, dentro do novo prédio do Google perto da estação St. Pancras, Shane Legg e Demis Hassabis descreveram o futuro em termos mais simples. Mas a mensagem deles não foi tão diferente. Como Legg explicou, o DeepMind estava na mesma trajetória que ele e Hassabis haviam imaginado quando apresentaram a empresa pela primeira vez a Peter Thiel, dez anos antes. "Quando eu olho para trás e vejo o que escrevemos sobre nossa missão no início da empresa, parece incrivelmente semelhante à DeepMind hoje", diz ele. "Realmente não mudou nada." Recentemente, eles se livraram de uma parte de sua operação que não parecia se encaixar nessa missão. Já na primavera de 2018, Mustafa Suleyman disse a alguns do DeepMind que em breve mudaria a pesquisa de saúde do laboratório para o Google, e naquele outono, o DeepMind anunciou que o Google estava assumindo essa pesquisa.[26] Um ano depois, após Suleyman tirar uma licença que não foi revelada inicialmente a ninguém de fora da empresa, ele também trocou o DeepMind pelo Google. Sua filosofia sempre pareceu mais alinhada com a de Jeff Dean do que com a de Demis Hassabis, e agora ele e seu projeto favorito, a parte mais prática e de curto prazo do DeepMind, se separaram de Hassabis e Legg. Mais do que nunca, o DeepMind estava focado no futuro. E embora funcionasse com considerável independência, ainda podia usar os vastos recursos do Google. Desde a aquisição do DeepMind, o Google investiu US$1,2 bilhão em sua pesquisa.[27] Em 2020, além das centenas de cientistas da computação no laboratório de Londres, Hassabis contratou uma equipe de mais de cinquenta neurocientistas para investigar o funcionamento interno do cérebro.

Alguns questionaram quanto tempo isso duraria. No mesmo ano, Larry Page e Sergey Brin, os maiores apoiadores do DeepMind, anunciaram que estavam se aposentando.[28] "O DeepMind continuaria a receber grandes quantias de dinheiro da Alphabet pare essa pesquisa de longo prazo?", muitos perguntaram. "Ou ela será forçada a fazer tarefas mais imediatas?" Para Alan Eustace, o homem que liderou a aquisição do DeepMind e ajudou a construir o Google Brain, sempre haveria tensão entre a busca por tecnologia de curto prazo e o sonho distante. "Pode ser que dentro do Google eles tenham acesso a problemas mais interessantes, mas isso pode desacelerar seu objetivo de longo prazo. Colocá-los na Alphabet diminui sua capacidade de comercializar sua tecnologia, mas é mais provável que tenha um efeito positivo em longo prazo", diz ele. "A solução para esse enigma é uma etapa importante na história do aprendizado de máquina." Mas certamente a filosofia que impulsionou o DeepMind não mudou. Depois de anos de turbulência, quando as tecnologias de IA melhoraram a uma taxa surpreendente, se comportaram de maneiras que ninguém esperava e se entrelaçaram mais do que se imaginava com as forças corporativas mais poderosas e implacáveis, o DeepMind, assim como a OpenAI, ainda pretendia construir uma máquina verdadeiramente inteligente. Na verdade, seus fundadores viram essa turbulência como uma espécie de vingança. Eles haviam avisado que essas tecnologias poderiam dar errado.

Certa tarde, durante uma videochamada em seu escritório em Londres, Hassabis disse que suas opiniões estavam entre as de Mark Zuckerberg e Elon Musk. As opiniões de Zuckerberg e Musk, disse ele, eram extremas. Ele acreditava firmemente que a superinteligência era possível e acreditava que poderia ser perigoso, mas acreditava também que ainda estava a muitos anos de distância. "Precisamos usar o tempo de inatividade, quando as coisas estão calmas, para nos preparar para quando as coisas ficarem sérias nas próximas décadas", disse ele. "O tempo que temos agora é valioso, e precisamos aproveitá-lo." Os problemas causados pelo Facebook e outras empresas nos últimos anos foram um aviso de que essas tecnologias devem ser desenvolvidas de maneira cuidadosa e consciente. Mas esse aviso não o impediria de alcançar seu objetivo. "Estamos fazendo isso", disse ele. "Não estamos brincando. Estamos fazendo isso porque realmente acreditamos que é possível. As escalas de tempo são discutíveis, mas, pelo que sabemos, não há nenhuma lei da física que impeça a construção da AGI."

21

FATOR X

"A HISTÓRIA SE REPETIRÁ — EU ACHO."

Dentro do escritório de Geoff Hinton, no 15º andar do prédio do Google no centro de Toronto, dois blocos brancos estavam no armário perto da janela. Cada um tinha o tamanho de uma caixa de sapatos. Oblongos, com arestas pontudas e triangulares, eles pareciam duas miniesculturas modernistas que ele havia encontrado no final de um catálogo da IKEA. Quando alguém novo entrava em seu escritório, ele entregava a ele esses dois blocos, explicava que agora estavam segurando duas metades da mesma pirâmide e perguntava se poderiam juntar a pirâmide novamente. Parecia uma tarefa simples. Cada bloco tinha apenas cinco faces, e tudo o que alguém precisava fazer era encontrar as duas faces que combinavam e alinhá-las. Mas poucos conseguiram resolver o quebra-cabeça. Hinton gostava de dizer que dois professores titulares do MIT não conseguiram resolver o problema. Um se recusou a tentar. O outro apresentou uma prova de que não era possível.

Mas era possível, disse Hinton, antes de resolver rapidamente o quebra-cabeça sozinho. A maioria das pessoas falhou no teste, explicou ele, porque o quebra-cabeça minou a maneira como entendiam um objeto como uma pirâmide — ou qualquer outra coisa que pudessem encontrar no mundo físico. Eles não reconheceram uma pirâmide olhando para um lado e para o outro e depois para o topo e a base. Eles imaginaram a coisa toda *parada em um espaço tridimensional.* Devido à maneira como seu quebra-cabeça cortava a pirâmide em duas, Hinton explicou, ele impedia que as pessoas a visualizassem em três dimensões como normalmente fariam. Essa era sua maneira de mostrar que a visão era mais complexa do que parecia, que as pessoas entendiam o que estava diante delas de uma forma que as máquinas ainda não entendiam. "É um fato ignorado pelos pesquisadores de visão computacional", afirmou. "E isso é um grande erro."

Ele estava apontando para as limitações da tecnologia que ajudou a construir nas últimas quatro décadas. Os pesquisadores de visão computacional agora dependiam do aprendizado profundo, disse ele, e o aprendizado profundo resolvia apenas parte do problema. Se uma rede neural analisasse milhares de fotos de xícaras de café, poderia aprender a reconhecer uma xícara de café. Mas se essas fotos mostrassem xícaras de café apenas de lado, não seria possível reconhecer uma xícara de café de cabeça para baixo. Ela via os objetos em apenas duas dimensões, não três. Isso, ele explicou, era um dos muitos problemas que esperava resolver com as *capsule networks* (redes de cápsulas), usando uma pronúncia bem inglesa: *cap-shule*.

Como qualquer outra rede neural, uma rede de cápsula é um sistema matemático que aprendeu com dados. Mas, disse Hinton, ela poderia dar às máquinas a mesma perspectiva tridimensional dos humanos, permitindo que reconhecessem uma xícara de café de qualquer ângulo depois de aprender como ela era a partir de apenas um. Foi uma ideia que ele desenvolveu no final dos anos 1970, antes de reanimá-la no Google décadas depois. Quando ele passou o verão no DeepMind em 2015, era nisso que esperava trabalhar, mas não conseguiu depois que sua esposa, Jackie, foi diagnosticada com câncer. De volta a Toronto, ele explorou a ideia ao lado de Sara Sabour, a pesquisadora iraniana que teve seu visto negado nos Estados Unidos, e no outono de 2017, eles construíram uma rede de cápsulas que poderia reconhecer imagens de ângulos desconhecidos com uma precisão além daquela com que uma rede neural comum poderia fazer. Mas as redes de cápsulas, explicou ele, não eram apenas uma forma de reconhecer imagens. Elas eram uma tentativa de imitar a rede de neurônios do cérebro de uma forma muito mais complexa e poderosa, e ele acreditava que poderiam acelerar o progresso da inteligência artificial como um todo, desde a visão computacional até o entendimento da linguagem natural e muito mais. Para Hinton, essa nova tecnologia estava se aproximando de um ponto muito parecido com o que as redes neurais alcançaram em dezembro de 2009, quando ele encontrou Li Deng na estação de esqui em Whistler. "A história irá se repetir", disse ele. "Eu acho."

FATOR X 269

EM 27 de março de 2019, a *Association for Computing Machinery*, a maior sociedade de cientistas da computação do mundo, anunciou que Hinton, LeCun e Bengio haviam ganhado o Prêmio Turing de 2018. Apresentado pela primeira vez em 1966, o Prêmio Turing costumava ser chamado de "o Prêmio Nobel da Computação". Foi nomeado em homenagem a Alan Turing, uma das figuras principais na criação do computador, e agora vinha junto de US$1 milhão em dinheiro como premiação. Depois de reviver a pesquisa com redes neurais em meados da década de 2000 e empurrá-la para o coração da indústria de tecnologia, onde transformou tudo, desde o reconhecimento de imagem à tradução automática e a robótica, os três pesquisadores veteranos dividiram o prêmio em três, com LeCun e Bengio dando os centavos extras para Hinton.

Hinton marcou a ocasião com um tuíte raro que descreveu o que ele chamou de "Fator X". "Quando eu era estudante de graduação no King's College Cambridge,[1] Les Valiant, que ganhou o Prêmio Turing em 2010, vivia na sala adjacente na escada X", dizia o tuíte. "Ele acabou de me dizer que Turing vivia na escada X quando eram colegas no King's College e provavelmente escreveu seu artigo de 1936 lá." Esse foi o artigo que ajudou a deslanchar a era do computador.[2]

A cerimônia de premiação foi realizada dois meses depois, no Grand Ballroom do Palace Hotel, no centro de São Francisco. Jeff Dean compareceu com uma gravata preta. Mike Schroepfer também. Um garçom com jaquetas brancas servia o jantar para mais de quinhentos convidados sentados à mesas redondas com toalhas de mesa brancas e, enquanto comiam, vários outros prêmios foram entregues a mais de uma dúzia de engenheiros, programadores e pesquisadores de toda a indústria e academia. Hinton não se sentou e comeu. Graças às suas costas, quinze anos se passaram desde que ele se sentou pela última vez. "É um problema antigo", costumava dizer. Quando os primeiros prêmios foram dados, ele ficou ao lado do salão, olhando para um pequeno cartão onde havia escrito as notas de seu discurso. Por um tempo, LeCun e Bengio ficaram ao lado dele perto da parede. Em seguida, eles se sentaram com os outros, enquanto Hinton continuava a ler seu cartão.

Após a primeira hora de premiação, Jeff Dean subiu ao palco e, bastante nervoso, apresentou os três vencedores do prêmio. Ele era um engenheiro de ponta, não um orador. Mas suas palavras foram verdadeiras. Apesar de anos de dúvidas do restante da área, ele disse à sala que Hinton, LeCun e Bengio desenvolveram um conjunto de tecnologias que ainda estavam mudando tanto a paisagem científica quanto a cultural. "É hora de reconhecer a grandeza do trabalho com uma visão contrária", disse ele. Em seguida, um breve vídeo foi exibido em duas telas em cada lado do palco, descrevendo a longa história das redes neurais e a resistência que esses três pesquisadores enfrentaram ao longo das décadas. Quando cortou para Yann LeCun, ele disse: "Eu definitivamente pensava estar certo o tempo todo." Enquanto as risadas ecoavam pelo salão, Hinton, agora de pé no palco, continuou lendo seu cartão.

O vídeo teve o cuidado de mostrar que a inteligência artificial ainda estava muito longe de ser uma inteligência de verdade. Na tela, LeCun disse: "As máquinas ainda têm menos senso comum do que um gato doméstico." Em seguida, o vídeo foi cortado para Hinton descrevendo seu trabalho com cápsulas, que ele esperava que impulsionasse o campo mais uma vez, e uma narração em *off* entregou a hipérbole usual. "O futuro da IA parece promissor", disse, "no que muitos estão chamando de A Próxima Grande Coisa com infinitas possibilidades". Então Hinton apareceu na tela uma última vez e descreveu o momento em termos mais simples. Primeiro, ele disse que estava satisfeito por ganhar o prêmio ao lado de LeCun e Bengio. "É muito bom vencer como um grupo", disse ele. "É sempre melhor fazer parte de um grupo de sucesso do que estar sozinho." Então ele deu alguns conselhos à plateia. "Se você tem uma ideia e ela parece estar certa, não deixe que as pessoas digam que é boba", disse ele. "Apenas ignore-as." De pé no palco quando o vídeo terminou, ele ainda olhava para o seu cartão.

Bengio fez o primeiro discurso de aceitação, agora com uma barba cheia quase toda grisalha. Ele foi o primeiro, disse ele, porque era o mais jovem dos três. Ele agradeceu ao CIFAR, a organização do governo canadense que financiou sua pesquisa com redes neurais em meados dos anos 2000, e agradeceu a LeCun e Hinton. "Eles foram primeiro meus modelos, depois meus mentores e, em seguida, meus amigos e parceiros no crime", disse ele. Esse foi um prêmio não apenas para os três, acrescentou, mas para todos os outros pesquisadores que acreditaram nessas ideias, incluindo seus muitos alunos da Universidade de Montreal, NYU e da Universidade de Toronto. O que acabaria levando a tecnologia a novos patamares, disse ele, seriam novas pesquisas de uma comunidade muito mais ampla de pensadores com ideias semelhantes. Enquanto ele falava, isso já estava acontecendo, com um progresso contínuo na área da saúde, robótica e compreensão da linguagem natural. Com o passar dos anos, a influência de muitos dos maiores nomes da área cresceu e diminuiu. Depois de ficar desiludido com seu trabalho, Alex Krizhevsky se demitiu do Google e abandonou completamente o campo. No ano seguinte, após o aumento da tensão nos escalões mais altos da hierarquia da Baidu, primeiro Andrew Ng e depois Qi Lu deixaram a empresa chinesa. Mas a área como um todo continuou a se expandir, tanto na indústria quanto na academia. Ao longo dos últimos meses, a Apple havia roubado John Giannandrea e Ian Goodfellow, ex-aluno de Bengio, do Google.

Mas Bengio também alertou que a comunidade deve estar ciente de como essas tecnologias são usadas. "A honra que estamos recebendo vem junto da responsabilidade", disse ele. "Nossas ferramentas podem ser usadas de maneiras boas e ruins." Dois meses antes, o *New York Times* revelara que o governo chinês, em conjunto com várias empresas de IA, havia desenvolvido uma tecnologia de reconhecimento facial que poderia ajudar a rastrear e controlar os uigures, uma minoria étnica predominantemente muçulmana.[3] No outono seguinte, o conselheiro geral do Google, Kent Walker[4], subiu ao palco em um evento em Washington, D.C., para dizer que, apesar da polêmica sobre o Projeto Maven, ele estava disposto a trabalhar com o Departamento de Defesa, e muitos ainda questionam o que esse tipo de trabalho significa para o futuro das armas autônomas. A eleição de 2020 estava se aproximando.

LeCun, o chefe do laboratório de IA do Facebook, foi o próximo a falar. "Falar depois de Yoshua é sempre um desafio", disse ele. "Preceder Geoff é ainda mais." O único dos três usando smoking, ele disse que muitas pessoas lhe perguntaram como a conquista do Prêmio Turing mudou sua vida. "Antes eu estava me acostumando com as pessoas me dizendo que eu estava errado", disse ele. "Agora tenho que ter cuidado porque ninguém ousará me dizer que estou errado." Ele e Bengio, disse, são figuras peculiares entre os vencedores do Prêmio Turing. Eles foram os únicos dois nascidos até a década de 1960. Eles eram os únicos dois nascidos na França. Eles eram os únicos dois cujos nomes começavam com *Y*. E eram os únicos dois com irmãos que trabalhavam para o Google. Agradeceu ao seu pai por ensiná-lo a ser engenheiro e agradeceu a Geoff Hinton por ser um mentor.

Enquanto a sala aplaudia LeCun, Hinton guardou seu cartão e foi até o púlpito. "Tenho feito uns cálculos", disse ele. "Tenho quase certeza de que sou mais jovem do que a soma entre Yann e Yoshua." Ele agradeceu "ao comitê de

272 CRIADORES DE GÊNIOS

premiação da ACM e a seu extraordinário bom senso". Ele agradeceu a seus alunos e pós-doutorandos. Agradeceu a seus mentores e colegas. Agradeceu às organizações que financiaram sua pesquisa. Mas a pessoa a quem realmente queria agradecer, disse ele, era sua esposa, Jackie. Ela havia morrido poucos meses antes do anúncio do prêmio. Vinte e cinco anos antes, disse ele à plateia, sua esposa, Rosalind, havia morrido, e ele pensava que sua carreira de pesquisador havia acabado. "Alguns anos depois, Jackie abandonou sua carreira em Londres e se mudou para o Canadá com o resto de nós", disse ele, com a voz embargada. "Jackie sabia o quanto eu queria este prêmio e ela gostaria de estar aqui hoje."

DURANTE sua palestra em Phoenix, Arizona, no mês seguinte — feita em comemoração ao prêmio —, Hinton explicou o surgimento do aprendizado de máquina e explorou para onde ele poderia ir.[5] Ao longo do caminho, ele descreveu as várias maneiras pelas quais uma máquina pode aprender. "Existem dois tipos de algoritmos de aprendizado[6] — na verdade, três, mas o terceiro não funciona muito bem", disse ele. "Ele é chamado de aprendizado por reforço." Sua audiência, várias centenas de pesquisadores de IA importantes, soltou uma risada. Então ele foi mais longe. "Há um maravilhoso *reductio ad absurdum* do aprendizado por reforço", disse ele à multidão. "Chama-se DeepMind."[7] Hinton não acreditava em aprendizado por reforço, o método que Demis Hassabis e o DeepMind viram como o caminho para a AGI. Exigia muitos dados e muito poder de processamento para ter sucesso com tarefas práticas no mundo real. Por essas mesmas razões — e muitas outras — ele também não acreditava na corrida pela AGI.

Hinton acreditava que a AGI era uma tarefa grande demais para ser resolvida em um futuro próximo. "Prefiro me concentrar em algo o qual você consiga descobrir como resolvê-lo", disse ele durante uma visita à sede do Google, no norte da Califórnia, naquela primavera. Mas ele também se perguntou por que alguém iria querer construí-la. "Se eu tenho um cirurgião-robô, ele precisa entender muito sobre medicina e manipulação de coisas. Não vejo por que meu cirurgião-robô precisa saber sobre os resultados do beisebol. Por que ele precisa de conhecimento geral? Achei que vocês fariam suas máquinas para nos ajudar", disse ele. "Se eu quero uma máquina para cavar uma vala, prefiro uma retroescavadeira a um androide. Você não quer um androide cavando uma vala. Se quero uma máquina para distribuir algum dinheiro, quero um caixa eletrônico. Uma coisa em que acredito é que provavelmente não queremos androides de uso geral." Quando questionado se a crença em AGI era algo como uma religião, ele objetou: "Não é tão sombrio quanto uma religião."

Nesse mesmo ano, Pieter Abbeel pediu-lhe para investir na Covariant. E quando Hinton viu o que o aprendizado por reforço poderia fazer pelos robôs de Abbeel, ele mudou de ideia sobre o futuro da pesquisa com IA. Quando os sistemas da Convariant foram levados para o depósito em Berlim, ele o chamou de "momento AlphaGo" da robótica. "Sempre fui cético em relação ao aprendizado por reforço, porque exigia uma quantidade extraordinária de computação. Mas agora temos isso", disse ele. Ainda assim, ele não acreditava na construção da AGI. "O progresso está sendo feito abordando problemas individuais — fazendo com que um robô conserte coisas ou entenda uma frase para poder traduzi-la — em vez de pessoas construindo uma IA geral", disse ele.

Ao mesmo tempo, ele não via um final para o progresso em toda a área, e agora isso estava fora de suas mãos. Ele esperava por um último sucesso com as cápsulas, mas a comunidade como um todo, apoiada pelas maiores empresas do mundo, estava correndo em outras direções. Questionado sobre se deveríamos nos preocupar com a ameaça de uma superinteligência, ele disse que isso não fazia muito sentido no curto prazo. "Acho que estamos muito melhor do que Demis pensa que estamos", disse ele. Mas ele também disse que era uma preocupação perfeitamente razoável se formos olhar para um futuro distante.

AGRADECIMENTOS

Este não era o livro que eu ia escrever. No verão de 2016, já havia passado vários meses escrevendo uma proposta de livro muito diferente sobre um assunto muito diferente, quando fui contatado por um agente literário que não era aquela com quem eu já estava trabalhando. Seu nome era Ethan Bassoff, que depois de ler a proposta que eu havia escrito, disse-me, com muita educação, que era um lixo. Ele estava certo. Mais ainda, ele acreditou na ideia que se tornou este livro — uma ideia na qual ninguém mais acreditava. Essas são sempre as melhores ideias.

Por meio de Ethan, encontrei meu editor na Dutton, Stephen Morrow, e ele acreditou nessa ideia também. Foi marcante. Eu estava lançando um livro sobre inteligência artificial, que por acaso é a tecnologia mais badalada da Terra, mas minha ideia era escrever um livro não sobre a tecnologia, mas sobre as pessoas que a desenvolveram. Ninguém realmente escreve livros sobre as pessoas que constroem a tecnologia. As pessoas escrevem livros sobre os executivos que dirigem as empresas que desenvolvem a tecnologia. Tive a sorte de conhecer Ethan e Stephen. E tive sorte de que as pessoas sobre as quais eu queria escrever sejam tão interessantes, tão eloquentes e completamente diferentes umas das outras.

Então tive que realmente escrever o livro. Isso aconteceu quase inteiramente graças a minha esposa, Tay, e minhas filhas, Millay e Hazel. Deve ter havido muitas vezes em que eles pensaram que tentar encaixar este livro junto a tudo o mais que tínhamos que fazer não era a decisão mais sábia. Se elas pensaram isso, estavam certas. Mas de qualquer modo, elas me ajudaram a escrevê-lo.

Duas pessoas me ensinaram a escrever este livro apenas sendo exemplos: Ashlee Vance e Bob McMillan. Eu realmente não sabia o que fazer comigo mesmo até que conheci Ashlee e nosso editor, Drew Cullen, no The Register, uma publicação verdadeiramente estranha e maravilhosa onde trabalhei por cinco anos. Depois disso, Bob e eu construímos o que certamente deve ser a maior publicação que o mundo já viu: a Wired Enterprise. Era outra ideia em que ninguém acreditava, exceto nosso chefe, Evan Hansen. Evan: eu te devo essa. Adoro fazer coisas que parecem que nunca funcionariam, e na Wired fui capaz de fazer isso por muitos anos.

Durante aqueles anos, não fui eu quem lançou as bases para o ritmo do "aprendizado profundo". Foram Bob e nossa repórter científica favorita da Wired, Daniela Hernandez. Sou imensamente grato à Daniela e aos poucos que concordaram em ler o primeiro rascunho do meu manuscrito. Isso inclui Oren Etzioni, um pesquisador de IA veterano que se dispôs a fornecer uma visão objetiva enquanto lia sobre sua própria área, e Chris Nicholson, que foi essencial tanto para este livro quanto para minha cobertura no *New York Times*. Ele é sempre o rabino de que preciso.

Também devo agradecer aos meus editores Pui-Wing Tam e Jim Kerstetter, que me deram o trabalho que sempre quis, e a todos meus outros colegas do *Times*, tanto no escritório de São Francisco quanto em outros lugares, especialmente Scott Shane e Dai Wakabayashi, que trabalhou comigo em uma reportagem que ajudou a abrir novas portas para este livro, e Nellie Bowles, que sugeriu o que se tornou o título do prefácio, o que me deixou muito contente.

Por último, envio meus agradecimentos a minha mãe, Mary Metz; minhas irmãs, Louise Metz e Anna Lutz; meus cunhados, Anil Gehi e Dan Lutz; e meus sobrinhos e sobrinhas, Pascal Gehi, Elias Gehi, Miriam Lutz, Isaac Lutz e Vivian Lutz, que ajudaram muito mais do que imaginam. Meu único arrependimento é não ter terminado este livro cedo o suficiente para que meu pai, Walt Metz, pudesse lê-lo. Ele teria gostado mais do que qualquer um.

TIMELINE

1960 — Frank Rosenblatt, professor da Cornell, constrói o Mark I Perceptron, uma das primeiras "redes neurais", em um laboratório em Buffalo, Nova York.

1969 — Os professores do MIT, Marvin Minsky e Seymour Papert publicam a obra *Perceptrons*, identificando as falhas na tecnologia de Rosenblatt.

1971 — Geoff Hinton começa um doutorado em inteligência artificial na Universidade de Edimburgo.

1973 — Começa o primeiro inverno da IA.

1978 — Geoff Hinton inicia um pós-doutorado na Universidade da Califórnia, em San Diego.

1982 — A Universidade Carnegie Mellon contrata Geoff Hinton.

1984 — Geoff Hinton e Yann LeCun se conhecem na França.

1986 — David Rumelhart, Geoff Hinton e Richard Williams publicam seu artigo sobre "retropropagação", expandindo os poderes das redes neurais.

Yann LeCun junta-se aos laboratórios Bell em Holmdel, New Jersey, onde constrói o LeNet, uma rede neural que pode reconhecer dígitos escritos à mão.

1987 — Geoff Hinton deixa a Carnegie Mellon e vai para a Universidade de Toronto.

1989 — Dean Pomerleau, estudante de graduação da Carnegie Mellon, constrói o ALVINN, um carro autônomo baseado em uma rede neural.

1992 — Yoshua Bengio conhece Yann LeCun enquanto faz sua pesquisa de pós-doutorado nos laboratórios Bell.

1993 — A Universidade de Montreal contrata Yoshua Bengio.

1998 — Geoff Hinton funda a Unidade de Neurociência Gatsby na University College London.

1990–2000 — Outro inverno da IA.

2000 — Geoff Hinton retorna à Universidade de Toronto.

2003 — Yann LeCun muda-se para a Universidade de Nova York.

2004 — Geoff Hinton inicia workshops de "computação neural e percepção adaptativa" com financiamento do governo canadense. Yann LeCun e Yoshua Bengio juntam-se a ele.

2007 — Geoff Hinton cunha o termo "aprendizado profundo", uma maneira de descrever as redes neurais.

2008 — Geoff Hinton se depara com Li Deng, pesquisador da Microsoft, em Whistler, na Colúmbia Britânica.

2009 — Geoff Hinton visita o laboratório de pesquisa da Microsoft, em Seattle, para explorar o aprendizado profundo para reconhecimento de voz.

278 CRIADORES DE GÊNIOS

2010 — Abdel-rahman Mohamed e George Dahl, dois estudantes de Hinton, visitam a Microsoft.

Demis Hassabis, Shane Legg e Mustafa Suleyman fundam o DeepMind.

Andrew Ng, professor de Stanford, apresenta o Projeto Marvin ao presidente-executivo do Google, Larry Page.

2011 — Navdeep Jaitly, pesquisador da Universidade de Toronto, estagia no Google em Montreal, onde constrói um novo sistema de reconhecimento de voz por meio do aprendizado profundo.

Andrew Ng, Jeff Dean e Greg Corrado fundam o Google Brain.

O Google implementa um serviço de reconhecimento de voz baseado no aprendizado profundo.

2012 — Andrew Ng e Jeff Dean publicam o *Cat Paper*.

Andrew Ng sai do Google.

Geoff Hinton "estagia" no Google Brain.

Geoff Hinton, Ilya Sutskever e Alex Krizhevsky publicam o artigo sobre a AlexNet.

Geoff Hinton, Ilya Sutskever e Alex Krizhevsky leiloam sua empresa, a DNNresearch.

2013 — Geoff Hinton, Ilya Sutskever e Alex Krizhevsky ingressam no Google.

Mark Zuckerberg e Yann LeCun fundam o laboratório de pesquisa de inteligência artificial do Facebook.

2014 — O Google adquire o DeepMind.

Ian Goodfellow publica o artigo sobre as GANs, descrevendo uma maneira de gerar fotos.

Ilya Sutskever publica o artigo "*Sequence to Sequence*", um avanço para a tradução automática.

2015 — Geoff Hinton passa o verão no DeepMind.

O AlphaGo vence Fan Hui em Londres.

Elon Musk, Sam Altman, Ilya Sutskever e Greg Brockman fundam a OpenAI.

2016 — O DeepMind revela o DeepMind Health.

O AlphaGo derrota Lee Sedol em Seul, na Coreia do Sul.

Qi Lu sai da Microsoft.

O Google implementa um serviço de tradução baseado no aprendizado profundo.

Donald Trump derrota Hillary Clinton.

2017 — Qi Lu se junta à Baidu.

O AlphaGo derrota Ke Jie na China.

A China revela sua iniciativa nacional em direção à IA.

Geoff Hinton revela suas redes de cápsulas.

A Nvidia apresenta as GANs progressivas, que podem gerar rostos fotorrealistas.

Surgem os *deepfakes* na internet.

2018 — Elon Musk sai da OpenAI.

Funcionários do Google protestam contra o Projeto Maven.

O Google lança o BERT, um sistema que aprende as habilidades da linguagem.

2019 — Pesquisadores de ponta protestam contra a tecnologia de reconhecimento facial da Amazon.

Geoff Hinton, Yann LeCun e Yoshua Bengio ganham o Prêmio Turing de 2018.

2020 — A Covariant revela o robô de "separação de produtos" em Berlim.

OS PARTICIPANTES

NO GOOGLE

ANELIA ANGELOVA, a pesquisadora nascida na Bulgária que levou o aprendizado profundo para o projeto do carro autônomo do Google, ao lado de Krizhevsky.

SERGEY BRIN, fundador.

GEORGE DAHL, o filho de um professor de inglês que explorou o reconhecimento de voz ao lado de Hinton, em Toronto, e na Microsoft, antes de ingressar no Google Brain.

JEFF DEAN, o primeiro funcionário do Google que se tornou o engenheiro mais famoso e venerado da empresa antes de fundar o Google Brain, seu laboratório central de inteligência artificial, em 2011.

ALAN EUSTACE, o executivo e engenheiro que supervisionou a corrida do Google em direção ao aprendizado profundo antes de deixar a empresa para estabelecer um recorde mundial de paraquedismo.

TIMNIT GEBRU, o ex-pesquisador de Stanford que se juntou à equipe de ética do Google.

JOHN "J.G." GIANNANDREA, o chefe de IA do Google que desertou para a Apple.

IAN GOODFELLOW, o inventor das GANs, uma tecnologia que poderia gerar imagens falsas (e incrivelmente realistas) por conta própria, que trabalhou no Google e na OpenAI antes de mudar para a Apple.

VARUN GULSHAN, o engenheiro de realidade virtual que explorou uma IA capaz de ler tomografias e detectar sinais de cegueira diabética.

GEOFF HINTON, o professor da Universidade de Toronto e pai fundador do movimento do "aprendizado profundo" que ingressou no Google em 2013.

URS HÖLZLE, o engenheiro suíço que supervisionou a rede global de centros de dados de computadores do Google.

ALEX KRIZHEVSKY, o pupilo de Hinton que ajudou a refazer a visão computacional na Universidade de Toronto antes de ingressar no Google Brain e no projeto do carro autônomo do Google.

FEI-FEI LI, a professora de Stanford que ingressou no Google e promoveu um laboratório de IA da empresa na China.

MEG MITCHELL, a pesquisadora que trocou a Microsoft pelo Google, fundando uma equipe dedicada à ética da inteligência artificial.

LARRY PAGE, fundador.

LILY PENG, a médica treinada que supervisionou uma equipe que aplicou inteligência artificial a serviços de saúde.

SUNDAR PICHAI, CEO.

SARA SABOUR, a pesquisadora nascida no Irã que trabalhou com as "redes de cápsulas" ao lado de Hinton no laboratório do Google em Toronto.

ERIC SCHMIDT, presidente.

NO DEEPMIND

ALEX GRAVES, o pesquisador escocês que construiu um sistema que podia escrever à mão.

DEMIS HASSABIS, o prodígio do xadrez britânico, designer de jogos e neurocientista que fundou o DeepMind, uma *startup* de inteligência artificial em Londres que se tornaria o laboratório de IA mais famoso do mundo.

KORAY KAVUKCUOGLU, o pesquisador turco que supervisionou o código de software do laboratório.

SHANE LEGG, o neozelandês que fundou o DeepMind ao lado de Hassabis com a intenção de construir máquinas que pudessem fazer qualquer coisa que o cérebro humano pudesse fazer, ao mesmo tempo que se preocupava com os perigos que isso poderia trazer.

VLAD MINH, o pesquisador russo que supervisionou a criação de uma máquina que dominava os jogos antigos do Atari.

DAVID SILVER, o pesquisador que conheceu Hassabis em Cambridge e liderou a equipe do DeepMind que construiu o AlphaGo, a máquina que marcou uma virada no progresso da IA.

MUSTAFA SULEYMAN, o conhecido de infância de Hassabis que ajudou a lançar o DeepMind e liderou os esforços do laboratório em ética e saúde.

NO FACEBOOK

LUBOMIR BOURDEV, o pesquisador de visão computacional que ajudou a criar o laboratório do Facebook.

ROB FERGUS, o pesquisador que trabalhou ao lado de LeCun na NYU e no Facebook.

YANN LECUN, o professor francês da NYU que ajudou a promover o aprendizado profundo ao lado de Geoff Hinton antes de supervisionar o laboratório de pesquisa de inteligência artificial do Facebook.

OS PARTICIPANTES   281

MARC'AURELIO RANZATO, o ex-violinista profissional que o Facebook roubou do Google Brain para semear seu laboratório de IA.

MIKE "SCHREP" SCHROEPFER, diretor de tecnologia.

MARK ZUCKERBERG, fundador e CEO.

NA MICROSOFT

CHRIS BROCKETT, o ex-professor de linguística que se tornou um pesquisador de IA da Microsoft.

LI DENG, o pesquisador que levou as ideias de Geoff Hinton para a Microsoft.

PETER LEE, chefe de pesquisa.

SATYA NADELLA, CEO.

NA OPENAI

SAM ALTMAN, o presidente da incubadora Y Combinator, do Vale do Silício, que se tornou CEO da OpenAI.

GREG BROCKMAN, o ex-diretor de tecnologia da *startup* de *fintech* Stripe, que ajudou a construir a OpenAI.

ELON MUSK, o CEO da fabricante de carros elétricos Tesla e da empresa de foguetes SpaceX que ajudou a criar a OpenAI.

ILYA SUTSKEVER, o pupilo de Hinton que deixou o Google Brain para ingressar na OpenAI, o laboratório de IA de São Francisco criado em resposta à DeepMind.

WOJCIECH ZAREMBA, o ex-pesquisador do Google e do Facebook que foi uma das primeiras contratações da OpenAI.

NA BAIDU

ROBIN LI, CEO.

QI LU, o vice-presidente executivo da Microsoft que supervisionou o mecanismo de busca Bing antes de deixar a empresa e ingressar na Baidu.

ANDREW NG, o professor da Universidade de Stanford que fundou o laboratório Google Brain ao lado de Jeff Dean antes de assumir o laboratório da Baidu no Vale do Silício.

KAI YU, o pesquisador que fundou o laboratório de aprendizado profundo na Baidu, gigante chinesa de tecnologia.

NA NVIDIA

CLÉMENT FARABET, o protegido de LeCun que se juntou aos esforços da Nvidia para construir chips de aprendizado profundo para carros autônomos.

JENSEN HUANG, CEO.

NA CLARIFAI

DEBORAH RAJI, a estagiária do Clarifai que passou a explorar o preconceito em sistemas de IA no MIT.

MATTHEW ZEILER, fundador e CEO.

NA ACADEMIA

YOSHUA BENGIO, o professor da Universidade de Montreal que levantou a bandeira do aprendizado profundo ao lado de Hinton e LeCun nas décadas de 1990 e 2000.

JOY BUOLAMWINI, o pesquisador do MIT que explorou o preconceito em serviços de reconhecimento facial.

GARY MARCUS, o psicólogo da NYU que fundou uma *startup* chamada Geometric Intelligence e a vendeu para o Uber.

DEAN POMERLEAU, o estudante de pós-graduação da Carnegie Mellon que usou essas ideias para construir um carro autônomo no final dos anos 1980 e início dos anos 1990.

JÜRGEN SCHMIDHUBER, o pesquisador do Instituto Dalle Molle para Pesquisa de Inteligência Artificial na Suíça cujas ideias ajudaram a impulsionar o aprendizado profundo.

TERRY SEJNOWSKI, o neurocientista da John Hopkins que fez parte do renascimento da rede neural nos anos 1980.

NA SINGULARITY SUMMIT

PETER THIEL, o fundador do PayPal e primeiro investidor do Facebook que conheceu os fundadores do DeepMind no Singularity Summit, uma conferência dedicada ao futurismo.

ELIEZER YUDKOWSKY, o futurista que apresentou os fundadores do DeepMind a Thiel.

NO PASSADO

MARVIN MINSKY, o pioneiro da IA que questionou o trabalho de Frank Rosenblatt e ajudou a colocá-lo nas sombras.

FRANK ROSENBLATT, o professor de psicologia da Universidade Cornell que construiu o Perceptron, um sistema que aprendeu a reconhecer imagens, no início dos anos 1960.

DAVID RUMELHART, o psicólogo e matemático da Universidade da Califórnia-San Diego que ajudou a reviver as ideias de Rosenblatt ao lado de Hinton nos anos 1980.

ALAN TURING, o pai fundador da era do computador que viveu na escadaria do King's College Cambridge, que mais tarde foi o lar de Geoff Hinton.

NOTAS

Este livro é baseado em diversas entrevistas realizadas com mais de quatrocentas pessoas ao longo dos oito anos em que venho escrevendo artigos sobre inteligência artificial para a revista *Wired* e para o *New York Times*. A maioria das pessoas foi entrevistada mais de uma vez; algumas delas, várias vezes. Também se baseia em diversos documentos e e-mails pessoais e de empresas que revelam ou corroboram eventos ou detalhes específicos. Cada cena e cada detalhe significativo (o preço de uma aquisição, por exemplo) foi confirmado por pelo menos duas fontes; muitas vezes, mais. Nas notas ao longo do livro,, como cortesia, incluí referências das minhas próprias reportagens publicadas por ex-empregadores, incluindo a *Wired*. Incluí referências a artigos que escrevi para o *New York Times* apenas quando foram explicitamente mencionados na narrativa deste livro. O livro baseia-se nas mesmas entrevistas e notas que meu trabalho no *New York Time*s.

REFERÊNCIAS

PRÓLOGO

1. Internet Archive, Internet Web crawl de 28 de novembro de 2012, <http://web.archive.org>.
2. Alex Krizhevsky; Ilya Sutskever; Geoffrey Hinton. "ImageNet Classification with Deep Convolutional Neural Networks", Advances in Neural Information Processing Systems 25 (NIPS 2012), <https://papers.nips.cc/paper/4824-imagenet-classification-with-deep-convolutional-neural-networks.pdf>.

CAPÍTULO 1

1. "New Navy Device Learns by Doing", *New York Times*, 8 de julho de 1958.
2. "Electronic 'Brain' Teaches Itself", *New York Times*, 13 de julho de 1958.
3. "New Navy Device Learns by Doing", *New York Times*, 8 de julho de 1958.
4. "Electronic 'Brain' Teaches Itself", *New York Times*, 13 de julho de 1958.
5. Frank Rosenblatt. *Principles of Neurodynamics: Perceptrons and the Theory of Brain Mechanisms*. Spartan Books, 1962, p. vii–viii.
6. "Dr. Frank Rosenblatt Dies at 43; Taught Neurobiology at Cornell", *New York Times*, 13 de julho de 1971.
7. "Profiles, AI, Marvin Minsky", *The New Yorker*, 14 de dezembro de 1981.
8. Andy Newman, "Lefkowitz is 8th Bronx Science H.S. Alumnus to Win Nobel Prize", *New York Times*, 10 de outubro de 2012, <https://cityroom.blogs.nytimes.com/2012/10/10/another-nobel-for-bronx-science-this-one-in-chemistry/>.
9. Robert Wirsing, "Cohen co-names 'Bronx Science Boulevard'", *Bronx Times*, 7 de junho de 2010, <https://www.bxtimes.com/cohen-co-names-bronx-science-boulevard/>.
10. Site da Bronx High School of Science, "Hall of Fame", <https://www.bxscience.edu/halloffame/; "Martin Hellman (Bronx Science Class of '62) Wins the A.M. Turing Award", site da Bronx High School of Science, <https://www.bxscience.edu/m/news/show_news.jsp?REC_ID=403749&id=1>.
11. "Electronic Brain's One-Track Mind", *New York Times*, 18 de outubro de 1953.
12. "Dr. Frank Rosenblatt Dies at 43; Taught Neurobiology at Cornell", *New York Times*, 13 de julho de 1971.
13. Rosenblatt. *Principles of Neurodynamics: Perceptrons and the Theory of Brain Mechanisms*, p. v–viii.
14. "New Navy Device Learns by Doing", *New York Times*, 8 de julho de 1958.
15. "Rival", Talk of the Town, *The New Yorker*, 6 de dezembro de 1958.
16. Ibid.
17. Ibid.
18. Ibid.
19. Ibid.
20. Ibid.
21. Ibid.
22. John Hay, Ben Lynch e David Smith. "Mark I Perceptron 45rators' Manual", 1960, <https://apps.dtic.mil/dtic/tr/fulltext/u2/236965.pdf>.
23. "Profiles, AI, Marvin Minsky", *The New Yorker*, 14 de dezembro de 1981.
24. Ibid.
25. Stuart Russell e Peter Norvig. *Artificial Intelligence: A Modern Approach*. Prentice Hall, 2010, p. 16.
26. Marvin Minsky. *Theory of Neural-Analog Reinforcement Systems and Its Application to the Brain Model Problem*. Princeton, NJ: Princeton University, 1954.

286 CRIADORES DE GÊNIOS

27. Russell e Norvig. *Artificial Intelligence: A Modern Approach*, p. 17.

28. Claude Shannon e John McCarthy. *Automata Studies*. Annals of Mathematics Studies, abril de 1956. Princeton, NJ: Princeton University Press.

29. John McCarthy *et al.* "A Proposal for the Dartmouth Summer Research Project on Artificial Intelligence", 31 de agosto de 1955, <http://raysolomonoff.com/dartmouth/boxa/dart564props.pdf>.

30. Herbert Simon e Allen Newell. "Heuristic Problem Solving: The Next Advance in Operations Research", *Operations Research* 6, no 1 (janeiro–fevereiro de 1958), p. 7.

31. Rosenblatt, *Principles of Neurodynamics: Perceptrons and the Theory of Brain Mechanisms*, p. v–viii.

32. Ibid.

33. Ibid.

34. Laveen Kanal (ed.). *Pattern Recognition*. Washington, DC: Thompson Book Company, 1968, p. vii.

35. Marvin Minsky e Seymour Papert. *Perceptrons*. Cambridge MA: MIT Press, 1969.

36. Cade Metz, "One Genius' Lonely Crusade to Teach a Computer Common Sense", *Wired*, 24 de março de 2016, <https://www.wired.com/2016/03/doug-lenat-artificial-intelligence-common-sense-engine/>.

37. "Dr. Frank Rosenblatt Dies at 43; Taught Neurobiology at Cornell", *New York Times*, 13 de julho de 1971.

CAPÍTULO 2

1. Desmond McHale. *The Life and Work of George Boole: A Prelude to the Digital Age*. Cork, Ireland: Cork University Press, 2014.

2. Gerry Kennedy. *The Booles and the Hintons*. Cork, Ireland: Atrium Press, 2016.

3. Ibid.

4. Patente US 1471465; Patente US 1488244; Patente US 1488245 de 1920; Patente US 1488246.

5. William Grimes. "Joan Hinton, Physicist Who Chose China Over Atom Bomb, Is Dead at 88", *New York Times*, 11 de junho de 2010, <https://www.nytimes.com/2010/06/12/science/12hinton.html>.

6. George Salt. "Howard Everest Hinton. 24 August 1912–2 August 1977", *Biographical Memoirs of Fellows of the Royal Society*. Londres: Royal Society Publishing, 1978, p. 150–182, <https://royalsocietypublishing.org/doi/10.1098/rsbm.1978.0006>.

7. Kennedy. *The Booles and the Hintons.*

8. Peter M. Milner e Brenda Atkinson Milner. "Donald Olding Hebb. 22 July 1904–20 August 1985". *Biographical Memoirs of Fellows of the Royal Society*. Londres: Royal Society Publishing, 1996, 42: 192–204, <https://royalsocietypublishing.org/doi/10.1098/rsbm.1996.0012>.

9. Stuart Russell e Peter Norvig. *Artificial Intelligence: A Modern Approach*. Prentice Hall, 2010, p. 16.

10. Chris Darwin. "Christopher Longuet-Higgins, Cognitive scientist with a flair for chemistry", *The Guardian*, 9 de junho de 2004, <https://www.theguardian.com/news/2004/jun/10/guardianobituaries.highereducation>.

11. James Lighthill. "Artificial Intelligence: A General Survey", Artificial Intelligence: a paper symposium, *Science Research Council*, 1973.

12. Ibid.

13. Francis Crick. "Thinking About the Brain", *Scientific American*, setembro de 1979.

14. Geoffrey Hinton e Ronald Williams. "Learning representations by back-propagating errors", *Nature*, no 323, 1986, p. 533–536.

15. "About DARPA", site da Defense Advanced Research Projects Agency, <https://www.darpa.mil/about-us/about-darpa>.

16. Lee Hamilton e Daniel Inouye. "Report of the Congressional Committees Investigating the Iran–Contra Affair". Washington, DC: Government Printing Office, 1987.

CAPÍTULO 3

1. "Convolutional Neural Network video from 1993 [sic]", YouTube, <https://youtu.be/FwFduRA_L6Q>.
2. Jean Piaget, Noam Chomsky e Massimo Piattelli-Palmarini. *Language and Learning: The Debate Between Jean Piaget and Noam Chomsky*. Cambridge: Harvard University Press, 1980.
3. "Learning, Then Talking", *New York Times*, 16 de agosto de 1988.
4. Yann LeCun *et al.* "Backpropagation Applied to Handwritten Zip Code Recognition", *Neural Computation* (inverno de 1989), <http://yann.lecun.com/exdb/publis/pdf/lecun-89e.pdf>.
5. Eduard Säckinger *et al.* "Application of the ANNA Neural Network Chip to High-Speed Character Recognition", *IEEE Transaction on Neural Networks*, março de 1992.
6. Daniela Hernandez. "Facebook's Quest to Build an Artificial Brain Depends on This Guy", *Wired*, 14 de agosto de 2014, <https://www.wired.com/2014/08/deep-learning-yann-lecun/>.
7. <http://yann.lecun.com/ex/group/index.html>, recuperado em 9 de março de 2020.
8. Clément Farabet *et al.* "Scene Parsing with Multiscale Feature Learning, Purity Trees, and Optimal Covers", 29o International Conference on Machine Learning (ICML 2012), junho de 2012, <https://arxiv.org/abs/1202.2160>.
9. Ashlee Vance, "This Man Is the Godfather the AI Community Wants to Forget", *Bloomberg Businessweek*, 15 de maio de 2018, <https://www.bloomberg.com/news/features/2018-05-15/google-amazon-and-facebook-owe-j-rgen-schmidhuber-a-fortune>.
10. Jürgen Schmidhuber's Home Page, <http://people.idsia.ch/~juergen/>, recuperado em 9 de março de 2020.
11. Ashlee Vance, "This Man Is the Godfather the AI Community Wants to Forget", *Bloomberg Businessweek*, 15 de maio de 2018, <https://www.bloomberg.com/news/features/2018-05-15/google-amazon-and-facebook-owe-j-rgen-schmidhuber-a-fortune>.
12. Aapo Hyvärinen. "Connections between score matching, contrastive divergence, and pseudolikelihood for continuous-valued variables", submissão revisada para o IEEE TNN, 21 de fevereiro de 2007, <https://www.cs.helsinki.fi/u/ahyvarin/papers/cdsm3.pdf>.

CAPÍTULO 4

1. Khaled Hassanein, Li Deng e M. I. Elmasry. "A Neural Predictive Hidden Markov Model for Speaker Recognition", SCA Workshop on Automatic Speaker Recognition, Identification, and Verification, abril de 1994, <https://www.isca-speech.org/archive_open/asriv94/sr94_115.html>.
2. Abdel-rahman Mohamed, George E. Dahl e Geoffrey Hinton. "Deep belief networks for phone recognition", workshop da NIPS sobre aprendizado profundo para reconhecimento de voz e aplicativos relacionados, 2009, <https://www.cs.toronto.edu/~gdahl/papers/dbnPhoneRec.pdf>.
3. "GPUs for machine learning algorithms", 8ª edição da International Conference on Document Analysis and Recognition (ICDAR 2005).
4. Rajat Raina, Anand Madhavan e Andrew Y. Ng. "Large-scale Deep Unsupervised Learning using Graphics Processors", Departamento de Ciência da Computação, Universidade de Stanford, 2009, <http://robotics.stanford.edu/~ang/papers/icml-09-LargeScaleUnsupervisedDeepLearningGPU.pdf>.

CAPÍTULO 5

1. Evan Ackerman e Erico Guizz. "Robots Bring Couple Together, Engagement Ensues", *IEEE Spectrum*, 31 de março de 2014, <https://spectrum.ieee.org/automaton/robotics/humanoids/engaging-with-robots>.
2. Jeff Hawkins, com Sandra Blakeslee. *On Intelligence: How a New Understanding of*

288 CRIADORES DE GÊNIOS

the Brain Will Lead to the Creation of Truly Intelligent Machines. Nova York: Times Books, 2004.

3. Gideon Lewis-Kraus, "The Great AI Awakening", *New York Times Magazine*, 14 de dezembro de 2006, <https://www.nytimes.com/2016/12/14/magazine/the-great-ai-awakening.html>.

4. Ibid.

5. Cade Metz, "If Xerox PARC Invented the PC, Google Invented the Internet", *Wired*, 8 de agosto de 2012, <https://www.wired.com/2012/08/google-as-xerox-parc/>.

6. John Markoff. "How Many Computers to Identify a Cat? 16,000", *New York Times*, 25 de junho de 2012, <https://www.nytimes.com/2012/06/26/technology/in-a-big-network-of-computers-evidence-of-machine-learning.html>.

7. Ibid.

8. Quoc V. Le *et al.* "Building High-level Features Using Large Scale Unsupervised Learning", 2012, <https://arxiv.org/abs/1112.6209>.

9. Markoff. "How Many Computers to Identify a Cat? 16,000."

10. Lewis-Kraus. "The Great AI Awakening."

11. Ibid.

12. *The Dam busters*, dirigido por Michael Anderson, Associated British Pathé (UK), 1955.

13. Quoc V. Le *et al.* "Building High-level Features Using Large Scale Unsupervised Learning."

14. Olga Russakovsky *et al.* "ImageNet Large Scale Visual Recognition Challenge", 2014, <https://arxiv.org/abs/1409.0575>.

15. Alex Krizhevsky, Ilya Sutskever e Geoffrey Hinton. "ImageNet Classification with Deep Convolutional Neural Networks", *Advances in Neural Information Processing Systems* 25 (NIPS 2012), <https://papers.nips.cc/paper/4824-imagenet-classification-with-deep-convolutional-neural-networks.pdf>.

16. Richard Conniff. "When Continental Drift Was Considered Pseudoscience", *Smithsonian Magazine*, junho de 2012, <https://www.smithsonianmag.com/science-nature/when-continental-drift-was-considered-pseudoscience-90353214/>.

17. Benedict Carey. "David Rumelhart Dies at 68; Created Computer Simulations of Perception", *New York Times*, 11 de março de 2011.

CAPÍTULO 6

1. John Markoff. "Parachutist's Record Fall: Over 25 Miles in 15 Minutes", *New York Times*, 24 de outubro de 2014.

2. Cade Metz. "What the AI Behind AlphaGo Can Teach Us About Being Human", *Wired*, 19 de maio de 2016, <https://www.wired.com/2016/05/google-alpha-go-ai/>.

3. "Diários" arquivados da Elixir, <https://archive.kontek.net/republic.strategyplanet.gamespy.com/d1.shtml>.

4. Steve Boxer. "Child Prodigy Stands by Originality", *The Guardian*, 9 de setembro de 2004, <https://www.theguardian.com/technology/2004/sep/09/games.onlinesupplement>.

5. David Rowan. "DeepMind: Inside Google's Super-Brain", *WiredUK*, 22 de junho de 2015, <https://www.wired.co.uk/article/deepmind>.

6. Cade Metz. "What the AI Behind AlphaGo Can Teach Us About Being Human", *Wired*, 19 de maio de 2016, <https://www.wired.com/2016/05/google-alpha-go-ai/>.

7. "Diários" arquivados da Elixir, <https://archive.kontek.net/republic.strategyplanet.gamespy.com/d1.shtml>.

8. Metz. "What the AI Behind AlphaGo Can Teach Us About Being Human".

9. Demis Hassabis et al. "Patients with hippocampal amnesia cannot imagine new experiences", *Proceedings of the National Academy of Sciences* 104, no 5 (2007), pp. 1.726–1.731.

10. "Breakthrough of the Year", *Science*, 21 de dezembro de 2007.

11. Shane Legg. "Machine Super Intelligence", tese de doutorado, University of Lugano, junho de 2008, <http://www.vetta.org/documents/Machine_Super_Intelligence.pdf>.

12. Ibid.

REFERÊNCIAS 289

13. Hal Hodson. "DeepMind and Google: The Battle to Control Artificial Intelligence", *1843 Magazine*, abril/maio de 2019, <https://www.1843magazine.com/features/deepmind-and-google-the--battle-to-control-artificial-intelligence>.
14. "A systems neuroscience approach to building AGI—Demis Hassabis, Singularity Summit 2010", <https://youtu.be/Qgd3OK5DZWI>.
15. Ibid.
16. "Measuring machine intelligence — Shane Legg, Singularity Summit", YouTube, <https://youtu.be/0ghzG14dT-w>.
17. Ibid.
18. Metz. "What the AI Behind AlphaGo Can Teach Us About Being Human."
19. Hodson. "DeepMind and Google: The Battle to Control Artificial Intelligence".
20. Ibid.
21. Ibid.
22. John Markoff. "Computer Wins on 'Jeopardy!': Trivial, It's Not", *New York Times*, 16 de fevereiro de 2011.
23. Volodymyr Mnih *et al.* "Playing Atari with Deep Reinforcement Learning", *Nature*, 2015.
24. Samuel Gibbs, "Google buys UK artificial intelligence startup Deepmind for £400m", *The Guardian*, 27 de janeiro de 2017, https://www.theguardian.com/technology/2014/jan/27/google-acquires-uk--artificial-intelligence-startup-deepmind.

CAPÍTULO 7

1. "Facebook Buys into Machine Learning", blogue e vídeo de Neil Lawrence, <https://inverseprobability.com/2013/12/09/facebook-buys-into-machine-learning>.
2. Ibid.
3. Cade Metz. "Facebook 'open sources' custom server and data center designs", *The Register*, 7 de abril de 2011, <https://www.theregister.co.uk/2011/04/07/facebook_data_center_unveiled/>.
4. Cade Metz. "Google Just Open Sourced TensorFlow, Its Artificial Intelligence Engine", *Wired*, 9 de novembro de 2015, <https://www.wired.com/2015/11/google-open-sources-its-artificial-intelligence-engine/>.
5. John Markoff. "Scientists See Promise in Deep-Learning Programs Image", *New York Times*, 23 de novembro de 2012, <https://www.nytimes.com/2012/11/24/science/scientists-see-advances-in-deep--learning-a-part-of-artificial-intelligence.html>.
6. DeepMind Technologies Limited Report and Financial Statements Year Ended, 31 de dezembro de 2017.
7. Ashlee Vance. "The Race to Buy the Human Brains Behind Deep Learning Machines", *Bloomberg BusinessWeek*, 27 de janeiro de 2014, <https://www.bloomberg.com/news/articles/2014-01-27/the-race--to-buy-the-human-brains-behind-deep--learning-machines>.
8. Daniela Hernandez. "Man Behind the 'Google Brain' Joins Chinese Search Giant Baidu", *Wired*, 16 de maio de 2014.

CAPÍTULO 8

1. John Tierney. "24 Miles, 4 Minutes and 834 M.P.H., All in One Jump", *New York Times*, 14 de outubro de 2012, <https://www.nytimes.com/2012/10/15/us/felix--baumgartner-skydiving.html>.
2. John Markoff, "Parachutist's Record Fall: Over 25 Miles in 15 Minutes", *New York Times*, 24 de outubro de 2014.
3. The AI whisperer: Andrew J. Hawkins,"Inside Waymo's Strategy to Grow the Best Brains for Self Driving Cars", The Verge, 9 de maio de 2018, <https://www.theverge.com/2018/5/9/17307156/google-waymo-driverless-cars-deep-learning-neural-net-interview>.
4. Google Annual Report, 2013, <https://www.sec.gov/Archives/edgar/data/1288776/000128877614000020/goog2013123110- k.htm>.
5. Jack Clark. "Google Turning Its Lucrative Web Search Over to AI Machines", Bloomberg News, 26 de outubro de 2015, <https://www.bloomberg.com/news/articles/2015-10-26/google-turning-its-lucrative-web-search-over-to-ai-machines>.
6. Ibid.

290 CRIADORES DE GÊNIOS

7. Cade Metz. "AI Is Transforming Google Search. The Rest of the Web Is Next", *Wired*, 4 de fevereiro de 2016, <https://www.wired.com/2016/02/ai-is-changing-the--technology-behind-google-searches/>; Mike Isaac e Daisuke Wakabayashi. "Amit Singhal, Uber Executive Linked to Old Harassment Claim, Resigns", *New York Times*, 27 de fevereiro de 2017, <https://www.nytimes.com/2017/02/27/technology/uber-sexual-harassment-amit-singhal--resign.html>.

8. Metz. "AI Is Transforming Google Search. The Rest of the Web Is Next."

9. Jack Clarke. "Google Cuts Its Giant Electricity Bill with DeepMind-Powered AI", *Bloomberg News*, 19 de julho de 2016, <https://www.bloomberg.com/news/articles/2016-07-19/google-cuts-its-giant-electricity-bill-with-deepmind-powered-ai>.

10. Ibid.

11. Ibid.

12. Carl Benedikt Frey e Michael A. Osborne. "The Future of Employment: How Susceptible Are Jobs to Computerisation?", Working Paper, Oxford Martin School, setembro de 2013, <https://www.oxfordmartin.ox.ac.uk/downloads/academic/The_Future_of_Employment.pdf>.

13. Ashlee Vance. "This Man Is the Godfather the AI Community Wants to Forget", *Bloomberg Businessweek*, 15 de maio de 2018, <https://www.bloomberg.com/news/features/2018-05-15/google-amazon-and-facebook-owe-j-rgen-schmidhuber-a-fortune>.

14. Tomas Mikolov *et al.*, "Distributed Representations of Words and Phrases and their Compositionality", 2013, <https://arxiv.org/abs/1301.3781>.

15. Ilya Sutskever, Oriol Vinyals e Quoc V. Le. "Sequence to Sequence Learning with Neural Networks", 2014, <https://arxiv.org/abs/1409.3215>.

16. "NIPS Oral Session 4 — Ilya Sutskever", YouTube, <https://youtu.be/-uyXE7dY5H0>.

17. Cade Metz. "Building an AI Chip Saved Google From Building a Dozen New Data Centers", *Wired*, 5 de abril de 2017, <https://www.wired.com/2017/04/building-ai-chip-saved-google-building-dozen-new-data-centers/>.

18. Cade Metz. "Revealed: The Secret Gear Connecting Google's Online Empire", *Wired*, 17 de junho de 2015, <https://www.wired.com/2015/06/google-reveals-secret-gear-connects-online-empire/>.

19. Robert McMillan e Cade Metz. "How Amazon Followed Google into the World of Secret Servers", *Wired*, 30 de novembro de 2012, <https://www.wired.com/2012/11/amazon-google-secret-servers/>.

20. Gideon Lewis-Kraus. "The Great AI Awakening", *New York Times Magazine*, 14 de dezembro de 2006, <https://www.nytimes.com/2016/12/14/magazine/the--great-ai-awakening.html>.

21. Ibid.

22. Ibid.

23. Ibid.

24. Ibid.

25. Ibid.

26. Ibid.

27. Ibid.

28. Ibid.

29. Ibid.

30. Ibid.

31. Ibid.

32. Ibid.

33. Ibid.

34. Geoffrey Hinton, Oriol Vinyals e Jeff Dean. "Distilling the Knowledge in a Neural Network", 2015, <https://arxiv.org/abs/1503.02531>.

CAPÍTULO 9

1. James Cook. "Elon Musk: You Have No Idea How Close We Are to Killer Robots", *Business Insider UK*, 17 de novembro de 2014, <https://www.businessinsider.com/elon-musk-killer-robots-will-be-here-within-five-years-2014-11>.

2. Ashlee Vance. *Elon Musk: Tesla, SpaceX, and the Quest for a Fantastic Future*. Nova York: Ecco, 2017.

3. Ibid.

4. Ibid.

5. Ibid.

6. "Closing Bell", CNBC, transcrição, <https://www.cnbc.com/2014/06/18/first-on-cnbc-cnbc-transcript-spacex-ceo-elon-musk-speaks-with-cnbcs-closing-bell.html>.

7. Tuíte de Elon Musk, 2 de agosto de 2014, <https://twitter.com/elonmusk/status/495759307346952192?s=19>.

8. Ibid.

9. Ibid.

10. Nick Brostom. *Superinteligência: caminhos, perigos e estratégias*. São Paulo: Darkside, 2018.

11. Ibid.

12. Lessley Anderson. "Elon Musk: A Machine Tasked with Getting Rid of Spam Could End Humanity", *Vanity Fair*, 8 de outubro de 2014, <https://www.vanityfair.com/news/tech/2014/10/elon-musk-artificial-intelligence-fear>.

13. Ibid.

14. Ibid.

15. Ibid.

16. Cook. "Elon Musk: You Have No Idea How Close We Are to Killer Robots."

17. William K. Rashbaum, Benjamin Weiser e Michael Gold. "Jeffrey Epstein Dead in Suicide at Jail, Spurring Inquiries", *New York Times*, 10 de agosto de 2019, <https://www.nytimes.com/2019/08/10/nyregion/jeffrey-epstein-suicide.html>.

18. Cook, "Elon Musk: You Have No Idea How Close We Are to Killer Robots."

19. Ibid.

20. Shane Legg. "Machine Super Intelligence", 2008, <http://www.vetta.org/documents/Machine_Super_Intelligence.pdf>.

21. Ibid.

22. Max Tegmark. *Life 3.0: Being Human in the Age of Artificial Intelligence*. Nova York: Random House, 2017.

23. Ibid.

24. Robert McMillan. "AI Has Arrived, and That Really Worries the World's Brightest Minds", *Wired*, 16 de janeiro de 2015, <https://www.wired.com/2015/01/ai-arrived-really-worries-worlds-brightest-minds/>.

25. Ibid.

26. Tegmark. *Life 3.0: Being Human in the Age of Artificial Intelligence*.

27. Ibid.

28. Ibid.

29. Ibid.

30. Tuíte de Elon Musk, 15 de janeiro de 2015, <https://twitter.com/elonmusk/status/555743387056226304>.

31. "An Open Letter, Research Priorities for Robust and Beneficial Artificial Intelligence", Future of Life Institute, <https://futureoflife.org/ai-open-letter/>.

32. Ibid.

33. Ibid.

34. Ibid.

35. Tegmark. *Life 3.0: Being Human in the Age of Artificial Intelligence*.

36. Ibid.

37. Ibid.

38. Ibid.

39. Cade Metz. "Inside OpenAI, Elon Musk's Wild Plan to Set Artificial Intelligence Free", *Wired*, 27 de abril de 2016, <https://www.wired.com/2016/04/openai-elon-musk-sam-altman-plan-to-set-artificial-intelligence-free/>.

40. OpenAI, formulário 990, 2016.

41. Steven Levy. "How Elon Musk and Y Combinator Plan to Stop Computers from Taking Over", "Backchannel", *Wired*, 11 de dezembro de 2015, <https://www.wired.com/2015/12/how-elon-musk-and-y-combinator-plan-to-stop-computers-from-taking-over/>.

42. Ibid.

43. Ibid.

44. Ibid.

45. Ibid.

46. Ibid.

47. Metz, "Inside OpenAI, Elon Musk's Wild Plan to Set Artificial Intelligence Free".

CAPÍTULO 10

1. Cade Metz. "Facebook Aims Its AI at the Game No Computer Can Crack", *Wired*, 3 de novembro de 2015, <https://www.wired.com/2015/11/facebook-is-aiming-its-ai-at-go-the-game-no-computer-can-crack/>.

2. Alan Levinovitz. "The Mystery of Go, the Ancient Game That Computers

Still Can't Win", *Wired*, 12 de maio de 2014, <https://www.wired.com/2014/05/the-world-of-computer-go/>.

3. Metz. "Facebook Aims Its AI at the Game No Computer Can Crack."

4. Ibid.

5. Cade Metz. "Facebook's AI Is Now Automatically Writing Photo Captions", *Wired*, 5 de abril de 2016, <https://www.wired.com/2016/04/facebook-using-ai-write-photo-captions-blind-users/>.

6. Cade Metz. "Facebook's Human-Powered Assistant May Just Supercharge AI", *Wired*, 26 de agosto de 2015, <https://www.wired.com/2015/08/how-facebook-m-works/>.

7. Cade Metz. "Facebook Aims Its AI at the Game No Computer Can Crack."

8. "Interview with Demis Hassabis", YouTube, <https://www.youtube.com/watch?v=EhAjLnT9aL4>.

9. Ibid.

10. Ibid.

11. Cade Metz. "In a Huge Breakthrough, Google's AI Beats a Top Player at the Game of Go", *Wired*, 27 de janeiro de 2016, <https://www.wired.com/2016/01/in-a-huge-breakthrough-googles-ai-beats-a-top-player-at-the-game-of-go/>.

12. Cade Metz. "What the AI Behind AlphaGo Can Teach Us About Being Human", *Wired*, 19 de maio de 2016, <https://www.wired.com/2016/05/google-alpha-go-ai/>.

13. Chris J. Maddison *et al.* "Move Evaluation in Go Using Deep Convolutional Neural Networks", 2014, <https://arxiv.org/abs/1412.6564>.

14. <https://deepmind.com/research/case-studies/alphago-the-story-so-far>.

15. Cade Metz. "Google's AI Is About to Battle a Go Champion—But This Is No Game", *Wired*, 8 de março de 2016, <http://wired.com/2016/03/googles-ai-taking-one-worlds-top-go-players/>.

16. Cade Metz. "What the AI Behind AlphaGo Can Teach Us About Being Human."

17. Google Annual Report, 2015, <https://www.sec.gov/Archives/edgar/data/1288776/000165204416000012/goog10-k2015.htm>.

18. Cade Metz. "What the AI Behind AlphaGo Can Teach Us About Being Human."

19. Cade Metz. "How Google's AI Viewed the Move No Human Could Understand", *Wired*, 14 de março de 2016, <https://www.wired.com/2016/03/googles-ai-viewed-move-no-human-understand>.

20. Cade Metz. "Go Grandmaster Lee Sedol Grabs Consolation Win Against Google's AI", *Wired*, 13 de março de 2016, <https://www.wired.com/2016/03/go-grandmaster-lee-sedol-grabs-consolation-win-googles-ai/>.

21. Cade Metz. "Go Grandmaster Says He's 'in Shock' But Can Still Beat Google's AI", *Wired*, 9 de março de 2016, <https://www.wired.com/2016/03/go-grandmaster-says-can-still-beat-googles-ai/>.

22. Ibid.

23. Ibid.

24. Ibid.

25. Ibid.

26. Ibid.

27. Ibid.

28. Cade Metz. "The Sadness and Beauty of Watching Google's AI Play Go", *Wired*, 11 de março de 2016, <https://www.wired.com/2016/03/sadness-beauty-watching-googles-ai-play-go/>.

29. Ibid.

30. Cade Metz. "What the AI Behind AlphaGo Can Teach Us About Being Human."

31. Cade Metz, "In Two Moves, AlphaGo and Lee Sedol Redefined the Future", *Wired*, 16 março de 2016, <https://www.wired.com/2016/03/two-moves-alphago-lee-sedol-redefined-future/>.

32. Cade Metz. "What the AI Behind AlphaGo Can Teach Us About Being Human."

33. Ibid.

34. Ibid.

CAPÍTULO 11

1. "Diabetes epidemic: 98 million people in India may have type 2 diabetes by 2030", *India Today*, 22 de novembro de 2018, <https://www.indiatoday.in/education-today/latest-studies/story/98-million-indians-diabetes-2030-prevention-1394158-2018-11-22>.

2. Conselho Internacional de Oftalmologia, <http://www.icoph.org/ophthalmologists-worldwide.html>.
3. Merck Molecular Activity Challenge, <https://www.kaggle.com/c/MerckActivity>.
4. Varun Gulshan, Lily Peng e Marc Coram. "Development and Validation of a Deep Learning Algorithm for Detection of Diabetic Retinopathy in Retinal Fundus Photographs", *JAMA* 316, no 22, janeiro de 2016: pp. 2402–2410, <https://jamanetwork.com/journals/jama/fullarticle/2588763>.
5. Cade Metz. "Google's AI Reads Retinas to Prevent Blindness in Diabetics", *Wired*, 29 de novembro de 2016, <https://www.wired.com/2016/11/googles-ai-reads-retinas-prevent-blindness-diabetics/>.
6. Siddhartha Mukherjee. "AI Versus M.D.", *New Yorker*, 27 de março de 2017, <https://www.newyorker.com/magazine/2017/04/03/ai-versus-md>.
7. Ibid.
8. Ibid.
9. Ibid.
10. Ibid.
11. Ibid.
12. Ibid.
13. Conor Dougherty. "Google to Reorganize as Alphabet to Keep Its Lead as an Innovator", *New York Times*, 10 de agosto de 2015, <https://www.nytimes.com/2015/08/11/technology/google-alphabet-restructuring.html>.
14. David Rowan. "DeepMind: Inside Google's Super-Brain", *Wired UK*, 22 de junho de 2015, <https://www.wired.co.uk/article/deepmind>.
15. Ibid.
16. Ibid.
17. Jordan Novet. "Google's DeepMind AI Group Unveils Health Care Ambitions", *Venturebeat*, 24 de fevereiro de 2016, <https://venturebeat.com/2016/02/24/googles-deepmind-ai-group-unveils-heath-care-ambitions/>.
18. Hal Hodson. "Revealed: Google AI has access to huge haul of NHS patient data", *New Scientist*, 29 de abril de 2016, <https://www.newscientist.com/article/2086454-revealed-google-ai-has-access-to-huge-haul-of-nhs-patient-data/>.
19. Ibid.
20. Timothy Revell. "Google DeepMind's NHS data deal 'failed to comply' with law", *New Scientist*, 3 de julho de 2017, <https://www.newscientist.com/article/2139395-google-deepminds-nhs-data-deal-failed-to-comply-with-law/>.

CAPÍTULO 12

1. Nick Wingfield. "Microsoft to Buy Nokia Units and Acquire Executive", *New York Times*, 3 de setembro de 2013, <https://www.nytimes.com/2013/09/04/technology/microsoft-acquires-nokia-units-and-leader.html>.
2. Jeffrey Dean *et al.*, "Large Scale Distributed Deep Networks", *Advances in Neural Information Processing Systems* 25 (NIPS 2012), <https://papers.nips.cc/paper/4687-large-scale-distributed-deep-networks.pdf>.
3. Domingos, Pedro. *O algoritmo mestre: como a busca pelo algoritmo de* machine learning *definitivo recriará nosso mundo*. São Paulo: Novatec Editora, 2017.
4. Kurt Eichenwald, "Microsoft's Lost Decade", *Vanity Fair*, 24 de julho de 2012, <https://www.vanityfair.com/news/business/2012/08/microsoft-lost-mojo-steve-ballmer>.
5. Jennifer Bails. "Bing It On", *Carnegie Mellon Today*, 1º de outubro de 2010, <https://www.cmu.edu/cmtoday/issues/october-2010-issue/feature-stories/bing-it-on/index.html>.
6. Catherine Shu "Twitter Acquires Image Search Startup Madbits", *TechCrunch*, 29 de julho de 2014, <https://gigaom.com/2014/07/29/twitter-acquires-deep-learning-startup-madbits/>.
7. Mike Issac, "Uber Bets on Artificial Intelligence with Acquisition and New Lab", *New York Times*, 5 de dezembro de 2016, <https://www.nytimes.com/2016/12/05/technology/uber-bets-on-artificial-intelligence-with-acquisition-and-new-lab.html>.

8. Kara Swisher e Ina Fried. "Microsoft's Qi Lu is leaving the company due to health issues Rajesh Jha will assume many of Lu's responsibilities", *Recode*, 29 de setembro de 2016, <https://www.vox.com/2016/9/29/13103352/microsoft-qi-lu-to-exit>.

9. "Microsoft Veteran Will Help Run Chinese Search Giant Baidu", *Bloomberg News*, 16 de janeiro de 2017, <https://www.bloomberg.com/news/articles/2017-01-17/microsoft-executive-qi-lu-departs-to-join-china-s-baidu-as-coo>.

CAPÍTULO 13

1. Cade Metz. "Google's Dueling Neural Networks Spar to Get Smarter, No Humans Required", *Wired*, 11 de abril de 2017, https://www.wired.com/2017/04/googles-dueling-neural-networks-spar-get-smarter- no-humans-required/.

2. Ibid.

3. Ibid.

4. Davide Castelvecchi. "Astronomers explore uses for AI-generated images", *Nature*, 1o de fevereiro de 2017, <https://www.nature.com/news/astronomers-explore-uses-for-ai-generated-images-1.21398>.

5. Anh Nguyen *et al.*, "Plug & Play Generative Networks: Conditional Iterative Generation of Images in Latent Space", 2016, <https://arxiv.org/abs/1612.00005>.

6. Ming-Yu Liu, Thomas Breuel e Jan Kautz. "Unsupervised Image-to-Image Translation Networks", 2016, <https://arxiv.org/abs/1703.00848>.

7. Jun-Yan Zhu *et al.* "Unpaired Image-to-Image Translation using Cycle-Consistent Adversarial Networks", 2016, <https://arxiv.org/abs/1703.10593>.

8. Lily Jackson. "International Graduate-Student Enrollments and Applications Drop for 2nd Year in a Row", *Chronicle of Higher Education*, 7 de fevereiro de 2019, <https://www.chronicle.com/article/International-Graduate-Student/245624>.

9. "Microsoft Acquires Artificial-Intelligence Startup Maluuba", *Wall Street Journal*, 13 de janeiro de 2007, <https://www.wsj.com/articles/microsoft-acquires-artificial-intelligence-startup-maluuba-1484338762>.

10. Steve Lohr, "Canada Tries to Turn Its AI Ideas into Dollars", *New York Times*, 9 de abril de 2017, <https://www.nytimes.com/2017/04/09/technology/canada-artificial-intelligence.html>.

11. Ibid.

12. Ibid.

13. Mike Isaac, "Facebook, in Cross Hairs After Election, Is Said to Question Its Influence", *New York Times*, 12 de novembro de 2016, https://www.nytimes.com/2016/11/14/technology/facebook-is-said-to-question-its-influence-in-election.html.

14. Craig Silverman, "Here Are 50 of the Biggest Fake News Hits on Facebook From 2016", *Buzzfeed News*, 30 de dezembro de 2016, https://www.buzzfeednews.com/article/craigsilverman/top-fake-news-of-2016.

15. Scott Shane e Vindu Goel. "Fake Russian Facebook Accounts Bought $100,000 in Political Ads", *New York Times*, 6 de setembro de 2017, <https://www.nytimes.com/2017/09/06/technology/facebook-russian-political-ads.html>.

16. Supasorn Suwajanakorn, Steven Seitz e Ira Kemelmacher- Shlizerman. "Synthesizing Obama: Learning Lip Sync from Audio", 2017, <https://grail.cs.washington.edu/projects/AudioToObama/>.

17. Paul Mozur e Keith Bradsher. "China's A.I. Advances Help Its Tech Industry, and State Security", *New York Times*, 3 de dezembro de 2017, <https://www.nytimes.com/2017/12/03/business/china-artificial-intelligence.html>.

18. Tero Karras *et al.* "Progressive Growing of GANs for Improved Quality, Stability, and Variation", 2017, <https://arxiv.org/abs/1710.10196>.

19. Jackie Snow. "AI Could Set Us Back 100 Years When It Comes to How We Consume News", *MIT Technology Review*, 7 de novembro de 2017, <https://www.technologyreview.com/s/609358/ai-could-send-us-back-100-years-when-it-comes-to-how-we-consume-news/>.

20. Ibid.

REFERÊNCIAS 295

21. Ibid.
22. Ibid.
23. Ibid.
24. Ibid.
25. Ibid.
26. Ibid.
27. Ibid.
28. Samantha Cole. "AI-Assisted Fake Porn Is Here and We're All Fucked", *Motherboard*, 11 de dezembro de 2017, <https://www.vice.com/en_us/article/gydydm/gal-gadot-fake-ai-porn>.
29. Samantha Cole. "Twitter Is the Latest Platform to Ban AI-Generated Porn Deepfakes are in violation of Twitter's terms of use", *Motherboard*, 6 de fevereiro de 2018, <https://www.vice.com/en_us/article/ywqgab/twitter-bans-deepfakes>;

Arjun Kharpal, "Reddit, Pornhub ban videos that use AI to superimpose a person's face", CNBC, 8 de fevereiro de 2018, <https://www.cnbc.com/2018/02/08/reddit-pornhub-ban-deepfake-porn-videos.html>.

30. Cade Metz. "How to Fool AI into Seeing Something That Isn't There", *Wired*, 29 abril de 2017, <https://www.wired.com/2016/07/fool-ai-seeing-something-isnt/>.
31. Kevin Eykholt, Ivan Evtimov, Earlence Fernandes, et al., "Robust Physical-World Attacks on Deep Learning Models", 2017, https://arxiv.org/abs/1707.08945.
32. Metz, "How to Fool AI into Seeing Something That Isn't There".
33. OpenAI, formulário 990, 2016.

CAPÍTULO 14

1. "Unveiling the Wuzhen Internet Intl Convention Center", *China Daily*, 15 de novembro de 2016, <https://www.chinadaily.com.cn/business/2016- 11/15/content_27381349.htm>.
2. Ibid.
3. Ibid.
4. Cade Metz. "Google's AlphaGo Levels Up from Board Games to Power Grids", *Wired*, 24 de maio de 2017, <https://www.wired.com/2017/05/googles-alphago-levels-board-games-power-grids/>.
5. Andrew Jacobs e Miguel Helft, "Google, Citing Attack, Threatens to Exit China", *New York Times*, 12 de janeiro de 2010, <https://www.nytimes.com/2010/01/13/world/asia/13beijing.html>.
6. "Number of internet users in China from 2017 to 2023", *Statista*, <https://www.statista.com/statistics/278417/number-of-internet-users-in-china/>.
7. "AlphaGo computer beats human champ in hard-fought series", *Associated Press*, 15 de março de 2016, <https://www.cbsnews.com/news/googles-alphago-computer-beats-human-champ-in-hard-fought-series/>.
8. Cade Metz. "Google Unleashes AlphaGo in China—But Good Luck Watching It There", *Wired*, 23 de maio de 2017, <https://www.wired.com/2017/05/google-unleashes-alphago-china-good-luck-watching/>.
9. Daniela Hernandez. "'Chinese Google' Opens Artificial-Intelligence Lab in Silicon Valley", *Wired*, 12 de abril de 2013, <https://www.wired.com/2013/04/baidu-research-lab/>.
10. Ibid.
11. Ibid.
12. Ibid.
13. Cade Metz. "Google Is Already Late to China's AI Revolution", *Wired*, 2 de junho de 2017, <https://www.wired.com/2017/06/ai-revolution-bigger-google-facebook-microsoft/>.
14. Ibid.
15. Relatório Anual do Google, 2016, <https://www.sec.gov/Archives/edgar/data/1652044/000165204417000008/goog10-kq42016.html>
16. Relatório Anual da Amazon, 2017, <https://www.sec.gov/Archives/edgar/data/1018724/000101872419000004/amzn-20181231x10k.htm>.
17. Octavio Blanco, "One immigrant's path from cleaning houses to Stanford professor", CNN, 22 de julho de 2016, <https://money.cnn.com/2016/07/21/news/economy/chinese-immigrant-stanford-professor/>.
18. Cade Metz. "Google's AlphaGo Continues Dominance with Second Win in China",

CRIADORES DE GÊNIOS

Wired, 25 de maio 2017, <https://www.wired.com/2017/05/googles-alphago-continues-dominance-second-win-china/>.

19. Paul Mozur. "Made in China by 2030", *New York Times*, 20 de julho de 2017, <https://www.nytimes.com/2017/07/20/business/china-artificial-intelligence.html>.

20. Ibid.

21. Fei-Fei Li. "Opening the Google AI China Center", The Google Blog, 13 de dezembro de 2017, <https://www.blog.google/around-the-globe/google-asia/google-ai-china-center/>.

CAPÍTULO 15

1. Tuíte de Jacky Alcine, <https://twitter.com/jackyalcine/status/615329515909156865?lang=en>.

2. Gideon Lewis-Kraus. "The Great AI Awakening", *New York Times Magazine*, 14 de dezembro de 2006, <https://www.nytimes.com/2016/12/14/magazine/the-great-ai-awakening.html>.

3. Holly Else, "AI conference widely known as 'NIPS' changes its controversial acronym", *Nature*, 19 de novembro de 2018, <https://www.nature.com/articles/d41586-018-07476-w>.

4. Steve Lohr. "Facial Recognition Is Accurate, if You're a White Guy", *New York Times*, 9 de fevereiro de 2018, <https://www.nytimes.com/2018/02/09/technology/facial-recognition-race-artificial-intelligence.html>.

5. Ibid.

6. Ibid.

7. Ibid.

8. Natasha Singer, "Amazon Is Pushing Facial Technology That a Study Says Could Be Biased", *New York Times*, 24 de janeiro de 2019, https://www.nytimes.com/2019/01/24/technology/amazon-facial-technology-study.html.

9. Ibid.

10. Ibid.

11. Matt Wood. "Thoughts on Recent Research Paper and Associated Article on Amazon Rekognition", blogue AWS Machine Learning Blog, 26 de janeiro de 2019, <https://aws.amazon.com/blogs/machine-learning/thoughts-on-recent-research-paper-and-associated-article-on-amazon-rekognition/>.

12. Jack Clark, "Artificial intelligence has a 'sea of dudes' problem", *Bloomberg News*, 27 de junho de 2016, <https://www.bloomberg.com/professional/blog/artificial-intelligence-sea-dudes-problem/>.

13. "On Recent Research Auditing Commercial Facial Analysis Technology", 15 de março de 2019, <https://medium.com/@bu64dcjrytwitb8/on-recent-research-auditing-commercial-facial-analysis-technology-19148bda1832>.

14. Ibid.

15. Ibid.

16. Ibid.

17. Ibid.

18. Ibid.

CAPÍTULO 16

1. Kate Conger e Cade Metz. "Tech Workers Want to Know: What Are We Building This For?", *New York Times*, 7 de outubro de 2018, <https://www.nytimes.com/2018/10/07/technology/tech-workers-ask-censorship-surveillance.html>.

2. Tuíte de Jonathan Hoffman, 11 de agosto de 2017, <https://twitter.com/ChiefPentSpox/status/896135891432783872/photo/4>.

3. "Establishment of an Algorithmic Warfare Cross-Functional Team", memorando, Secretário Adjunto de Defesa, 26 de abril de 2017, <https://dodcio.defense.gov/Portals/0/Documents/Project%2520Maven%2520DSD%2520Memo%252020170425.pdf>.

4. Ibid.

5. Nitasha Tiku, "Three Years of Misery Inside Google, the Happiest Company in Tech", *Wired*, 13 de agosto de 2019, <https://www.wired.com/story/inside-google-three-years-misery-happiest-company-tech/>.

6. Defense Innovation Board, Open Meeting Minutes, 12 de julho de 2017,

<https://media.defense.gov/2017/Dec/18/2001857959/-1/-1/0/2017-2566-148525_MEETING%2520MINUTES_(2017-09-28-08-53-26).PDF>.

7. "An Open Letter to the United Nations Convention on Certain Conventional", *Future of Life Institute*, 20 de agosto de 2017, <https://futureoflife.org/autonomous-weapons-open-letter-2017/>.

8. Ibid.

9. Tiku. "Three Years of Misery Inside Google, the Happiest Company in Tech."

10. Ibid.

11. Scott Shane e Daisuke Wakabayashi. "'The Business of War': Google Employees Protest Work for the Pentagon", *New York Times*, 4 de abril de 2018, <https://www.nytimes.com/2018/04/04/technology/google-letter-ceo-pentagon-project.html>.

12. "Workers Researchers in Support of Google Employees: Google should withdraw from Project Maven and commit to not weaponizing its technology", International Committee for Robot Arms Control, <https://www.icrac.net/open-letter-in-support-of-google-employees-and-tech-workers/>.

13. Ibid.

14. Uma matéria de capa sobre a controvérsia: Scott Shane, Cade Metz e Daisuke Wakabayashi. "How a Pentagon Contract Became an Identity Crisis for Google", *New York Times*, 30 de maio de 2018, <https://www.nytimes.com/2018/05/30/technology/google-project-maven-pentagon.html>.

15. Sheera Frenkel. "Microsoft Employees Protest Work with ICE, as Tech Industry Mobilizes Over Immigration", *New York Times*, 19 de junho de 2018, <https://www.nytimes.com/2018/06/19/technology/tech-companies-immigration-border.html>; "I'm an Amazon Employee. My Company Shouldn't Sell Facial Recognition Tech to Police", 16 de outubro de 2018, <https://medium.com/@amazon_employee/im-an-amazon-employee-my-company-shouldn-t-sell-facial-recognition-tech-to-police-36b5fde934ac>.

16. "NCSAI — Lunch keynote: AI, National Security, and the Public-Private Partnership", YouTube, <https://youtu.be/3OiUl1Tzj3c>.

CAPÍTULO 17

1. Eugene Kim, "Here's the Real Reason Mark Zuckerberg Wears the Same T-Shirt Every Day", *Business Insider*, 6 de novembro de 2014, <https://www.businessinsider.com/mark-zuckerberg-same-t-shirt-2014-11>.

2. Vanessa Friedman, "Mark Zuckerberg's I'm Sorry Suit", *New York Times*, 10 de abril de 2018, <https://www.nytimes.com/2018/04/10/fashion/mark-zuckerberg-suit-congress.html>.

3. Ibid.

4. Max Lakin. "The $300 T-Shirt Mark Zuckerberg Didn't Wear in Congress Could Hold Facebook's Future", *W Magazine*, 12 de abril de 2018, <https://www.wmagazine.com/story/mark-zuckerberg-facebook-brunello-cucinelli-t-shirt/>.

5. Matthew Rosenberg, Nicholas Confessore e Carole Cadwalladr. "How Trump Consultants Exploited the Facebook Data of Millions", *New York Times*, 17 de março de 2018, <https://www.nytimes.com/2018/03/17/us/politics/cambridge-analytica-trump-campaign.html>.

6. Zach Wichter. "2 Days, 10 Hours, 600 Questions: What Happened When Mark Zuckerberg Went to Washington", *New York Times*, 12 de abril de 2018, <https://www.nytimes.com/2018/04/12/technology/mark-zuckerberg-testimony.html>.

7. Ibid.

8. "Facebook: Transparency and Use of Consumer Data", 11 de abril de 2018, Câmara dos Deputados dos EUA, Comitê de Energia e Comércio, Washington, D.C., <https://docs.house.gov/meetings/IF/IF00/20180411/108090/HHRG-115-I-F00-Transcript-20180411.pdf. 000>.

9. Ibid.

10. Ibid.

11. <https://twitter.com/deanpomerleau/status/803692511906635777?s=09>.

12. Ibid.

13. Cade Metz. "The Bittersweet Sweepstakes to Build an AI That Destroys Fake News", *Wired*, 16 de dezembro de 2016, <https://www.wired.com/2016/12/bitter-

298 CRIADORES DE GÊNIOS

sweet-sweepstakes-build-ai-destroys-fake-news/>.

14. Ibid.

15. Deepa Seetharaman, "Facebook Looks to Harness Artificial Intelligence to Weed Out Fake News", *Wall Street Journal*, 1o de dezembro de 2016, <https://www.wsj.com/articles/facebook-could-develop-artificial-intelligence-to-weed-out-fake-news-1480608004>.

16. Ibid.

17. Matthew Rosenberg, Nicholas Confessore e Carole Cadwalladr. "How Trump Consultants Exploited the Facebook Data of Millions", *New York Times*, 17 de março de 2018, <https://www.nytimes.com/2018/03/17/us/politics/cambridge-analytica-trump-campaign.html>.

18. "Facebook: Transparency and Use of Consumer Data", 11 de abril de 2018, Câmara dos Deputados dos EUA, Comitê de Energia e Comércio, Washington, D.C., <https://docs.house.gov/meetings/IF/IF00/20180411/108090/HHRG-115-IF00-Transcript-20180411.pdf>.

19. Rosenberg, Confessore e Cadwalladr. "How Trump Consultants Exploited the Facebook Data of Millions."

20. Cade Metz. "Facebook's AI Whiz Now Faces the Task of Cleaning It Up. Sometimes That Brings Him to Tears", *New York Times*, 17 de maio de 2019, <https://www.nytimes.com/2019/05/17/technology/facebook-ai-schroepfer.html>.

CAPÍTULO 18

1. Google I/O 2018 keynote, YouTube, <https://youtu.be/ogfYd705cRs>.

2. Nick Statt. "Google now says controversial AI voice calling system will identify itself to humans", *The Verge*, 10 de maio de 2018, <https://www.theverge.com/2018/5/10/17342414/google-duplex-ai-assistant-voice-calling-identify-itself-update>.

3. Brian Chen e Cade Metz. "Google Duplex Uses A.I. to Mimic Humans (Sometimes)", *New York Times*, 22 de maio de 2019, <https://www.nytimes.com/2019/05/22/technology/personaltech/ai-google-duplex.html>.

4. Gary Marcus e Ernest Davis, "AI Is Harder Than You Think", Opinion, *New York Times*, 18 de maio de 2018, <https://www.nytimes.com/2018/05/18/opinion/artificial-intelligence-challenges.html>.

5. Ibid.

6. Ibid.

7. Gary Marcus. "Is 'Deep Learning' a Revolution in Artificial Intelligence?", *The New Yorker*, 25 de novembro de 2012, <https://www.newyorker.com/news/news-desk/is-deep-learning-a-revolution-in-artificial-intelligence>.

8. Ibid.

9. Mike Issac. "Uber Bets on Artificial Intelligence with Acquisition and New Lab", *New York Times*, 5 de dezembro de 2016, <https://www.nytimes.com/2016/12/05/technology/uber-bets-on-artificial-intelligence-with-acquisition-and-new-lab.html>.

10. "Artificial Intelligence Debate — Yann LeCun vs. Gary Marcus: Does AI Need Innate Machinery?", YouTube, <https://youtu.be/aCCotxqxFsk>.

11. Ibid.

12. Ibid.

13. Ibid.

14. Gary Marcus. "Deep Learning: A Critical Appraisal", 2018, <https://arxiv.org/abs/1801.00631>; Gary Marcus. "In defense of skepticism about deep learning", 2018, <https://medium.com/@GaryMarcus/in-defense-of-skepticism-about-deep-learning-6e8bfd5ae0f1>; Gary Marcus. "Innateness, AlphaZero, and Artificial Intelligence", 2018, <https://arxiv.org/abs/1801.05667>.

15. Gary Marcus e Ernest Davis. *Rebooting AI: Building Artificial Intelligence We Can Trust*. Nova York: Pantheon, 2019.

16. "Artificial Intelligence Debate — Yann LeCun vs. Gary Marcus: Does AI Need Innate Machinery?", YouTube, <https://youtu.be/aCCotxqxFsk>.

17. Ibid.

18. Rowan Zellers *et al*. "Swag: A Large-Scale Adversarial Dataset for Grounded Com-

monsense Inference", 2018, <https://arxiv.org/abs/1808.05326>.

19. Jacob Devlin *et al.* "BERT: Pre-training of Deep Bidirectional Transformers for Language Understanding", 2018, <https://arxiv.org/abs/1810.04805>.

20. Cade Metz, "Finally, a Machine That Can Finish Your Sentence", *New York Times*, 18 de novembro de 2018, https://www.nytimes.com/2018/11/18/technology/artificial-intelligence-language.html.

CAPÍTULO 19

1. Andy Zeng *et al.* "TossingBot: Learning to Throw Arbitrary Objects with Residual Physics", 2019, <https://arxiv.org/abs/1903.11239>.

2. OpenAI, formulário 990, 2016.

3. Eduard Gismatullin. "Elon Musk Left OpenAI to Focus on Tesla, SpaceX", *Bloomberg News*, 16 de fevereiro de 2019, <https://www.bloomberg.com/news/articles/2019-02-17/elon-musk-left-openai-on-disagreements-about-company-pathway>.

4. Tuíte de Elon Musk, 13 de abril de 2018, <https://twitter.com/elonmusk/status/984882630947753984?s=19>.

5. "OpenAI LP", blogue OpenAI, 11 de março de 2019, <https://openai.com/blog/openai-lp/>.

6. Adam Satariano e Cade Metz. "A Warehouse Robot Learns to Sort Out the Tricky Stuff", *New York Times*, 29 de janeiro de 2020, <https://www.nytimes.com/2020/01/29/technology/warehouse-robot.html>.

7. Ibid.

8. Ibid.

9. Ibid.

10. Ibid.

CAPÍTULO 20

1. "Edward Boyden wins 2016 Breakthrough Prize in Life Sciences", *MIT News*, 9 de novembro de 2015, <https://news.mit.edu/2015/edward-boyden-2016-breakthrough-prize-life-sciences-1109>.

2. Herbert Simon e Allen Newell. "Heuristic Problem Solving: The Next Advance in Operations Research", *Operations Research* 6, nº 1 (janeiro–fevereiro, 1958), p. 7.

3. Herbert Simon. *The Shape of Automation for Men and Management.* Nova York: Harper & Row, 1965.

4. Shane Legg. "Machine Super Intelligence", 2008, <http://www.vetta.org/documents/Machine_Super_Intelligence.pdf>.

5. Ibid.

6. "Beneficial AI", programação da conferência, <https://futureoflife.org/bai-2017/>.

7. "Superintelligence: Science or Fiction, Elon Musk and Other Great Minds", YouTube, <https://youtu.be/h0962biiZa4>.

8. Ibid.

9. Ibid.

10. Ibid.

11. Ibid.

12. Ibid.

13. Ibid.

14. "Creating Human-Level AI: How and When?", YouTube, <https://youtu.be/V0aXMTpZTfc>.

15. Ibid.

16. Rolfe Winkler, "Elon Musk Launches Neuralink to Connect Brains with Computers", *Wall Street Journal*, 27 de março de 2017, <https://www.wsj.com/articles/elon-musk-launches-neuralink-to-connect-brains-with-computers-1490642652>.

17. Tad Friend. "Sam Altman's Manifest Destiny", *New Yorker*, 3 de outubro de 2016, <https://www.newyorker.com/magazine/2016/10/10/sam-altmans-manifest-destiny>.

18. Blogue de Sam Altman, "How to Be Successful", 24 de janeiro de 2019, <https://blog.samaltman.com/how-to-be-successful>.

19. Steven Levy. "How Elon Musk and Y Combinator Plan to Stop Computers from Taking Over", "Backchannel", *Wired*, 11 de dezembro de 2015, <https://www.wired.com/2015/12/how-elon-musk-and-y-combinator-plan-to-stop-computers-from-taking-over/>.

20. Ibid.

300 CRIADORES DE GÊNIOS

21. "OpenAI Charter", blogue da OpenAI, <https://openai.com/charter/>.
22. Ibid.
23. Max Jaderberg *et al.*, "Human-level performance in 3D multiplayer games with population-based reinforcement learning", *Science* 363, no 6443, 31 de maio de 2019, pp. 859–865, <https://science.sciencemag.org/content/364/6443/859.full?ijkey=r-ZC5DWj2KbwNk&keytype=ref&siteid=sci>.
24. Tom Simonite. "DeepMind Beats Pros at StarCraft in Another Triumph for Bots", *Wired*, 25 de janeiro de 2019, <https://www.wired.com/story/deepmind-beats-pros-starcraft-another-triumph-bots/>.
25. Tom Simonite. "OpenAI Wants to Make Ultrapowerful AI. But Not in a Bad Way", *Wired*, 1o de maio de 2019, <https://www.

wired.com/story/company-wants-billions-make-ai-safe-humanity/>.
26. Rory Cellan-Jones. "Google swallows DeepMind Health", BBC, 18 de setembro de 2019, <https://www.bbc.com/news/technology-49740095>.
27. Nate Lanxon. "Alphabet's DeepMind Takes on Billion-Dollar Debt and Loses $572 Million", *Bloomberg News*, 7 de agosto de 2019, <https://www.bloomberg.com/news/articles/2019-08-07/alphabet-s-deepmind-takes-on-billion-dollar-debt-as-loss-spirals>.
28. Jack Nicas e Daisuke Wakabayashi. "Era Ends for Google as Founders Step Aside from a Pillar of Tech", *New York Times*, 3 de dezembro de 2019, <https://www.nytimes.com/2019/12/03/technology/google-alphabet-ceo-larry-page-sundar-pichai.html>.

CAPÍTULO 21

1. Tuíte de Geoff Hinton, <https://twitter.com/geoffreyhinton/status/1110962177903640582?s=19>.
2. A. M. Turing. "Article Navigation on Computable Numbers, with an Application to the Entscheidungsproblem", *Proceedings of the London Mathematical Society*, 1936.
3. Paul Mozur. "One Month, 500,000 Face Scans: How China Is Using AI to Profile a Minority", *New York Times*, 14 de abril de 2019, <https://www.nytimes.com/2019/04/14/technology/china-sur-

veillance-artificial-intelligence-racial-profiling.html>.
4. "NCSAI — Lunch keynote: AI, National Security, and the Public- Private Partnership", YouTube, <https://youtu.be/3OiUl1Tzj3c>.
5. Geoffrey Hinton e Yann LeCun. 2018, ACM A.M. Palestra do Prêmio Turing, "The Deep Learning Revolution", <https://youtu.be/VsnQf7exv5I>.
6. Ibid.
7. Ibid.

ÍNDICE

Símbolos

2001: Uma Odisseia no Espaço, filme, 43

A

abordagem
  biológica, 93
  conexionista, 27
aceleradora Y Combinator, 138
Advanced Solutions Lab, 215
AdWords, 119
AGI, 90, 123, 256, 272
Airbnb, 92
air gap, 215
Alan Turing, 269
Alexa, assistente virtual, 121, 241
AlexNet, 83, 234
algoritmos evolutivos, 167
Alibaba, 192
Allen Institute for Artificial Intelligence, 238–239
AlphaGo, 147, 161, 187, 221, 237
Al Qaeda, 221
ALVINN, 36
Amazon, 60, 121, 193, 205, 244
  Rekognition, 206
Andrew Ng, 46, 69, 85, 119
Android, 172
ANNA, 44
antitruste, 222
Apple, 60, 98, 166
App Store, 98
aprendizado, 26
  de máquina, 53, 63, 236, 272
  por reforço, 97, 262, 272
  profundo, 55, 58, 68, 85, 104
  para a descoberta de drogas, 238
aquisição da DeepMind, 265
armas
  autônomas, 211–212
  com IA, 214
assistente digital falante, 120, 166
Association for Computing Machinery, 269
ataques com drones, 216
Atari, 95, 97, 245
ativistas de direitos humanos, 188
Australian Centre for Robotic Vision, 245
autoaperfeiçoamento recursivo, 132

B

Backprop, 35
Baidu, 84, 98, 120, 171, 191
base aérea militar, 215
Bay Area Vision Meeting, 108
BERT, sistema, 240
Billionaires Dinner, 133
Bing, 64, 165, 170
BlackBerry, 65
Black in AI, 203
Blade Runner, filme, 89
boosted trees, 47
Breakout, 95, 246
Building 20, 221

C

Cambridge Analytica, 219
campanhas políticas, 182
carro
  autônomo, 172, 197, 223, 235
  do Google, 69, 118
  elétricos, 249
  Tesla, 94
caso Irã-Contras, 37
Cat Paper do Google, 78
Chauffeur, 118, 122
chip
  construído apenas para aprendizado profundo, 193
  TPU, 193
Christchurch, massacre, 225
ciência da computação, 27, 235
cirurgião-robô, 273
Clarifai, 201, 209
compreensão da linguagem natural, 47, 71, 173
computação
  em nuvem, 193–194, 205
  do Google, 210
  gráfica, 245
  neural, 54, 70
  quântica, 263
concurso anual para roboticistas, 244
conexionismo, 21, 28–29, 41
Conferência Mundial da Internet, 187
conselho de ética independente, 99
conteúdo tóxico, 221
córtex visual, 43
crença na AGI, 256
cubo mágico, 243, 247
cultura arraigada da Microsoft, 168
cura do câncer, 198
curva de vitalidade, 168

302   CRIADORES DE GÊNIOS

D

DARPA (Defense Advanced Research Projects Agency), 37
Deep Blue, 149
deepfakes, 184, 227
DeepMind, 188
Health, 162–163
Defense Innovation Board, 211
Departamento de Defesa dos EUA, 209
depoimento de Zuckerberg no Senado, 220
Digital Equipment Corporation, 73
discurso de ódio, 221
DistBelief, 78, 116, 169, 192
DNNresearch, 84, 85, 111
Donald Trump, 180, 211, 221
dreadnets, 157
Duplex, tecnologia, 233

E

Edge Foundation, 253
Eidos, 88
elaboração de políticas, 197
eleição, 183
Elon Musk, 131, 213
empiristas, 234
empresas farmacêuticas, 156
encontro anual de pesquisadores de visão computacional, 108
entendimento natural da linguagem, 238
EPAC (electronic profile-analyzing computer), 14
Equipe de Aprendizado de Máquina Aplicado, 223, 224
estudos de autômatos, 18
expandindo os limites do aprendizado profundo, 117
experimentos cerebrais em ratos, 22
expertise em inteligência artificial, 189

F

Facebook, 60, 86, 92, 103
M, assistente virtual, 146
FAIR, 104
fake news, 182, 221, 224
Challenge, 223
Fazenda de Braços, 246
filosofia da pesquisa corporativa, 110
florestas aleatórias, 47
Foo Camp, 171
formas de acelerar o desenvolvimento de novos medicamentos, 156
Founders Fund, 94
Future of
Humanity Institute, 207
Life Institute, 135, 207

G

GANs, 122, 179, 226
progressivas, 183
Geometric Intelligence, 171
Gmail, 119, 172, 188
Go, jogo, 146
Google, 60, 64, 69, 85, 245
AI China Center, 196
Android, 166
Assistente, 121, 232, 241
Brain, 76, 116, 156, 200, 245
Cardboard, 156
Cloud, 194, 217
Platform, 214
Duplex, 241
Earth, 212
Fotos, 119, 199
Google+, 216
Tradutor, 128
governo
Obama, 195, 211
Reagan, 37
GPU (unidade de processamento gráfico), 62
Grande Firewall da China, 188

grupo PDP (parallel distributed processing), 29
guerra entre IAs, 227

H

Hal 9000, personagem, 43
Hangar One, 215
Harry Potter, personagem, 209
Harvard Business School, 166
helicópteros autônomos, 70
Hospital Oftalmológico Aravind, 155
HP, 127

I

IA simbólica, 21
IBM, 64, 149, 191
704, 16
identificar
alvos para ataques de drones, 209
automaticamente pessoas, veículos e edifícios, 209
ImageNet, 79, 82, 116, 201
imagens
em tamanho real, 183
e vídeos falsos, 182
inatistas, 234
incorporação de palavras, 124
Institute of Deep Learning, 191
Instituto de Tecnologia de Massachusetts (MIT), 18, 23
Intel, 126
inteligência
artificial, 41–42, 166
geral, 85
geométrica, 235
Intelligensis, 92
Internet Explorer, 106
inverno da IA, 28
iPhone, 62, 166
ISIS, 221

ÍNDICE 303

J

jantar com
    Mark Zuckerberg, 133
Jean Piaget, psicólogo, 41
Jeopardy, 95
jogos, 94
Joint Enterprise
    Defense Infrastructure
    (JEDI), 213

K

Kaggle, 156
Kremlin, 182

L

laboratório
    Bell, 39
    de IA da Google, 75
    de visão computacional
        dedicado ao
        aprendizado
        profundo, 112
laço neural, 258
lago Tahoe, 103
Lei de Hebb, 26
LeNet, 39
limitações da tecnologia, 268
LinkedIn, 92
livre troca de
    informações, 110
lógica booleana, 25
Loopt, 258
LSTM (Long Short-Term
    Memory), 51

M

Madbits, 104, 171
Máfia do PayPal, 96
mão robótica, 247
máquina
    de vetores de suporte, 47
máquina de Boltzmann,
    23–24, 32, 41
maquinaria inata, 236
Mark I, 15–16
Marvel, 25

Matlab, linguagem de
    programação, 61
mecanismo de pesquisa, 72
Merck & Co., 156
Microsoft, 46, 86, 165, 191
    Research, 113, 170
    Word, 140
militantes islâmicos, 223
MIT, 23, 205, 235
modelo
    de linguagem
        universal, 240
    do cérebro, 20
    estatístico, 47
    generativo, 98
Mozilla, 106

N

NASA, 215
Navdeep Jaitly, 53, 65
NETtalk, 42
Neuralink, 258
NEURips, 203
neurociência, 235
NIPS, 49, 103, 125, 190
Noam Chomsky, linguista,
    41, 234
Nokia, 166
nova versão do Google
    Tradutor, 128
novos sistemas de
    anúncios, 120
Nvidia, 62, 120, 134, 181

O

On Intelligence, 70
OpenAI, 141, 185, 243, 256
O Senhor dos Anéis,
    filme, 146

P

PageRank, 73
PalmPilot, 70
paranoia com o surgimento
    da IA, 138
Partnership on AI, 207

PayPal, 92
Pentágono, 211–212, 216
Pentamind, 88
Perceptron, 13–14, 19, 23, 41
pesquisa conexionista, 48
Photoshop, 182
pontuação BLEU, 128
pornografia, 201
Prêmio
    Nobel, 32, 43
    Turing, 43, 52, 269
primeira rede neural, 14, 18
progresso da inteligência
    artificial, 28
Projeto
    Cyc, 24
    Mack Truck, 119
    Manhattan, 25, 148
    Maven, 209–211, 271

R

racismo histórico, 204
RankBrain, 120
realidade virtual, 244
reconhecimento
    de fala, 47, 112
    de imagem, 47, 104, 169
    de padrões, 20
    de voz, 57, 191
        por redes neurais, 58
rede
    de camada única, 30
    de cápsulas, 268–269
    de crenças profundas,
        53, 58
    multicamadas, 30
    neural, 29, 105, 178
        artificial, 26
        convolucional, 43, 83
        em combate, 178
        modelada no córtex
        visual, 43
regra moral ou ética, 212
regulamento para o
    laboratório, 260
Rekognition, 207

304 CRIADORES DE GÊNIOS

relação
entre neurociência e
inteligência
artificial, 89
estrutura-atividade
quantitativa
(QSAR), 158
retinopatia diabética,
155, 156
retropropagação, 31–34,
42, 80
Revolução Cultural de Mao
Tsé-Tung, 170
robôs, 174
assassinos, 213
robótica, 174
Royal Free London NHS
Foundation Trust, 163

S

Segunda Guerra
Mundial, 148
separação de produtos, 244
sequence to sequence, 158
serviço
de fala Android, 126
de reconhecimento
de voz, 126
facial da Amazon, 206
Postal dos EUA, 17
sims, 88
singularidade, 92
Singularity Summit, 92, 135
Siri, assistente virtual,
62, 121

sistema
de aprendizado
profundo, 156
de fala de Navdeep
Jaitly, 77
de hardware e software
personalizado do
Google, 116
de linguagem natural, 27
de moderação de
conteúdo, 201
de reconhecimento de
imagem, 40
operacional Windows, 60
smartphones Android, 67
software de código
aberto, 110
Space Invaders, jogo, 95, 246
SpaceX, 94, 137, 259
Stanford Research
Institute, 17
Sun Microsystem, 44

T

tecnologia
de geração de voz, 232
de reconhecimento
facial, 205
Tegmark, 137
telefones Android, 121
Tencent, 192
TensorFlow, 192
teoria da deriva
continental, 83
Tesla, 248
teste de Turing, 74
Theme Park, 88
tradução automática, 71,
123, 158
turbulência criada pelo
surgimento de
modelos generativos,
reconhecimento facial
e a ameaça de armas
autônomas e vigilância
extrema, 260
Twitter, 104, 139, 171

U

Uber, 171, 235
AI Labs, 235
Udacity, 76
unidade de processamento de
tensor, 127
United States Weather
Bureau, 13
Unix, sistema operacional, 39
utopismo digital, 138

V

Vale do Silício, 62, 70
Vanity Fair, 132, 168
varejo online, 251
Vector Institute for Artificial
Intelligence, 181
viagem a Marte, 259
visão computacional, 47, 82,
105, 118

W

Wavenet, 226, 232
Westworld, série, 253
Wikipedia, 240
Windows, 113, 166
World Wide Web, 45

X

xadrez, jogo, 194
Xbox, videogame, 62

Y

Yahoo, 170
Y Combinator, 254
YouTube, 67, 172

Projetos corporativos e edições personalizadas
dentro da sua estratégia de negócio. Já pensou nisso?

Coordenação de Eventos
Viviane Paiva
viviane@altabooks.com.br

Assistente Comercial
Fillipe Amorim
vendas.corporativas@altabooks.com.br

A Alta Books tem criado experiências incríveis no meio corporativo. Com a crescente implementação da educação corporativa nas empresas, o livro entra como uma importante fonte de conhecimento. Com atendimento personalizado, conseguimos identificar as principais necessidades, e criar uma seleção de livros que podem ser utilizados de diversas maneiras, como por exemplo, para fortalecer relacionamento com suas equipes/ seus clientes. Você já utilizou o livro para alguma ação estratégica na sua empresa?

Entre em contato com nosso time para entender melhor as possibilidades de personalização e incentivo ao desenvolvimento pessoal e profissional.

PUBLIQUE SEU LIVRO

Publique seu livro com a Alta Books. Para mais informações envie um e-mail para: autoria@altabooks.com.br

 /altabooks   /alta-books   /altabooks   /altabooks

CONHEÇA OUTROS LIVROS DA ALTA BOOKS

Todas as imagens são meramente ilustrativas.

 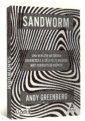

 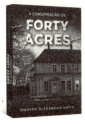

Este livro foi impresso nas oficinas gráficas da Editora Vozes Ltda.,
Rua Frei Luís, 100 – Petrópolis, RJ.